天府文化系列丛书

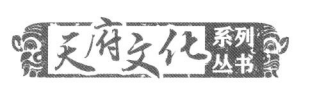

# 锦江书院与"石室流风"

JINJIANG SHUYUAN YU
SHISHI LIUFENG

刘平中 著

四川大学出版社

项目策划：王　军　段悟吾　杨岳峰
责任编辑：梁　明
责任校对：李　耕
封面设计：墨创文化
责任印制：王　炜

## 图书在版编目（CIP）数据

锦江书院与"石室流风" / 刘平中著． — 成都：四川大学出版社，2021.9
 ISBN 978-7-5690-5045-5

Ⅰ．①锦… Ⅱ．①刘… Ⅲ．①书院－研究－成都 Ⅳ．① G649.299.711

中国版本图书馆CIP数据核字（2021）第198354号

| 书　名 | 锦江书院与"石室流风" |
| --- | --- |
| 著　者 | 刘平中 |
| 出　版 | 四川大学出版社 |
| 地　址 | 成都市一环路南一段24号（610065） |
| 发　行 | 四川大学出版社 |
| 书　号 | ISBN 978-7-5690-5045-5 |
| 印前制作 | 成都完美科技有限责任公司 |
| 印　刷 | 成都市金雅迪彩色印刷有限公司 |
| 成品尺寸 | 170mm×240mm |
| 印　张 | 17 |
| 字　数 | 275千字 |
| 版　次 | 2021年9月第1版 |
| 印　次 | 2021年9月第1次印刷 |
| 定　价 | 72.00元 |

版权所有 ◆ 侵权必究

◆ 读者邮购本书，请与本社发行科联系。
　电话：(028)85408408/(028)85401670/
　(028)86408023　邮政编码：610065
◆ 本社图书如有印装质量问题，请寄回出版社调换。
◆ 网址：http://press.scu.edu.cn

四川大学出版社
微信公众号

# 天府文化系列丛书
# 编纂工作机构

## 一、编纂委员会

名誉主任　杨泉明　四川省社科联主席、教授

　　　　　杨继瑞　成都市社科联名誉主席、教授

主　　任　李后强　四川省社科院党委书记、成都市社科联主席、教授

　　　　　陈　蛇　成都市社科联（院）党组书记、院长、研究员

副 主 任　王　军　四川大学出版社社长

　　　　　廖德斌　成都市社科联（院）副主席、副院长

　　　　　阎　星　成都市社科联（院）副主席、副院长、研究员

成　　员（按姓氏笔画排序）：

　　　　　王　川　四川师范大学副校长、教授

　　　　　王　苹　中共成都市委党校副校长、研究员

　　　　　朴钟茂　韩国学者

　　　　　刘平中　成都师范学院研究员

　　　　　刘兴全　西南民族大学艺术学院院长、教授

　　　　　许蓉生　成都市社科院历史与文化研究所研究员

　　　　　李　菲　四川大学中国俗文化研究所副所长、副教授

　　　　　何　平　四川大学历史文化学院教授

　　　　　何一民　四川大学城市研究所所长、教授

　　　　　黄宗贤　四川大学艺术学院教授

　　　　　彭邦本　四川大学历史文化学院教授

　　　　　舒大刚　四川大学古籍所所长、教授

　　　　　谭　平　成都大学文学与新闻传播学院教授、天府文化研究院院长

## 二、专家指导委员会

谭继和　巴蜀文化学者、四川省社科院研究员
熊　瑜　四川大学出版社原社长、教授
段　渝　四川师范大学巴蜀文化研究中心主任、教授
陈廷湘　四川大学历史文化学院教授
李　怡　四川大学文学与新闻学院院长、教授
苏　宁　四川省社科院文学与艺术研究所研究员

## 三、编务组

尹　宏　成都市社科院经济研究所所长、研究员
冯　婵　成都市社科院历史与文化研究所所长、副研究员
孙　艳　成都市社科院历史与文化研究所副研究员
李单晶　成都市社科院历史与文化研究所副研究员
张羽军　成都市社科院历史与文化研究所助理研究员

# 总　序

谭继和

天府文化是在中华广域文化共同体内，植根于巴蜀文明沃土而生长起来的奇葩满枝、蓉花似锦的地域文化常青树。她有百万年以上的文化根系，由"肇于人皇，与巴同囿"，源于秦陇古羌的上万年的文明起步，有4500年以上"都广之野""优越秀冠"的农桑文明的发展历程，具有城乡一体、神韵独特、历时弥久、与时俱进，不断进行创新性转型和发展的特征。

天府文化是从"天府之国""天府之土"得名的。"天府"一词最早源于《周礼·天官》，由天官管理王室祖宗牌位、宝器和图书的阆苑被称为"天府"。后来，民间就把沃野千里、物产丰盈的土地称为"天府之国"。最初"天府"是指周、秦和汉初的京师关中之地，也包括视同京畿的汉中平原和成都平原。到汉代中期，特别是东汉以后，"都广之野"被开垦为优越秀冠、天下第一的农桑文化之地，于是"天府之国""天府之土""天府陆海"这些称呼，就成为以成都为中心的巴蜀一方独享的光辉桂冠了。时至今日，天府文化的文脉已经发展演变了四千多年，经历了六大发展阶段。

## 一、天府农桑文明起源和形成阶段

巴蜀人是从秦陇古羌发展来的。古羌人在7000年前从秦陇、河湟地域分两支向南迁移。天水秦州大地湾6000年前的新石器时代遗址，就是他们的根据地。其中，向东移徙的一支，以伏羲氏为祖先，由黄帝系高辛氏部族集团迁徙发展到秦岭和秦巴山地，直到汉水、武陵源，是为巴人，以游牧渔猎为业，后来才发展起农业。向西移徙的这一支，从秦陇到岷山，直到都广之野，是为蜀人，以产牧为业，"蜀之先，肇于人皇之际"，以黄帝系高阳氏部族集团为祖先。从今已发掘的茂县营盘山遗址、什邡桂圆桥遗址、成都平原宝墩文化六座古城遗址，再到三星堆遗址、十二桥文化金沙遗址、新都马家大墓和彭州竹瓦街遗址、羊子山土台遗址，直到商业街战国船棺葬遗址、岷山饭店遗址，这就是蜀人从岷山、岷江走入都广之野的发展之路。《史记·天官书》专门有记载："中国山川东北流，其维首在陇蜀，尾没于勃碣。"蜀人就是在这样优越的地理环境中逐步创造出高级农业文明来的，进而形成古蜀方国。天府文化就是这样起源的。

这个阶段有三大特征：

一是"都广之野"经"水润天府"发展为中国三大农业起源地之一，并且成为中国高级农业发展的一个重要中心。它的初曙起于成都平原宝墩文化六座古城遗址所展示的"古城"中心聚落开始的时代。这些遗址所创造的农业文化都是在森林和林盘围绕的农业聚落中发展起来的。今天的天府人享受的以小桥流水、竹林茅舍为特点的"林盘仙居"人居方式和"逍遥自在似神仙，行云流水随自然"的生活方式，就是宝墩文化奠定的基础。

这一阶段的辉煌时代则是以三星堆为标志性符号的古蜀青铜文明时期。三星堆是富有神奇生态、神秘文化、神妙心灵的古蜀文明的结晶，尤其是从1号到8号祭祀坑的新旧发掘，展现出的光芒震惊世界，不同凡响。一方面，它既有中原文化传来的圆头方尊、顶尊跪坐人像和顶尊跪坐女神像、簋、簠等礼器，表明它是在中原礼制文化影响下发展起来的，是以"河洛古国"为根的中华广域文化共同体的一部分。它为天府文化的发展和转型，留下了"心向中原"的根脉。另一方面，它又有自己独特的地域神韵。高大的青铜神像、青铜面具、青铜神树、各型青铜鸟、黄金面罩、黄金杖，以及人面鸟身、线刻羽人和太阳神鸟图案，又展现出巴蜀祖源崇拜中独有的羽化成仙的浪漫梦想特征。古蜀文明重仙、重神器的浪漫主义特征与中原文明重礼、重礼器的现实主义特征，在三星堆那里得到完美会通和融合，为天府文化留下了理想精神与现实奋斗精神相结合的三千年文脉。

总之，以宝墩文化与三星堆文化为代表的古蜀文明，早在文明启蒙时代就已是长江文明的生长点，是长江上游古文明起源和发展的中心，是以岷山、岷江为文化地标的"江源文明"诞生的摇篮，是孕育锦江文明的源头，是培育天府文化之根和魂的肥壤沃土。

二是天府丝绸成为培育中华丝绸文明的重要基础。丝绸文明是中华文明的特色。它的起源在中华大地上如满天星斗，多地域、多源头而又同归于黄帝嫘祖一脉，具有"多源一脉"的特征，而巴蜀是其重要的发源地。

早在《山海经·海外北经》就有"欧丝之野"的记载,说跪据桑树的女子发现野蚕啖桑呕丝,可以丛养缫丝。"欧丝之野"指的就是"都广之野",这是天府养蚕缫丝最早的文献记载。五帝时代,黄帝嫘祖一族与蜀山氏世代联姻,嫘祖之子昌意娶蜀山氏女昌仆。昌意之子韩流娶蜀山氏女淖子生高阳氏颛顼,成为"五帝"之一。高阳孙子大禹生于西蜀羌乡,娶巴蜀女子涂山氏。大禹后裔君主季杼从中原回归蜀山石纽祭祖,"术禹石纽,汶川之会"。末代君主夏桀娶岷山庄王二女婉和琰,这些史料均说明从五帝时代到整个夏代,蜀山氏与黄帝嫘祖部族的高阳氏集团长期联盟,互为姻亲。蜀山氏集团后来出现的古蜀第一位有名字的先祖是蚕丛,蚕丛即蜀山氏部族对其首领是栽桑丛聚养蚕技术发明者的尊称。其祖地在岷山蚕陵,后迁到成都平原,双流牧马山是他的祖源文化地标符号。而与蜀山氏联姻的高阳氏则给蜀山氏带来了嫘祖缫丝织绸的绝妙技术。嫘祖的"嫘",有女性缫丝累结一团之意,是轩辕氏部族对最先发明缫丝织绸高超技艺的母系领袖的尊称。蚕丛氏的栽桑养蚕技术与嫘祖族的缫丝织绸技术完美结合,广泛应用于都广"欧丝之野",这就是从岷山到成都平原一带中华丝绸文明培育和出现的历程。2021年3月20日,"考古中国"重大项目进展会通报,在三星堆4号祭祀坑的灰烬层中新发现了丝绸蛋白的痕迹,联想到三星堆青铜立人像飘逸垂裳的丝衣形象,这就是从五帝时代到夏商时代天府丝绸发明和传承的实证。汉代出现的"蜀锦""蜀绣"则进一步传承发展了五帝至夏商周时代天府丝绸的根脉与基因。

三是茶文化也发祥于天府文化起源阶段。早在巢居渔猎时代,蜀人就发现嚼吃茶树叶可以代替盐调味,由此最早发现了茶树。到西汉,吴理真首次人工种植蒙顶茶树。由嚼茶到煮茶,遂逐渐形成蜀人敢为人先的精神。"茶"字在中唐以前还没出现过。有关茶的各种字词,最早都出现在蜀方言里,如"荈"(音"接")(司马相如《凡将篇》)、"荼"(《诗经·谷风》"谁谓荼苦,其甘如荠",疏"蜀人作茶"。宋苏轼:"周诗记苦荼,茗饮出近世。")、"槚"(《尔雅》)、"蔎"(扬雄《方言》:"蜀西南人谓荼为蔎。")等。"茗"字出现在唐宋时期,也指茶叶,因茶叶经煮之后发出香味,蜀人方言叫"mǐn-mǐn",遂写作"茗"。这些例子都证明茶之源在蜀。到汉唐时代,饮茶"冠六清"已成为巴蜀民间习俗。最早的盖碗茶、最早的茶馆僧寮和文武茶道,都诞生在巴蜀。

## 二、秦汉魏晋时期天府农桑文明发展到"优越秀冠"阶段

《战国策》首讲"天府"称号，指以关中八百里秦川为中心，包含京辅、汉中与蜀中三大平原区域。东汉以后，最早记载巴蜀是"天府之土"的文献是陈寿的《三国志》，到西晋左思作《蜀都赋》时，则干脆不把"天府"桂冠戴在关中头上了，而是讲关中还差了一点，只能说是接近"天府"，"号为近蜀"，从此，"天府"之号便移到了四川头上，沿用至今。

这一阶段天府文化最大的特征有三：一是天府农桑文化获得创新性的转型升级，成为美丽乡村生态与"既丽且崇"的城市文态相结合的标本，也是中华城乡一体农桑文明发展的"首席提琴手"，千里沃野，物产丰盈，不知饥馑，享有"天府陆海"的专称（《华阳国志》）。当时的成都已发展成仅次于长安的全国第二大城市，"列备五都"，建立起了巴蜀城乡一体化的以成都为中心的大小城镇商业网络体系。二是江源文明孕育了天府丝绸，而天府丝绸反过来推动了秦汉锦江文明的发展，出现了蜀锦、蜀绣的品牌专称。成都也成为与临淄、襄邑比肩齐名的全国三大丝绸中心之一。"锦江""锦里""锦官城""锦城"这些美名，皆因江水洗濯蜀锦特别鲜明好看而得来，其地标符号一直留存至今。司马相如的大赋被称为"锦绣文章"，也是因为司马相如善于观察和学习蜀锦工匠的高超手艺，写出了文如锦绣、音韵神来的典范作品。成都老官山汉墓出土了4座高楼双综织锦机与14个纺织工匠木俑，这是世界上发现最早的提花织机，沿用至今。新疆民丰县尼雅墓地出土的织有"五星出东方利中国"字样的蜀锦肩膊，体现了汉代成都人善于以丝绸为宣传手段，向丝绸之路沿线宣传中华大一统理念的"文化创意智慧"。总之，蜀锦、蜀绣在秦汉时期已成为成都以丝绸之路为平台进行国际交流的代表性产品。三是"文翁倡其教，相如为之师"。文翁兴教化蜀创石室与讲堂，他既是地方公学与"文庙官学"的创始人，又是传承孔子私学传统，以"温故"与"时习"二讲堂开启后世书院之学的创始人。文翁教化的结果是将巴蜀本土文化转型升级为国家主流之学，成为以儒为本、以"儒化中国"为主旨的蜀学的滥觞，后来蜀学与齐鲁之学比肩发展，蜀地出现司马相如、扬雄等大文学家，这是天府城市精神文化的第一次飞跃发展。

### 三、唐宋时期天府经济大发展、文化大繁荣阶段

这一时期的唐剑南西川与宋川峡四路是全国最富庶的地区，是唐宋两朝重要的财源地，时有"扬一益二"之称。反观当时欧洲很多城市已逐渐衰落，成都则发展成当时世界财富聚集与经济文化繁荣的国际化大都市，已经是"天下第一名镇"（卢求《成都记》）。这一时期经济文化最亮眼的成就，是雕版印刷术起源于成都。宋代《开宝大藏经》在成都首次结集印制。道藏也由杜光庭第一次结集。儒家的《九经》在五代时期得以结集印刷，表明儒释道三教融会潮流在天府兴起。城市商业已突破了传统坊市制度，商人们破墙开店、临街设店成为新的商业风习。随着通向长安的"蜀道网"的兴起，成都作为西部土特产集散中心，发展出以"十二月市"为标志的自由集市和专业性的手工作坊街道。货币史上的划时代变革，则是在唐代交易信用券"飞钱"基础上，于宋初发明和使用纸币"交子"，这是世界上最早使用的纸币。

唐宋时期天府文学和艺术的发展，成就了成都作为古代东方世界文化之都、书香之都、诗意之都、音乐之都和美术之都的城市形象。陈子昂、李白、杜甫、苏轼、陆游等"秀冠华夏"的文化巨人的出现，进一步强化了"文宗在蜀""表仪百代"的传统。而薛涛、黄崇嘏、花蕊夫人等一批才女的出现，则是汉唐以后"才女在蜀"文化传统的赓续。"文宗在蜀"与"才女在蜀"的规律性出现与发展，均是巴蜀山川秀气与诗意书香灵气孕育明珠的结果。唐代大慈寺壁画"精绝冠世"，留下了古代东方美学之都的文化基因。蜀派古琴"蜀国弦"和始于巴蜀的竹枝词、前蜀永陵二十四伎乐石刻形象，显示出天府成都管弦歌舞之盛。这一时期成都人观景游乐的特征是游赏习俗的人文化与艺术化，如浣花大游江、小游江，锦江"遨头""遨床"，锦江之畔梨园乐坊选乐伎状元，这是天府旅游发展史上第一次将文化融入旅游习俗。又如孟蜀石经、中国第一部词集《花间集》、唐宋蜀刻本、龙爪本、薛涛笺与十色笺、蜀锦蜀绣以及专为文人考举夜读设计的邛窑省油灯等，是天府书香诗意生活方式普及化而留下的艺术瑰宝。

## 四、元明清时期天府文化由精英文化转型为城乡平民文化阶段

这一时期天府城市工商业获得了长足发展,"蜀锦、蜀扇、蜀杉,古今以为奇产"(《广志绎》卷五),成为交换苏杭文绮锦绣、山珍海错等"下江货物"的畅销商品。新制蜀折扇不仅用来进贡,而且还行销全社会。岷山的蜀杉木被采伐来修建北京故宫。

这一时期"川味"特色的下层群众文化开始兴盛,其最高成就是由成都"唐杂剧"、元北曲、明南曲、清雅部戏发展而来的花部戏地方剧种之一——川剧。同时,一些著名文人对川剧剧本加以文学性、诗意性改造,出现"五袍、四柱、江湖十八本"等诗化剧本,使川剧由粗糙的市民艺术变为声腔宏富、文辞典雅、俚俗并兼、雅俗共赏、亦庄亦谐的精致艺术,进一步推动了天府市民社会习俗的文雅化、书香化与诗意化。元明清时期天府教育事业也获得了新发展,主要体现为书院制度的创新。元代有草堂书院,明代有子云、大益、浣花等书院,清代有锦江、墨池、芙蓉、潜溪等书院,均驰名全国。社会上兴起的评书、扬琴、古琴、竹琴、金钱板、皮影、木偶、围鼓、口技、相声、清音等,是这一时期活跃于社会群众舞台的重要文化活动。今天四川评出的多种非物质文化遗产,大多产生于这一时期。

## 五、近代天府文化由古典形态向近代形态蹒跚转化阶段

1840年后,以农桑文明为特征的天府地域文化,在外国资本主义、帝国主义侵入的影响下,受到近代文明的冲击,在阵痛中迈着蹒跚的步伐缓慢地向近代形态转化。特别是19世纪末期和20世纪初期,新旧文化激荡冲突,天府地域文化围绕着对传统文化的破与立、对中西文化的体与用激烈论争的主题,开始了加速转型。其中最重要的六大事件:

一是19世纪末的戊戌维新运动,"是一阵思想的巨浪",开创了地域文化"新的思想意识时代"。1875年四川省城尊经书院创建,倡导"绍先哲,起蜀学"的新风,以湘学巨子王闿运为山长,兼容中学经史与西学时尚,会

通湘学与蜀学，先后培育出以廖平、吴之英、宋育仁、张森楷、刘光第、杨锐以及传承尊经书院文脉的郭沫若、蒙文通、周太玄等为代表的一大批通经致用、新旧会通而又重今文经学传统的新蜀学人才，在四川开启了近代启蒙思想意识发展的新阶段。

二是20世纪初的四川保路运动，它不仅是政治、经济运动，也是文化变革的运动。从旧绅士阶层走出来的城市精英组成立宪派与下层民众组织哥老会相结合，"引起中华革命先"（朱德评价语），开启了四川人对西方民主意识的吐纳与民族革命精神新觉醒的历程。

三是五四新文化运动在四川，出现了对"科学与民主"新思潮的追求，先进知识分子则开始了对马克思主义的新探索。1920年四川人陈豹隐在北大首讲"马克思主义经济学概论"，郭沫若在1930年提出以恩格斯《家庭、私有制和国家的起源》为指导，编写《中国古代社会研究》的构想，以填补恩格斯"起源论"没有写中国的"下半页空白"。1922年，王右木首先在成都建立早期党组织。1924年杨闇公、吴玉章在成都成立"中国青年共产党"，开展革命活动。在党的百年奋斗史上，天府四川人以敢为人先的精神做出了杰出的贡献。

四是中国工农红军创建川陕、湘鄂川黔革命根据地，传播红色革命文化火种，建成全国第二大苏区。红军长征过四川，铸就伟大的长征精神。四川是红军长征历程中活动范围最广、历时最长、行程最远、战斗最密集、翻雪山过草地境遇最恶劣的省份，同时也是建立第一个少数民族苏维埃政权——博巴苏维埃政府的地方。

五是抗日战争时期抗日救亡运动在四川兴起，成立各界救国联合会。川军出川抗战，四川人民为抗战做出了巨大的人力、物力和财力贡献。沦陷区大量高校内迁四川，为天府文化注入了新的活力。四川成为大后方民族复兴的根据地和中华文艺复兴的基地。

六是解放战争时期，四川地下党在极其严酷的形势下，组织广大爱国学生和人民群众开展各种斗争，迎接四川解放，掀开了四川历史的新篇章。

## 六、新中国、新时期、新时代七十年天府文化开创新面貌新格局阶段

新中国七十年是社会主义在中国奠基、建立，到开创和发展中国特色社

会主义宏伟史诗进程的七十年,是中华民族从站起来、富起来到强起来的伟大历史飞跃的七十年。1949年新中国成立,社会主义制度在中国确立。1978年党的十一届三中全会开启了改革开放宏伟历程,我国进入开创和发展中国特色社会主义的历史新时期。2012年党的十八大以来,以习近平同志为核心的党中央统揽伟大斗争、伟大工程、伟大事业、伟大梦想,中国特色社会主义进入伟大的历史新时代。在这个新时代的历史方位上,在中国特色社会主义基本架构和四梁八柱已经铸就的基础上,在习近平新时代中国特色社会主义思想指导下,中国人民正进一步完善和发展中国特色社会主义,百年大党,世纪伟业,迎来了实现中华民族伟大复兴中国梦的光明前景。

七十年来,传统的天府文化,伴随着共和国不同时期的成长步伐,在创新性转型为中国特色社会主义文化的过程中,不断书写出新的篇章。新中国成立,解放后的新四川,人民当家作主,社会革故鼎新,天府文化获得创新性转化与创造性发展的机遇。其中,党中央"三线建设"的英明决策,不仅奠定了四川现代工业化的经济基础,而且为巴蜀文化、天府文化优良传统的创新和发展,注入了"三线精神"的优质内涵。进入改革开放新时期,天府四川更开拓出"改革之乡""富民兴川"的社会主义现代化建设的全新局面。社会主义天府文化在新时期也随着改革开放实现跨越式发展,传承巴蜀老祖宗"非常之人"(司马相如语)和"敢为天下先"的精神,助推治蜀兴川再上新台阶。党的十八大以来,天府人深入学习贯彻习近平新时代中国特色社会主义思想和习近平总书记对四川工作系列重要指示精神,认真践行"公园城市""构建长江上游生态屏障"、保护发展"从巴山蜀水到江南水乡的千年文脉"等新发展理念,同心共筑中国梦,阔步走进新时代。

成都市秉承上述天府文化4500年文脉传承的基因,于2017年全市第十三次党代会上提出了"弘扬中华文化,传承巴蜀文明,发展天府文化,努力建设世界文化名城"的宏伟目标和塑造"三城三都"的有力措施。当前,成都深入贯彻中央"成渝地区双城经济圈"战略部署,正掀起对成渝巴蜀文化共同体、成渝城市群文化圈和成渝文化旅游走廊研究、推动和构筑的热潮。

从上述天府文化起源、形成、发展和创新的六大阶段,我们可以清晰地看出天府文化4000多年文脉基因的形成和发展历程,它贯穿历史、当下与未来,历史文化与现代文明错综发展,每个历史时代或历史阶段都有创新性转化和创造性发展的硕果。每个时代的天府人都把传承祖宗文脉薪火,开拓天府文化新路，培育和维护这棵天府文化常青树，作为造福当代、泽被后人的历史责任与担当。

当今新时代赋予天府文化新的历史方位和特征，是天府成都人开创社会主义天府新文化新文明的难得机遇。今天总结出的新时代天府文化有四大特征——创新创造、优雅时尚、乐观包容、友善公益，这既是天府历史发展的产物，是天府人历史智慧与历史经验的结晶，也源自当今时代最深刻的需要，是当代天府成都人传承和创建现代天府文明的努力方向。这四个特征都有它的渊源、文脉基因和历史底蕴：

第一个特征"创新创造"是指精神内核。今天的创新创造同历史上的"非常精神"是一脉相承的。早在汉代，巴蜀第一位"天下文宗"司马相如就总结出巴蜀父老具有"非常之人做非常之事成非常之功"的"非凡"精神，用今天的话讲就是巴蜀培育出了许多善于创新创造的人才。对这种精神，司马相如给它总结了三大内涵：一是"苞括宇宙，总览人物"的宇宙思维和世界眼光。二是"控引天地"，要有在天地之间自由翱翔、探索宇宙奥秘的浪漫主义梦想精神。三是"错综古今"，善于把古老文明与今天的生活交错、综合、融会，这需要将高超的文化想象力与理念思辨力相结合。司马相如的这些概括，既是对三星堆古蜀人羽化成仙、翱翔宇宙的创造精神的提炼，又启迪了相如之后两千余年蜀人生生不息的浪漫主义文学传统。

第二个特征"优雅时尚"是指天府文化的生活美学与诗意风尚，是创新创造精神指导下的生活方式，也是指天府文化时代价值的生活体验。"优雅"，早在文翁化蜀以后成都就是"好文雅""以文辞显于世""文章冠天下"，出的文坛领袖很多的城市，不仅知识精英追求优雅，即使是城乡居民也以耕读传家为荣耀，以崇时尚、优品质的生活美学价值追求为风尚。

第三个特征"乐观包容"是指天府人的器识胸怀具有乐观开放与和谐包容的特点。它以古蜀人历来信奉的"中庸和谐，乐莫大焉"的理念为哲理基础。它的本质是"怡人文化"。《中庸》讲："诚者，天之道也。诚之者，人之道也。""反身而诚，乐莫大焉。""诚者"是对天地能包容万物的自然规律的认识和信仰。"诚之者"，是指能遵循自然发展规律，并能笃信奉行。有了"诚"的信念并加以"诚之"实践，就可以尽性知天，获得怡人怡己、"乐莫大焉"的最大快乐。

第四个特征"友善公益"是指天府人的情商操守。"友善"是情商，"公益"是品质操守。我们知道，天府文化的学术内核是蜀学。蜀学的本质特征是重今文经学，就是重经世致用，通经济世，公忠体国，友爱善良。诸葛亮、杜甫、苏轼、刘沅、尹昌龄等人就是这方面的典范，他们都是天府文化养育出来的优秀践行者。

如何做一个美好的成都人？这就要从上述精神内核、生活方式、器识胸怀、情商操守四大方面入手，既善于传承古代天府人的精神薪火，又善于开拓创新。孙中山曾赞扬天府人才："惟蜀有材，奇瑰磊落"，"奇瑰"是才智，"磊落"是品格。德才兼备，以明德引领风尚，以才智报效祖国，是天府文化孕育出来的蜀中人才的传统。今天的成都作为天府文化再次辉煌的首选地和首发地，凭借深厚的历史文化优势与优越的地理环境，定能实现建设新型"三城三都"，创建新型世界文化名城的奋斗目标，培育出更多天府文化的合格传承人、新天府文化的优秀建设者。

呈现在读者面前的这套"天府文化系列丛书"就是为阐释成体系、有系统、有特色、有魅力的天府文化，增强对本土文化保持自信的热力，而由成都市社科院精心筹划、深入研究、建立平台、严格挑选出来的。它对于聚集天府文化研究队伍，组织协调海内外研究力量，推动人文与科学的跨学科研究，培育巴蜀文化名家，推出天府精品力作，讲好成都故事，传播成都声音，让人文成都、社科成都勇立时代潮头，开启天府文化新征程，必将起到它应有的作用。作为本丛书的第一读者，我被该丛书的魅力所吸引，为使众多读者能更深刻地认识和理解本丛书的编纂宗旨，领会编者的良苦用心，我谨以个人对天府文化学术体系、概念体系和话语体系的粗浅认识，加上我对这套丛书的粗浅体会，作为序言，以示祝贺、祝福和期望。同时对编者、作者、组织者深表谢意。

2021 年 4 月 15 日

# "天府文化系列丛书"编纂说明

成都市第十三次党代会提出"传承巴蜀文明、发展天府文化,努力建设世界文化名城",让天府文化成为彰显成都魅力的一面旗帜。发展"创新创造、优雅时尚、乐观包容、友善公益"的天府文化,让人文成都别样精彩!

2018年6月,四川省社科联主席杨泉明教授率队来成都市社科联视察调研,提出让我联深入研究天府文化,组织力量编纂天府文化系列丛书的殷切希望。在四川省社科联的关心和指导下,成都市社科联贯彻落实市委第十三次党代会精神以及世界文化名城建设大会精神,创新组织方式,利用成都研究院的新型智库平台,广泛汲取国内外社科界力量,组织各领域研究者,培育巴蜀文化名家,力争推出天府文化精品力作,讲好成都故事,传播成都声音。丛书编纂工作组上下齐心、通力合作,历时三年,终于将"天府文化系列丛书"奉献到读者面前。

本丛书以习近平新时代中国特色社会主义思想为指引,力推天府文化的创造性转化、创新性发展,是加快建设践行新发展理念的公园城市示范区的重大文化工程。丛书从文化交流与传承的视角,在历史、现实、未来三个层面,探寻成都悠久的历史文化积淀,以及独具人文魅力的地域文化特征。对于弘扬中华文明,传承巴蜀文明,发展天府文化,具有深远的历史意义。丛书涉及经济、教育、历史、文化、水利、农业、手工业等多学科领域。在严谨务实的基础上,丛书作者们充分考虑当代大众特别是青少年的阅读习惯,创新写作方式,在确保学术质量和注重社会效益的前提下,努力提升可读性、趣味性和通俗性,做到文字生动、图文并茂,并特别推出了符合青少年读者审美的动漫绘本。丛书还涉及中、英、韩三种语言,既有外国学者用中文描述成都,又有中国学者用英文介绍成都,注重国际传播效果,在一定程度上满足了国外读者的阅读需求,为天府文化走向世界搭建了桥梁。

丛书得以顺利出版，要感谢四川大学出版社的大力支持，以及多位编辑老师的辛苦付出。丛书的组织编纂是成都市社科联围绕天府文化研究进行的探索性实践，难免存在疏误，恳请读者谅解指正。未来我们将会进一步总结经验、增强力量、深化研究，为推动天府文化的繁荣发展做出应有的贡献。

"天府文化系列丛书"编务组

2021年3月

# 自 序

锦江书院是康熙四十三年（1704）四川按察使刘德芳秉承巡抚贝和诺"兴文教以植人材""继石室之流风于无穷"之意，在文翁石室故址上创建的省城书院。作为清代四川存续近200年的最高学府，锦江书院一直是四川思想、学术、人文和教育的中心，是延续文翁"以儒化蜀"千年精神道脉的主体，推动清代蜀学从式微到晚清繁盛的主导力量。

文翁修讲堂延师讲学传播儒学，建周公礼殿倡导法治德教，建石室储才，开后世蜀地主政者重视人文风教、重视人才培养、重视平治巴蜀之先河，底定了巴蜀文化历久弥新、继往开来的历史发展向路，成为千百年来凝聚巴蜀人文最珍贵的文心养料和滋养蜀学不断发展传承的源头活水。石室讲堂、周公礼殿与文翁，早已经超越其自身具有的历史价值与作用。它们作为巴蜀人文精神的文化符号和活态基因，在汉晋以来的巴蜀文化发展历程中相与为一，互联互动，成为建构巴蜀人文教育独特发展传承体系不可或缺的核心要素，成为牵引巴蜀人文教育发展的永续生命链条。文翁成为历任主政四川者追慕效仿的榜样，成为巴蜀士民心中最值得纪念的精神偶像之一；文翁石室乃巴蜀所独有，亦为巴蜀文化精神学脉所特有的承载体，是巴蜀学校教育最重要的文化符号与历史地标；"石室流风""文翁之教""流风雅韵"等，作为巴蜀文化学术最鲜明的独特基因与标志性符号，成为巴蜀人文学术延绵不绝、不断自我革新的精神动力。可以说，文翁"以儒化蜀"已经升华为引领巴蜀人文学术与礼制德教并重的治蜀传统最重要的精神旗帜，成为推动200年锦江书院砥砺前行的内在重要力量。

明末清初，巴蜀兵连祸结，灾害疫病肆虐，生灵涂炭，人文不兴几近百年，而凝聚蜀中人文奋励自强、由衰而兴的力量与源泉，即来源于斯！以巡抚贝和诺、总督蒋攸铦为代表的蜀中大吏，以蜀郡太守文翁、高朕为楷模，以"不坠文翁遗绪"为己任，立足振兴巴蜀人文精神这一主要目标，倡言风教，涵濡教泽，坚持以文教辅政、兴文教以安蜀兴蜀的治蜀历史方略，兴书院、修礼殿、建讲堂斋舍以广规模；定宗旨、修学约、严考课以敦教化；重金礼聘老儒硕学以主讲席，教授生徒，拨帑币捐薪俸以厚膏火廪饩，为书院培养人才做了充分准备。以彭端淑、李惺为代表的山长，皆一时"经明行修"为士林所推重的"仕而已者"，既有深厚的学问功底和灵活的作育人才之法，也有主政一方的丰富实践经验，身体力行践行"文翁之教"，秉持"先经义而后时文，先行谊而后进取"的课士准则，以实学课士，以德品敦行，"日与诸生耳提面命，正误指迷"，延续蜀学道统学脉，振兴蜀中人文，实不负历代蜀中先贤先师"兴道育贤"之厚望，成为作育清代蜀学人才的关键力量。以李调元、张森楷为代表的杰出院生，"蹈德咏仁，追前贤懿轨"，植根乡邦人文，秉承巴蜀重经史、尚文学的文宗传统，广收博采，致力于蜀学的恢复与重建，想方设法恢复蜀中文献典籍，成为彰显蜀学基因、内核与特质，推动清代蜀学由弱而强、火然泉达的主体力量。

在锦江书院近 200 年风雨历程中，主政的官吏、掌教师儒与肄业诸生勠力同心，相与为一，以锦江书院为主阵地，以"继石室之流风于无穷"为精神指引，重建了蜀学复兴的理论体系、实践体系，建构了地域文化植根自身根脉传统，砥砺前行、开新创造的发展新模式，成为推动清代蜀学从式微到繁盛曲折而漫长历程中的重要力量，充分展示了巴蜀学人高度自觉的文化意识和自强不息的奋励精神。可以说，活态传承和创新利用"文翁之教"与"石室流风"为代表的巴蜀人文精神内核与基因，对推进新时代天府文化建设再上新台阶具有重要的文化借鉴意义与参考价值。

# 目 录

## 第一章 文翁之教与"石室流风"

### 一、文翁化蜀 ····· 3
（一）文翁化蜀的主要措施 ····· 3
（二）历史地位与影响 ····· 5

### 二、建礼殿、石室，"播兴文教" ····· 8
（一）高朕：重建周公礼殿 ····· 8
（二）辛昂：祭祀文翁，阐扬风教 ····· 11
（三）毋昭裔：刊行"蜀石经" ····· 12

### 三、建学宫、祠堂，传承巴蜀文脉 ····· 13
（一）蒋堂：建学宫劝学育才 ····· 14
（二）宋祁：建讲堂传承蜀学文脉 ····· 14
（三）韩绛：建学馆"修讲学之事" ····· 16

## 第二章 石室重开：锦江书院葺年历程

### 一、康雍初创阶段 ····· 21
（一）明末清初的蜀省人文环境 ····· 21
（二）书院初创，明确宗旨 ····· 23
（三）延师掌院，厚培士风 ····· 26

### 二、乾嘉兴盛阶段 ····· 31
（一）主政者加意书院设施建设 ····· 31
（二）名师"汇泽英才而教之" ····· 32

## （三）强调书院规程 ································ 38
## （四）造就蜀省人才甚众 ···························· 40
### 三、晚清整顿与改制 ······································ 45
## （一）经费不足,步履维艰 ·························· 45
## （二）院风颓靡,积弊丛生 ·························· 48
## （三）退出历史舞台 ································ 56

# 第三章 官斯土者"弼兴文教"
### 一、创建锦江书院 ········································ 59
## （一）佟凤彩倡言文教 ······························ 60
## （二）刘德芳初创锦江书院 ·························· 60
### 二、完善规约制度 ········································ 63
## （一）宋在诗首立学约规程 ·························· 63
## （二）吴省钦重修讲堂 ······························ 63
### 三、建成"全川书院之首" ·································· 65
## （一）勒保扩大办院规模 ···························· 65
## （二）蒋攸铦重建锦江书院 ·························· 66
## （三）黄宗汉捐置学田 ······························ 69

# 第四章 掌院者"实心教育"
### 一、历任山长的任期与顺序 ································ 73
## （一）三位山长的任职年限考辨 ······················ 74
## （二）四位山长的任职顺序考辨 ······················ 80
## （三）新增补两位山长的掌院事迹 ···················· 82
### 二、高辰:博学多才,造士最盛 ······························ 88
## （一）生平事略 ···································· 88
## （二）掌教锦江,成绩斐然 ·························· 92
## （三）学问渊博、诗文并重 ·························· 94

### 三、彭端淑：老儒硕学,嘉惠来学 ············ 97
　　（一）生平事略 ············ 97
　　（二）掌教锦江,为人师表 ············ 99
　　（三）为文博雅,工古文辞 ············ 102
　　（四）清丽古朴,法度严谨 ············ 106

### 四、顾汝修：主讲宋儒之学,延续蜀学学脉 ············ 108
　　（一）生平事略 ············ 108
　　（二）掌教锦江,笃行德教 ············ 111
　　（三）精宋儒义理,工制艺诗文 ············ 116

### 五、李惺：掌教锦江,孜孜不倦 ············ 119
　　（一）生平事略 ············ 119
　　（二）奖掖后进,成就尤著 ············ 123
　　（三）采撮众论,自成一家 ············ 126

## 第五章　肄业者"追前贤懿轨"

### 一、解元何明礼 ············ 133
　　（一）《江源文献录》：广搜博采,传存乡梓文献 ············ 134
　　（二）《浣花草堂志》：载纪旧闻,表彰先贤 ············ 136
　　（三）才气豪迈,情笃乡谊 ············ 142

### 二、"蜀中三才"李调元 ············ 146
　　（一）求学蜀浙 ············ 146
　　（二）宦海沉浮 ············ 159
　　（三）归隐罗江,宣桑梓之邦 ············ 177

### 三、"地学名家"张邦伸 ············ 185
　　（一）勤政善事,惠及民生 ············ 185
　　（二）"备纪蜀事",辉耀家邦 ············ 191
　　（三）考巴蜀山水,纪云栈胜迹 ············ 196

## 四、"德教文行"姜锡嘏 ············································· 205
### (一)文行忠信,造士多方 ······································ 206
### (二)明乎理学,咏古抒怀 ······································ 208

## 五、"台湾巡按"孟邵 ··············································· 211
### (一)勤勉善政,勇于作为 ······································ 211
### (二)巡按台湾,治番安民 ······································ 213
### (三)致仕归乡,表彰义举 ······································ 218

## 六、"锦江六杰"对乾嘉蜀学的恢复与重建 ················· 222
### (一)求法于山水自然,问道于乡邦贤哲 ··················· 222
### (二)丰富蜀中文献典藏 ········································ 226
### (三)传承蜀学精神道脉 ········································ 230
### (四)构建蜀学人才培养体系 ·································· 235

## 结语 ······································································ 238

## 参考文献 ······························································ 241
### 一、文献资料 ······················································ 241
### 二、研究著作 ······················································ 245
### 三、报刊 ···························································· 246

## 后　记 ·································································· 247

# 第一章　文翁之教与『石室流风』

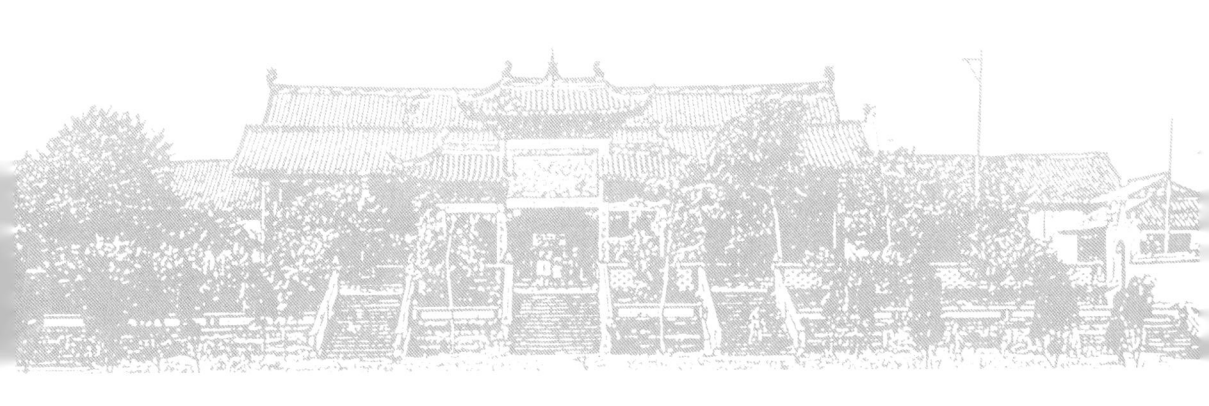

# 第一章 文翁之教与"石室流风"

## 一、文翁化蜀

### (一) 文翁化蜀的主要措施

西汉文翁创立"学官"于成都，延师讲授儒学，传播儒学；又建石室，丰富蜀中典籍文献，培养蜀地人才，致力于改变蜀地固有的蛮夷风习，史称"至今巴蜀好文雅，文翁之化也"[①]。

文翁（前187—前110），名党，字仲翁，庐江舒城（今安徽省庐江县）人。文翁少年好学，以通《春秋》之学名于当世，凭借郡县的察举被提拔任用，是西汉著名的循吏。景帝末期，奉命出任蜀郡太守。文翁以善治儒经《春秋》学出仕为官，儒家所主张的仁爱与教化思想成为他的核心执政理念。在蜀郡郡守任上，他发现蜀地僻远，受中原儒学教育与影响较少，文教不兴，蛮夷之风颇为盛行。为了改变蜀地的风习，文翁主张提倡以儒学为核心的风教。他在成都城市中修建学官，建石室储才，传播学术，致力于改变蜀中文风士习，史称"文翁化蜀"。班固《汉书·循吏传》、常璩《华阳国志·蜀志》中，均对此有所记载。如《汉书》文翁本传云：

> 文翁，庐江舒人也。少好学，通《春秋》，以郡县吏察举。景帝末，为蜀郡守，仁爱好教化。见蜀地辟陋有蛮夷风，文翁欲诱进之，乃选郡县小吏开敏有材者张叔等十余人亲自饬厉，遣诣京师，受业博

---

[①] 班固撰，颜师古注：《汉书》卷八十九《循吏传》第五十九，中华书局，1962年，第3627页。

士，或学律令。减省少府用度，买刀布蜀物，赍计吏以遗博士。数岁，蜀生皆成就还归，文翁以为右职，用次察举，官有至郡守刺史者。

又修起学官于成都市中，招下县子弟以为学官弟子，为除更繇，高者以补郡县吏，次为孝弟力田。常选学官僮子，使在便坐受事。每出行县，益从学官诸生明经饬行者与俱，使传教令，出入闺阁。县邑吏民见而荣之，数年，争欲为学官弟子，富人至出钱以求之。由是大化，蜀地学于京师者比齐鲁焉。至武帝时，乃令天下郡国皆立学校官，自文翁为之始云。

文翁终于蜀，吏民为立祠堂，岁时祭祀不绝。至今巴蜀好文雅，文翁之化也。①

文翁以儒化蜀所采取的措施，主要是以下四个方面：

首先，致力于培养蜀中青年才俊。为了改变蜀地"好文刺讥""贵慕权势"等风习，文翁采用了自己熟悉的"仁爱教化"手段。先是选取郡县中聪明好学、富有才干的青年官吏张叔等十余人，亲自进行培养，为他们打下儒学基础；然后再送他们到京师博士官那里学习儒家经典，或学习朝廷律令。为了让这些蜀中青年受到更好的教育，文翁还节省官府用度，购买蜀中的刀、布等特产私下送给博士官，希望他们悉心指教这批蜀中才俊。文翁想方设法改善游学京师学子的学习环境，为张叔等蜀中才俊的成长提供了有力的支持。对于学成归来的张叔等人，文翁把他们选作自己的重要行政助手，并根据他们的不同政绩"用次察举"，学成归蜀者中后来不乏官至郡守、刺史这样高位的人。这是与文翁厚培蜀中俊彦学业根柢，并在行政实践中不断培养历练他们分不开的。

其次，在成都市中修建学官，培养"下县子弟"。要培养人才，离不开优质的师资。从京师学成归来的蜀中才俊，无疑是担任学官教职最适合

---

① 班固撰，颜师古注：《汉书》卷八十九《循吏传》第五十九，中华书局，1962年，第3626—3627页。

的人选。文翁通过选用受业京师的学成者教授蜀中本土子弟，对传播西汉主流学术——儒学，培养蜀中急需的各类人才，促进巴蜀文化融入中原文化，无疑具有重要的推动作用。

再次，重用学官学子。对于在学官受业的学子，文翁一方面免除他们的徭役，另一方面还选用其中学行颇高者担任县邑官吏，对学行稍弱者则授予孝弟、力田等职位，让他们承担起传播儒家道德伦理的责任，在蜀中掀起学官学子学必有所用的用人导向。

最后，在行政系统中选用学官弟子以提升其地位与影响。文翁为了提升学官弟子的社会地位和影响，常常让学官学子在自己身旁学习如何处理政务。每次到县邑巡查，都要从学官中选拔学业优秀、品行端正的学子同行，并让他们传达文书教令，随时出入官府。文翁通过以上富有官方扶持色彩的一系列做法，在蜀地形成了通过学官教育，培养蜀中青年人才的普遍共识。

## （二）历史地位与影响

文翁通过建学官培养蜀中子弟、传播儒学和重用学官子弟等一系列措施，在巴蜀吏民中建立起不同过往、重儒学重真才的选人用人新风尚。不过数年，蜀中子弟都以进入学官学习为荣，以至于富人子弟通过捐献钱物也要进学官就学。通过文翁数年的诱导，蜀地风习大变，蜀地在京师求学者与来自儒学发达的齐鲁地区的学者不相上下。文翁"以儒化蜀"，建学官传播儒学，建石室培养人才并重用学官弟子，对改变蜀中旧有的落后风习，促进儒学在四川的传播与发展，产生了重要而积极的作用。到汉武帝时，诏令天下郡国都设立"学校官"，正是文翁"以儒化蜀"成功经验的时代应用。

文翁"以儒化蜀"为核心的治蜀措施，具有以下重要意义：

一是文翁作为治蜀取得显著成效者之一，他在践行"以儒化蜀"过程中的所作所为以及由此积累的治蜀经验与教训，让他成为当之无愧的治蜀楷模，为后世治蜀者树立了榜样。

二是将中原主流思想学术——儒学引入蜀地，不仅扩大了儒学的传播范围，而且奠定了蜀学后来发展的基础。文翁"以儒化蜀"，客观上有助于地处僻远的巴蜀文化融入中原的主流文化圈中，促进中央与地方文化学术的历史交流与长期互动，增进作为地方文化的巴蜀文化与中原文化的历史联系。

三是文翁作为蜀郡最高长官，在如何治理蜀地的问题上，率先采用了以儒学为核心的风教治蜀方略，开启了以儒治蜀之先河，为后世治蜀者平治蜀地提供了重要的历史鉴镜。

四是"文翁之教"在促进地方学术传播、人才教育方面取得了成功，成为武帝"令天下郡国皆立学校官"的主要原因。文翁建学官传播学术、修周公礼殿倡言礼制德教、建石室储才，成为"文翁之教"的三大核心组成部分。因此，"学官"（后世或称学宫、讲堂和精舍）、周公礼殿、石室以及文翁祠，历史地成为彰显"文翁之教"流风雅韵的标志，成为评价后世治蜀者是否重视文教的重要参考。大凡后世有志于文教的蜀中大吏，均把修复讲堂、修复周公礼殿、建石室和修建文翁祠，作为标举其重视人文学术、重视文教之治的重要举措。

作为主政蜀中的最高行政首脑，文翁亲力亲为，以身作则，以儒化蜀，"教民读书法令"，在蜀地开启了以法治、德教治蜀的先河。需要指出的是：在一地之中主张德化风教并非一朝一夕的事情，蜀地并没有在文翁之后形成法治礼教之风习，但文翁的做法对改变蜀地固有的"蛮夷之风"，培养蜀地人才，是有一定积极作用的。班固在《汉书·地理志下》中曾评价说：

> 景、武间，文翁为蜀守，教民读书法令，未能笃信道德，反以好文刺讥，贵慕权势。及司马相如游宦京师诸侯，以文辞显于世，乡党慕循其迹。后有王褒、严遵、扬雄之徒，文章冠天下。由文翁倡其

教，相如为之师，故孔子曰："有教亡类。"①

文翁教蜀地之民读儒家之书，学习朝廷制度法令，但在文翁之后，蜀地之民并未就此形成笃信德治礼教的习惯，反而形成了好文过饰非、讽刺朝政，追逐权力、羡慕势力等不良风气。这似乎可以说明，文翁之教虽然没有立即在蜀地形成他所期望的儒风良俗，但就其初衷——改变蜀地的蛮夷之风而言，是有一定效果的。比如文翁之后的司马相如被称作一代"辞宗"，凭借其"控引天地""错综古今"的不世才华，得以宦游京师，并以其才学为汉武帝重用。所作《子虚赋》《天子游猎赋》《大人赋》《长门赋》，奇幻浪漫，文辞富丽，结构宏大，成为汉大赋的开创者。司马相如的成就，一方面改变了人们认为蜀地是蛮夷之地，尤其缺乏人文之学的错误认识，另一方面为蜀地之民心向文辞学术树立了重要的榜样，从一定程度引领了后世蜀中人才的发展。此后的王褒、严君平、扬雄等人，分别成为一代文学宗祖，都与文翁之教和司马相如在文坛的崛起密不可分。如果说"文宗自古出巴蜀"的话，那么司马相如之后的"文宗"，王褒、扬雄无疑是其最著名的代表，充分体现了巴蜀文宗在历史上持续产出的特征。所谓"由文翁倡其教，相如为之师"，充分说明了文翁与司马相如在巴蜀文宗历史发展链条上的历史引领和带动作用。

虽然文翁儒化巴蜀的努力在蜀地并没有立即取得显著成效，但"文翁之教"却为此后的蜀地主政者提供了平治巴蜀的重要经验，文翁治蜀的方略也为历代蜀中大吏所效仿，文翁成为他们尊重的文治巴蜀的重要对象。据李承熙《锦江书院考附成都府学宫考》和《锦江书院纪略·名宦纪略》记载，自汉而元明，学习文翁儒化巴蜀，倡言风教者就多达26人。分别是：汉灵帝时的蜀郡守高眹、李膺；晋太康中益州刺史张收；齐永明间益州刺史钱俊、刘瓛；梁萧憺；后周辛昂；唐永徽元年（650）蜀守某某重修石室学馆与庙坛，颜有益为之书《益州学馆庙堂记》；唐会昌五年

---

① 班固撰，颜师古注：《汉书》卷二十八下《地理志》第八下，中华书局，1962年，第1645页。

(845)益州主官主持修建文宣王庙；孟蜀广政七年（944）丞相毋昭裔重修石室，以储"蜀石经"；宋成都府牧守蒋堂、田况、吕陶、宋祁、韩绛、胡宗愈、王刚中以及蜀帅陈某、范成大；元儒学提举谢晋贤、元贞初教授解瑢；明洪武间成都主官某、弘治间成都府主官某、成化间训导胡世济、正德间教授刘汉、万历间耿定力等。他们师法文翁儒化蜀地的做法，或修葺周公礼殿传承礼制，或修石室丰富蜀地文献典籍，或修文庙祭祀孔子复兴儒学，或建讲坛斋舍延师教授蜀中学子，发展蜀学，或亲临讲学、考校以训育诸生，为蜀中人文发展做出了重要贡献。就汉唐时期蜀中倡言文教的主政者而言，汉灵帝初平年间，陈留人高眹重新修复周公礼殿、后周辛昂和后蜀毋昭裔修建石室以储"蜀石经"最为有名。他们在蜀地遭受严重的灾祸后学习文翁以儒化蜀的方式复兴蜀地人文学术，为蜀地注入了文化生机与学术活力。

# 二、建礼殿、石室，"播兴文教"

## （一）高眹：重建周公礼殿

文翁在成都市城南之地立文学精舍，建讲堂，作石室（又名玉室）倡言文教这一做法，对汉唐间主政蜀地的官吏产生了积极影响。他们或重修周公礼殿或重建文翁石室，借祭祀周公、孔子及其弟子与文翁，倡导文教，传播儒学，培养蜀中人才。

汉光武帝建武十年（34），梓潼人文参（字子奇）任益州太守，增造吏寺（学舍）二百余间。永初间，成都兵乱，全城遭遇大火，学官讲堂、周公礼殿等文教设施悉数被焚,仅有文翁石室和庙门独存。汉灵帝光和五年(182),高眹继汉中人赵瑶之后接任蜀郡太守。高眹,生卒年不可考,东汉陈留人。自上任伊始,高眹便重修周公礼殿和学官讲堂,并在"文翁石室"故址东南侧,增造二石室祭祀儒家先贤、弟子和蜀郡太守文翁,以表达其延续文翁"以儒化蜀"之意。

献帝兴平元年(194),刘焉将益州治所迁徙到成都之后,益州刺史夺占蜀郡文学精舍及其设施,建立益州州学,蜀郡太守高眹于是在夷里桥南岸道路东边新建文学精舍。高眹在蜀中传播儒学,教化蜀中士民,广播文教的做法,还得到了蜀中乡贤太尉赵谦父子的支持。常璩在《华阳国志》中记载此事时说:

> 陈留高眹亦播文教。太尉赵公初为九卿,适子宁还蜀,眹命为文学,撰《乡俗记》,亦能屈士如此。[1]

赵谦,生卒年不详,字彦信,赵戒之孙。历官卿尹,献帝初平元年(190)为太尉。曾因忤逆董卓被贬。官拜尚书令、太仆,谥曰"忠侯"。《后汉书·赵典传》附其传。太尉嫡子赵宁幼承家学,擅长文辞。赵宁回乡后,高眹即聘请这位出生于蜀地的饱学之士为蜀郡文学掾,掌管蜀地文化教育之事,在蜀中传播儒学,培养人才。高眹以赵宁为郡文学掾主管蜀中文教之事,与文翁遣蜀中张叔等开敏有材者就学京师,还以教授蜀中弟子的做法如出一辙。赵宁撰《乡俗记》,传播蜀中民情风俗,其文采风流亦为蜀中士人所称道。

高眹所建周公礼殿与增修的石室,既是汉唐之际巴蜀学人传道授业的重要场所,也是巴蜀人文汇聚的中心,成为数百年间蜀中人文发展延续的重要思想与学术阵地。宋代著名历史学家华阳人范镇在《东斋记事》中云:

> 成都府学有周公礼殿,及孔子像在其中。其上壁画三皇、五帝及

---

[1] 常璩著,刘琳校注:《〈华阳国志〉新校注》卷三《蜀志》,四川大学出版社,2015年,第130页。

三代以来君臣，即晋王右军与蜀守帖，求三皇、五帝画像是也。其柱钟会隶书刻其上。其屋制甚古，非近世所为者，相传以为秦、汉以来有也。殿下有二堂：曰温故，曰时习，东西相对。堂各有碑，碑曰"左生某、右生某"，皆隶书，亦西汉时诸生姓名也。……其西有文翁石室。其南有高朕（即眹，编者注）石室，比文翁石室差大，背有石像。①

高眹新修的周公礼殿及所供奉的孔子像，到宋代时依然存在。礼殿墙壁上，曾绘有三皇五帝以及尧舜禹三代以来的君臣画像，晋人王羲之还曾为此写信向时任蜀郡太守索要这些画像。周公礼殿，其制甚古，底屋方柱，堂基高六尺，厦屋三间，柱皆削成方形，上狭下广。自晋以后，历代画家于墙壁、屋梁上画有"先圣先贤"像以及礼器、瑞物，殿柱之上的《周公礼殿石楹记》相传乃钟会所书。周公礼殿的形制保存了数百年，成为延续儒学道统的重要载体，在中华文化史、儒学史上占有重要地位。周公礼殿之下，开设有"温故"与"时习"两个讲堂。讲堂东西相对，各有碑分别记载左右听讲生徒的名字，可见周公礼殿与讲堂，既是府学内祭祀儒家先圣先师之所，也是官师讲授育材之所，体现了高眹所建周公礼殿特有的庙学合一的独特结构形态与基本功能。高眹所创立的德学并行的育材方式，对后世蜀中人文学术的发展产生了重要影响。周公礼殿之西为文翁石室，其南为高眹石室，而高眹所建石室比文翁石室略大，两石室之内，皆供奉各自的石像。将高眹之像与文翁之像都供奉在石室中，表明高眹亦是巴蜀文化学术史上继"文翁之教于无穷"的重要代表人物。

据北魏郦道元《水经注》、唐《元和郡县志》引李膺《益州记》、宋范镇《东斋记事》、元费著《成都周公礼殿圣贤图考》等记载，高眹所建文翁石室历时颇久，至元代犹存。而周公礼殿则到明代战乱时才被烧毁，清乾隆四十年（1775）四川总督文绶秉承乾隆皇帝旨意，重修了周公礼殿。

有记载认为，蜀中建周公礼殿始于文翁。宋祁在《文翁祠堂记》中曾

---

① 范镇：《东斋记事》卷四，中华书局，1980年，第32页。

云:"初,公为礼殿,以舍孔子及七十二子之像,殿右庑作石室,舍公像于中。"[1] 指出文翁除建学官、讲堂、石室外,尚建有周公礼殿以供奉周公、孔子及弟子。文翁在成都市中建周公礼殿,实开蜀地祭祀儒家先圣先师之先,开蜀中延续儒学道统之先,也是他儒化巴蜀的重要举措。而高朕等人重建周公礼殿以祭祀文翁,则是对文翁"以儒化蜀"治蜀思想的主动延续与进一步完善。文翁石室与周公礼殿历经千年不毁灭,成为蜀地主政者播兴文教的重要场所,也是蜀中官民所公认的文教中心,对蜀地文化学术的传播有重要引领作用。

## (二) 辛昂:祭祀文翁,阐扬风教

南北朝历经战乱烽火,亦有不少有志之士高举文翁"以儒化蜀"的大旗,积极参与到兴学校、培养人才的实践中来。比如萧憺、辛昂即是其中的代表。

梁文帝第十一子萧憺(478—522),字僧达,梁武帝萧衍异母弟,封始兴郡王,谥曰"忠武"。天监九年(510),拜都督、益州刺史。在任上广施仁政,剔除弊政,停断益州宰丞巧借名目勒索百姓的一切不法行径,得到了益州百姓的拥戴。有感于西汉文翁"以儒化蜀"之功,萧憺主张敬祀西汉蜀郡太守文翁。萧憺大兴学校教育,传播学术,培养人才,得到了蜀中士民的积极拥护。

辛昂(?—572),字进君,年仅数岁,便有成人志行。年十八岁,侯景拔擢他出任行台郎中,加镇远将军衔。西魏大统十四年(548),归附西魏,被封为襄城县男。随尉迟迥伐蜀有功,先后任龙州长史、成都令。保定二年(562),进职车骑大将军、仪同三司。讨信州群蛮,朝廷因其善于便宜从事,转任通州刺史。当时晋公宇文护执掌朝政,辛昂受到宇文护的

---

[1] 宋祁:《成都府新建汉文公祠堂碑》,曾枣庄、刘琳:《全宋文》第25册,卷五二六,上海辞书出版社、安徽教育出版社,2006年,第92页。

提携信任，高祖因此很怀恨他。宇文护后来因罪伏诛，辛昂也因此遭牵连，被杖击而死。

成都乃西南都会，民情风俗驳杂。辛昂刚出任成都令，就率领诸生在学堂祭奠文翁，且与诸生欢宴。他告诫诸生说，"为人子要孝顺，做人臣要忠诚，做老师要严格，做朋友要讲信用，做人的原则，如此而已。若不按此行事，又怎么可以成名立望呢？若能自我勉励，是能够成就名声的。"辛昂以文翁之教整饬诸生，言真辞切，说理透彻，诸生都为之感动，纷纷转告父老说，"辛君如此教诲，我们不能违背其真意。"辛昂大兴风教，整饬民情风俗，成都乡邑迅速从纷乱转向安宁，取得了由乱而治的良好效果。

## （三）毋昭裔：刊行"蜀石经"

唐与五代十国时期，文翁石室仍然是益州州学的驻地。孟蜀丞相毋昭裔是这一时期在巴蜀地区传播儒学、兴学育人的代表人物。

永徽元年（650），益州州学学堂原以竹瓦土栈建成，历时既久，竹瓦渐将摧折，出现了倾圮之象，时蜀中主政者银青光禄大夫某，"敬遵朝典，抚绥黎庶，导德齐礼，学教兴缺"[①]，于是召集僚属，依照汉时州学形制重修益州府学庙堂。他们去危扶斜，涂画丹青，使之焕然一新。贺遂亮为之作《益州学馆庙堂记》，成都县令颜有意为之书丹。

毋昭裔，生卒年不详，河中龙门（今山西省河津市）人，著名的学者、刻书家，著有《尔雅音略》。毋昭裔在后蜀孟知祥、孟昶两朝为官，历官御史中丞、中书侍郎、同平章事，又改任门下侍郎，累官宰辅之列，以太子太师致仕。毋昭裔擅长经术，性好藏书，是著名刻书家。毋昭裔曾出私财百万修建学馆，奏请后主孟昶并征得同意，以楷书摹刻开成石经。

---

[①] 阙名：《唐益州学馆庙堂记》，董诰等：《全唐文》卷一千，卷之六十一，中华书局，1983年，第11055页。

毋昭裔将楷书摹刻"石经"以及其他典籍置于成都学馆的石壁上,供士子抄录观摩之用。毋昭裔以楷书刊刻"蜀石经"的最大特点,在于采用分章逐句之法,补刻了韩康伯等人的注释,尤其方便学人阅读与理解,也因此成为"冠天下而垂于无穷者"最直接的证据,对推动蜀地人文学术特别是儒学的发展做出了积极贡献。

毋昭裔实际刻成的仅有《孝经》《论语》《周易》《毛诗》《尚书》《周礼》《仪礼》《礼记》《左传》《尔雅》十种儒家经典。毋昭裔亲自参与蜀石经的校订,参与镌刻者皆蜀地名家,故石经经文字体疏朗,清晰美观。毋昭裔将蜀石经储存于学官内,供学官讲读以及蜀地学人抄录,有力促进了儒学在蜀地的进一步传播与发展。

就经学发展史而言,"孟蜀石经"客观上实现了儒家经典在蜀中的首次汇聚,它们连同宋皇祐元年(1049)补刻的《公羊传》《穀梁传》以及宣和五年(1123)补刻的《孟子》,人称"孟蜀十三经"。毋昭裔及其孟蜀石经在经学史、蜀学史上占有重要历史地位。

## 三、建学宫、祠堂,传承巴蜀文脉

文翁礼师儒,"开学校,以《诗》《书》教人"[①],倡言文教,培育蜀材,风化巴蜀,为后世四川的主政者提供了重要的治蜀经验与智慧。在宋元时期,践行"文翁之教"最著名者,以宋之蒋堂、韩绛、宋祁、李焘、席益和元人王守诚为代表。

---

① 宋祁:《成都府新建汉文公祠堂碑》,曾枣庄、刘琳:《全宋文》第25册,卷五二六,上海辞书出版社、安徽教育出版社,2006年,第92页。

## （一）蒋堂：建学宫劝学育才

蒋堂（980—1054），字希鲁，常州宜兴（今属江苏省无锡市宜兴市）人。进士及第，历任楚州团练推官，大理寺丞、临川知县、江南东路转运使，后出知益州，以尚书礼部侍郎致仕。蒋堂为人清廉，刚毅不屈，乐善好施。他好学不辍，工古文辞，尤其嗜好作诗，著有《吴门集》二十卷传世。卒后特赠吏部侍郎，《宋史》有传。

宋仁宗庆历初年，朝廷诏令天下各府路建学校育人。庆历四年（1044），蒋堂以枢密直学士出知益州。刚就任，就前往学宫亲试诸生，劝学育才。吴曾在《能改斋漫录》中云："尝召高才硕生，会试府中，亲较方等，劝成学者。"①

汉文翁石室本在益州府学孔子庙中，蒋堂因地制宜，在州学（文翁石室）之侧，建西学以广诸生斋舍，扩大兴学育人的规模。并选拔下属官吏中有才学者教育诸生。宋史本传记载此事说："庆历初，诏天下建学。汉文翁石室在孔子庙中，堂因广其舍为学宫，选属官以教诸生，士人翕然称之。"②蒋堂增修学宫并建斋舍，延师教授，传播学术，效仿文翁作育蜀中士子之法，其所作所为得到了蜀中士人的充分肯定。

## （二）宋祁：建讲堂传承蜀学文脉

宋祁（998—1061），字子京，祖籍北宋安州安陆（今湖北省安陆市），天圣二年（1024）进士，初任复州军事推官，经皇帝召试，授直史馆。历任龙图阁学士、史馆修撰、知制诰，拜翰林学士承旨，再迁太常博士、同知礼仪院，迁尚书工部员外郎、同修起居注、权三司度支判官。与修《唐

---

① 宋祁：《府学文翁画像十赞》，袁说友等：《成都文类》卷第四十八，中华书局，2011年，第935页。
② 脱脱：《宋史》卷二九八《列传》第五十七，中华书局，2000年，第8038页。

书》，书成，迁左丞，进工部尚书。宋祁是北宋著名的文学家、史学家、词人，与其兄宋庠，皆以文学显名于当世，史称"二宋"，而宋祁以"尤能文，善议论"著称。预修《籍田记》《集韵》，又撰《大乐图》二卷，著有《宋祁文集》百卷。嘉祐六年（1061）卒，谥曰"景文"。

嘉祐二年（1057），宋祁以端明殿大学士身份出知益州。作为儒学道脉的继承者和益州主政者，宋祁对文翁这位儒学先贤非常敬重。他在主政益州的第二年，就亲自去文翁祠祭拜，见文翁祠屋宇倾危逼狭，尘污不堪，乃于学宫之西（原西学旧址）重建文翁祠，在祠内上壁图绘文翁像，在祠堂东西两壁图绘司马相如、郑子真、王褒、何武、张宽、严君平、扬雄、高朕、蒋堂等蜀中先贤之像以配祀文翁，并自为之赞。他在《成都府新建汉文公祠堂碑》中记叙此事云：

> 嘉祐二年，予知益州，往款公祠。至则区位湫逼，埃蚀垢蒙，不称所闻。大惧礼益懈忽，神弗临享。其明年乃占学宫之西，攻位鸠工，弗亟弗迟，作堂三楹，张左右序及献庑，大抵若干间。布寻以度堂，累常以度庭，疏窗以快显，壮闶以严闭。采有青丹，陛有级夷。瓦密栋强，若棘若飞。乃肖公像于宁间，绘相如等于东西壁。本古学之复莫若朕，本今学之盛莫若故枢密直学士蒋公堂，故绘二公于宦漏，皆配祠焉。①

蜀地一向有祭祀先贤的传统，但千余年来祭祀不绝者只有李冰和文翁。汉唐以来，倡言文教的蜀地主政者不乏修建石室、学宫和文翁祠之人，但若宋祁于文翁祠中图绘文翁画像并于东西壁配祀司马相如等蜀中先贤者，则无疑首推第一。尤其是他把前任蒋堂与自己一并列入蜀学学脉传承链条之中，有助于延续千年蜀学文脉、学脉，展示巴蜀人文代不乏人、源远流长的特点，凸显文翁在巴蜀学术史和文化发展史上的重要地位。

---

① 宋祁：《成都府新建汉文公祠堂碑》，曾枣庄、刘琳：《全宋文》第25册，卷五二六，上海辞书出版社、安徽教育出版社，2006年，第92—93页。

## （三）韩绛：建学馆"修讲学之事"

韩绛（1012—1088），字子华，亿子，真定灵寿（今河北省石家庄市灵寿县）人。仁宗庆历二年（1042）进士，除太子中允、通判陈州，官户部判官，擢右正言、知制诰，迁龙图阁学士、翰林学士、御史中丞，历知庆州、成都府、开封府。英宗即位，迁给事中。神宗即位，拜枢密副使，熙宁三年（1070），拜参知政事。哲宗即位，封康国公。后以司空、检校太尉致仕归里。卒年七十七。谥曰"献肃"，《宋史》有传。

英宗元年（1064），加端明殿学士出知成都府。在任上效仿文翁兴植文教之术，修建学馆以储其才，修建讲堂以广其学。张俞在《成都府学讲堂颂》中记载此事云：

> 今上嗣位之年，昌黎公守蜀之五月，修文翁讲学之事，乃治学馆，就与诸生讲习礼文。又三月，遂大作讲堂。明年三月甲子，乃会僚佐及学官、生徒等三百人，行讲礼于堂上。是日府县士民及四方之客殆万人，咸来观听，且谓蜀之学远矣，肇兴于汉，历晋唐至于五代，世世弦诵不衰，所谓周公礼殿、文翁石室，越千余载而岿然犹存。①

英宗继位之年，韩绛出知成都府。他效仿文翁讲学育人之意，修建府学学馆，并亲自为蜀地诸生"讲习理文"，传播儒家道德心性之学，为理学在蜀地传播做出了一定贡献。第二年三月，又扩建讲堂，扩充讲学场馆，亲自召集僚属和学官生徒三百余人，"行讲礼于堂上"，吸引了成都府县的士民以及外地来学者多达万人听讲，为蜀学在官民中的传播与发展做出了贡献。

建礼殿讲堂，祭祀文翁，成为历代蜀地主政者兴植文教、平治巴蜀的

---

① 张俞：《成都府学讲堂颂》，曾枣庄、刘琳：《全宋文》第26册，卷五五三，上海辞书出版社、安徽教育出版社，2006年，第163页。

重要措施，尽管其中不乏附庸文教者的"面子工程"，但客观上对延续"石室流风""文翁之教"等蜀学精神道脉产生了积极影响。礼殿、讲堂、石室和文翁祠既是构成蜀地最高学府和人才教育培养机构必不可少的要件，也是蜀地官师开展兴育人才活动必不可少的工作平台。就其功能而言，讲堂当为研究与传播学术所必有之设施，礼殿则是专门供奉先圣先儒的地方，为开展德教所必有之物，此二者并存，充分展示了儒家德学并重的育人宗旨。而修建石室储育人才或储藏文献典籍，修建文翁祠祭祀文翁以及司马相如、扬雄等蜀中先贤，则是历代蜀地主政者主动延续巴蜀学脉、兴学育人的重要举措，虽然石室、文翁祠本身不乏兴植人才的某些功能，但其所蕴含的主要目的却在于借此表达巴蜀文化的精神实质和文化传承机理，在于其所蕴含的文化符号价值与意义。

讲堂、礼殿、石室与文翁及其祠堂一道，在巴蜀文化发展历程中相与为一，互联互动，同是建构巴蜀人文教育独特发展传承体系不可或缺的基本要素，成为充满生机活力、牵引巴蜀人文教育发展的永续文化链条。而文翁石室为巴蜀之地所独有，亦为巴蜀文化学脉所特有，一直是巴蜀人文教育历久弥新、延绵不绝的精神标志。可以说，文翁石室成为标举巴蜀人文教育本质内涵最独特的文化符号，是传承蜀韵蜀味地域文化特质最重要的基因，在巴蜀思想史、文化史、学术史和教育史上，占有重要而特殊的地位，值得巴蜀文化学者特别珍视与关注。

## 第二章

### 石室重开：锦江书院皕年历程

锦江书院是康熙四十三年（1704）四川按察使在西汉文翁石室故址重建的省城大书院。作为清代四川的最高学府，锦江书院一开始就承担着延续文翁"以儒化蜀"流风雅韵，复兴蜀学精神道脉，培植蜀中急需人才的重要使命。但是，由于锦江书院创建于历经百年战乱、社会残破、人口稀少的西南墺壤，一度存在师资缺乏、经费短缺、士子无书可读等严重的现实困难，相较于其他省城书院，锦江书院无论书院规制、办院规模、成就地位以及人才培养方面均明显滞后，因此存在与其他省城书院的发展步调不尽一致的问题。据邓洪波研究，清代书院的发展，大体可以分为四个阶段：恢复发展期、全面大发展期、相对低落期和最终改制期四个阶段。[1]而锦江书院只经历了初创恢复时期、兴盛时期和整顿时期三个阶段。[2] 尽管锦江书院的发展比同时代的其他省城书院相对迟滞，但并不影响它在延续"石室遗绪"、复兴蜀学千年学脉中所做的重要贡献，也不影响它在清代四川学术史、教育史和书院史上的重要地位。

# 一、康雍初创阶段

## （一）明末清初的蜀省人文环境

明末清初，四川兵连祸结，疫病流行，灾害频发，社会、经济、文化遭受了前所未有的大破坏。历经劫难后的巴蜀一度人文不振、士风衰落，

---

[1] 参见邓洪波：《中国书院史》，东方出版中心，2004年，第439页。
[2] 王纲：《清代四川书院略论》，《清史研究》，1991年，第1期。

千年蜀学几近中绝。康熙初年，时任四川巡抚罗森在《四川总志·序》中云：

> 顾其故垒重关，颓陊于灌莽，敻无人迹。或行数十里，望断炊烟，道茀不可行。……尔入城郭，萧瑟若丘墟，茅檐筱户，无数家聚落。问长吏，赋不逾数钟，编氓存不及什一。①

作为蜀省首府的成都，民众受祸最深，社会、经济破坏最为惨烈。康熙《成都府志》记载："城郭鞠为荒莽，庐舍荡若丘墟，百里断炊烟，第闻青磷叫月。"② 民国《华阳县志》记载："时成都城中，绝人迹者十五六年，惟见草木充塞，麋鹿纵横，凡市廛闾巷、官民居址皆不可复识。"③ 民国《新津县志》亦载："（新津县）所余残民，彼此相食，其食人诸状惨不忍述。人烟断绝凡十余年。"④

四川社会经济遭受极大破坏，蜀中人文典籍也在劫难逃。戴纶喆在《四川儒林文苑传》中述及清初蜀中人文衰败之象时，曾云：

> 良以蜀当献贼之乱，孑遗无几，文献已荡如矣。嗣后吴藩煽逆，科举较迟。而其时隐逸之征，经学之选，博学鸿词之科，际其盛者亦最后。仅一许如龙赴试，而卒不遇。文运举可知也。⑤

历经战乱浩劫，四川社会人文遭到极大的破坏。四川不仅在全国属于开科取士最迟的地区之一，而且无论是参加朝廷的明经还是博学鸿词科选拔，都长期居于末位。虽然曾有一位许如龙参与了选拔考试，最终也以落选告终。四川在清初文运不振，士风低落，由此可见一斑。

---

① 蔡毓荣等修，钱受祺等纂：康熙《四川总志》卷首《序》，康熙十二年刻本。
② 佟世雍修，何如伟纂：康熙《成都府志》卷三十五，康熙二十五年刻本。
③ 陈法驾等修，林思进等纂：民国《华阳县志》卷三十五，《事纪》第六十，民国二十三年刻本。
④ 聂述文等修，刘泽嘉等纂：民国《江津县志》卷三《前事志》第十四，民国十三年铅印本。
⑤ 戴纶喆：《四川儒林文苑传·序》，民国十一年刻本。

## （二）书院初创，明确宗旨

长年的战乱、疫病与灾害对四川社会经济造成了巨大破坏，导致四川人口锐减，百业不兴，对四川人文学术造成了毁灭性的打击，也成为明末清初百余年间四川文运不兴、士气萎靡不振的主要原因。康熙中四川按察使刘德芳在《锦江书院碑记》中记载当时四川人文的情形云：

> 文学诸生谋生犹恐不给，奚暇诵读？其年盛志美，亟思向学之士，既乏师承，犹鲜载籍。①

康熙四十三年（1704），时任四川巡抚贝和诺（富察氏）与按察使刘德芳（字受公），在成都府学明伦堂后的文翁石室故址，创建省城锦江书院以兴植文教、培植蜀省急需的各类人才。贝和诺、刘德芳两位蜀中大吏在创建锦江书院时主要做了以下四个方面的工作：

首先，明确了锦江书院作为省城书院的办院宗旨。刘德芳在述及创办锦江书院的目的时曾说：

> 将见蜀之士皆蹈德咏仁，追前贤懿轨。上答天子升平文治之功，以无孤我公之教，且以继石室之流风于无穷。②

创建省城锦江书院以延续蜀学精神道脉，培养蜀中人才，是创办书院的最初目的。而顺应朝廷在武力夺得天下之后重视文治的治国之策，满足蜀中主政者以文教兴蜀的治蜀方略，则是创办锦江书院的又一重要目标。锦江书院建在府学明伦堂后的文翁石室故址，并高扬"不坠文翁之流风雅化"这面大旗，倡言"绍往哲以开来学"③的办院宗旨，这对续接蜀学文脉、学脉，复兴长期式微的蜀中人文，提供了强劲的文化内力。

其次，锦江书院从创建之始，就明确了它作为省城书院的应有规制。如对门楼当有几楹，房屋当有几进，都有明确规定，突出了作为省城书院

---

① 刘德芳：《锦江书院碑记》，李承熙：《锦江书院纪略》卷中，咸丰八年刻本。
② 刘德芳：《锦江书院碑记》，李承熙：《锦江书院纪略》卷中，咸丰八年刻本。
③ 刘德芳：《锦江书院碑记》，李承熙：《锦江书院纪略》卷中，咸丰八年刻本。

的威仪；而礼殿、讲堂、官师考课之所，也一应俱全；藏书之所、诸生栖身斋舍以及吃饭、休养之所，均另行修造。从书院创修时的结构不难看出，锦江书院的确一开始就有作为省城书院的宏大规模与式样，这是同时代州府一级的书院无法比拟的。

再次，明确了蜀省主政者在建设锦江书院中的应有义务。唐宋时期的书院，大多以非官办为主。自明代中后期以来，书院的官办性质愈来愈明显。康熙年间，尽管有不少属于私人性质的书院，但作为州府一级以上的书院，官办性质颇为明显，对于省城一级的书院，官办性质愈加明显。锦江书院在创建之初，就凸显出了非常明显的官办性质。一方面，它是蜀省巡抚、按察使主导创建的。办院所需的经费都是贝和诺、刘德芳等蜀中大吏所倡导，以主政官员捐献俸禄的方式筹集的。修建书院的具体事项，则由巡抚指示成都县令田轩来、温江县令邱璋具体负责，根本不需要一般士人以及老百姓参与其间，也无须其出钱出力。蜀中巡抚等大吏主动延续文翁遗绪，捐薪俸修建省城书院兴学育才，一方面出于省城书院与成都府学在人才培养中互为表里、相互补充的原因；但另一方面也有清廷以武力得天下之后，为了稳固其统治，比较重视文治的因素。重建书院兴学育才，一向被清廷视为"王化之本"，正如刘德芳在《锦江书院碑记》中所言："今圣明在上，文德覃敷。幸鲁有典，训士有文，兴学立教，远媲三代极盛之时。"[①]作为蜀省主政者，无疑要贯彻朝廷的治国方针，主动承担起"兼父母师保于一身"[②]的职责，因此，因地制宜，重建省城书院，兴植文教，培养人才，便成为贝和诺等推行朝廷"兴道育贤"[③]之政的必然举措。

最后，制订了延名师主书院讲席，汇泽蜀省英才而教之的办院理念。作为省城书院，掌院者到底该如何强化书院管理、官师考课和人才的德行培养？肄业其中的院生到底该以根柢之学为重还是以科举中式为重？这些问题关乎锦江书院未来如何发展、如何真正延续石室流风等核心问题。针

---

[①] 刘德芳：《锦江书院碑记》，李承熙：《锦江书院纪略》卷中，咸丰八年刻本。
[②] 刘德芳：《锦江书院碑记》，李承熙：《锦江书院纪略》卷中，咸丰八年刻本。
[③] 刘德芳：《锦江书院碑记》，李承熙：《锦江书院纪略》卷中，咸丰八年刻本。

对士风崇尚科名、不务实学的问题,刘德芳在《锦江书院碑记》中明确指出:"孰知科名固足以荣当时,而所谓久大之业,绍往哲以开来学,宁尽是乎?"① 若要继往圣之学,则"以虚声相慕悦"②,互相夸饰,实不足道。因此,书院在设置课程和教学内容时,制订了重《诗》《书》等经史实学、重视德行修养等育人标准。刘德芳在《锦江书院碑记》中直言:"夫士弃《诗》《书》、行谊勿道,为士者之耻。"③ 强调书院既重视根柢实学又重视德行教育的办院准则。为此书院特别要求,诸生须在研习十三经、二十二史、《资治通鉴纲目》的基础上,再研习《古文辞》《御纂经解》《性理大全》《文章正宗》以及五言八韵诗等时文技艺。而重视根柢与实学、倡导德育,也成为锦江书院的重要办院方针。不过,为了训练院生的科考技能,书院每月月考,仍然以八股制艺时文为主,突出科考在办院中的重要地位。

康熙六十年(1721),提学使方觐增修书院讲堂。方觐(1681—1730),字近雯,江苏江都(今扬州市江都区)人,尝从学于朱彝尊。康熙四十八年(1709)进士,散馆,授翰林院编修,曾任四川提学使。方觐工于诗文,著有《石川诗钞》三卷传世。

方觐有鉴于书院规模较小、设施简陋,无法满足住院诸生求学之需,于是增建书院讲堂,扩建学舍三十余间,并调拨全省的优异士子肄业书院,以扩大招生名额,又想方设法资其膏火,厚其廪饩,保证院生能安心学习。主政一方的学使参与书院建设,意味着锦江书院在创建十余年后,正式迈出自我发展的第一步。不过,书院的首次扩展非常有限,表现在办院经费比较困难、优质生源比较稀缺且数量并无实质性增加、书院制度建设尚未走入正轨等方面。总体而言,此时的书院办院规模并不大,成就与影响尚小。

雍正元年(1723),朝廷诏令各州府改生祠、书院为义学,延师授徒,

---

① 刘德芳:《锦江书院碑记》,李承熙:《锦江书院纪略》卷中,咸丰八年刻本。
② 刘德芳:《锦江书院碑记》,李承熙:《锦江书院纪略》卷中,咸丰八年刻本。
③ 刘德芳:《锦江书院碑记》,李承熙:《锦江书院纪略》卷中,咸丰八年刻本。

以广文教,才从一定程度上缓解了省城书院优质生源长期不足的问题。而雍正十一年(1733),朝廷诏令各直省设立省城书院,并各"赐帑金一千两"[1] 以资其办学,直省书院才摆脱了办院经费不足的问题。锦江书院被朝廷钦定为省城书院,不仅使书院办院经费有了保障,而且使其在全省书院中的地位迅速攀升,影响开始扩大。此后的历任督抚、学政以及本省士绅,较前更加重视书院建设,投入的办院资金也有所增加,办院的规模不断扩大,书院设施不断完善,书院办院条件均较前有了一定改善。

## (三)延师掌院,厚培士风

作为省城大书院的锦江书院,对于书院山长、主讲的文章德业及学术水平有着非常高的要求。书院在创建之始,就制订了"延访贤士可为人师者,主其讲席"[2] 的延聘标准。但是,由于清初四川具有如此高资质与水平的人才素少,锦江书院一时很难延聘到学术水平与教育水平较高的人掌院。据笔者在《锦江书院山长考》中考察[3],锦江书院在最初长达二十余年的办院时间内,一直没有掌院的山长,主要由主政四川的各官吏负责指教院生课业。康熙、雍正之际,由于四川正处于社会经济的关键恢复期,主政蜀省大员们的精力重点放在维护社会稳定、发展生产并修复战争遗留下来的创伤上,并没有将更多的财力、物力和人力投入到振兴文教事业上来,遑论直接参与锦江书院的管理与教学呢?由于缺乏专门的山长掌教书院,因此书院在学术研究与人才培养方面,业绩一直不突出。直到雍正七年(1729),锦江书院才聘请了首位山长易简掌院。在整个康熙、雍正时期,锦江书院仅仅延聘到易简、杨锡麟两位山长。

---

[1] 佚名:《清实录·世宗实录》卷一二七(第八册),中华书局影印本,1986年,第666页。
[2] 刘德芳:《锦江书院碑记》,李承熙:《锦江书院纪略》卷中,咸丰八年刻本。
[3] 刘平中:《锦江书院院长考》,四川大学硕士学位论文,2007年5月。

## 1. 首任山长易简

易简，生卒年不详，字位中，号半山①，重庆丰都（今重庆市丰都区）人。康熙五十年（1711）辛卯科举人。② 康熙五十一年（1712）进士，授庶吉士，官翰林院编修。③ 解组归家后，闭户高卧，志行高洁。张邦伸评价他时说："日读《汉书》一篇，不慕荣势，有一丘一壑之风。"④ 易简在雍正七年（1729）受四川学政宋在诗（字雅伯）之聘，出任锦江书院山长，雍正十一年（1733）离任。

易简一生不慕荣势，淡泊名利，清操自守。光绪《丰都县志》记载："年大将军羹尧督川，优礼罗致，简见其骄侈甚，讽喻不听，力疾辞去。赠以重金不受，函询其起居亦不报。"⑤ 由于不满意年羹尧的"骄侈"，所以"力疾辞去"，他后来也因此避免了被牵涉到"年羹尧案"中。民国《重修丰都县志·人物志》记载，他曾以诗书装满竹箧，奁赠其女，该《志》云："问谁家里箧箱箱，道是编修嫁女郎。"⑥ 体现了作为儒者重视子女的德学教育、轻视钱财富贵的品性。

作为主政一方的官员，若想主政之地人才辈出、儒风昌盛，在易简看来，主政者非重视书院教育不可。他在《渝州书院记》中说：

> 自历代以来，守是郡者率以簿会为急，而未遑造士。虽有茂美之姿，而聚之无其地，教之无其具，则无所由以进。人才之不盛，其不

---

① 按：其号"半山"，仅见于光绪《丰都县志》卷三《人物志·文学》和民国重修《丰都县志》卷六《选举志》，其他史传均未作此载。
② 按：嘉庆《四川通志》卷一二八《选举志·举人》第二十九、光绪《丰都县志》卷六《选举志·进士》，均载其为辛卯科举人。民国重修《丰都县志》卷十四《人物志》误载其为丁卯科举人。
③ 雍正《四川通志》卷三十四"选举·进士"类"壬辰科"（王世琛）榜，影印文渊阁四库全书本，上海古籍出版社，1987年。
④ 张邦伸：《锦里新编》卷五《儒林》第十九，嘉庆庚申蜎峨周氏敦彝堂刻本。
⑤ 田秀栗等修，徐昌绪等纂：光绪《丰都县志》卷三《人物志·文学》，光绪十九年刻本。
⑥ 黄光辉等修，郎承诜等纂：民国《重修丰都县志》卷六《人物志·文学》，民国十八年刻本。

以此焉？……今诚欲教育诸士，使得为才且良，其在建书院乎！"①

易简认为读书谈道，昌明文教，如果没有主政一地者的参与支持，要想达到良好的效果是很困难的。即使"有茂美之姿"的青年才俊，如果"聚之无其地，教之无其具"，也不可能成为杰出的人才。若要更好地培养人才，使儒风兴盛，最好的办法莫过于建书院以传播学术，培养俊才。

在锦江书院山长任上，易简一方面潜心讲授，训育诸生，另一方面还参与到书院管理与制度建设中来，为谋划锦江书院的未来发展做贡献。他与学政宋在诗一道，制订了诸如"厘积敝，绝苞苴，端士习，正文体"②等一系列颇有见地的规章制度，提出了"自立学约，定课程，先器识，次文艺，井井有条"③的书院办学育人方略。我们知道，作为掌一省"学校政令、岁科两试"等繁杂事务的学政，宋在诗不可能对书院的工作做到事必躬亲，大量的具体工作必然由身为掌院的易简来完成。可以说，锦江书院初创时期有关"学约"的制订，"课程"的规划，以及"先器识，后文艺"等育人方略的提出，与锦江书院首任山长易简的辛勤付出密不可分。毫无疑问，易简从教学与管理两个方面，为锦江书院的后续发展、书院章程学约的不断完善，做了必要的前期准备与有益的探索。

易简掌院锦江书院期间，培养造就了一批四川急需的人才。嘉庆《四川通志·人物》在评价易简执掌锦江书院的成就时，称赞他"造士尤众"。乾嘉时期四川著名的才俊如顾汝修、李其昌就是他执掌锦江书院时的弟子。

据嘉庆《四川通志》载，顾汝修"曾册封出使安南（今越南），后掌院锦江书院及山西平阳书院"④。其事迹详于后。

---

① 常明等修，杨芳灿等纂：嘉庆《四川通志》卷八十《书院》第五，嘉庆二十一年刻本。
② 易简：《宋大宗师德教碑记》，李承熙：《锦江书院纪略》卷中，咸丰八年刻本。
③ 易简：《宋大宗师德教碑记》，李承熙：《锦江书院纪略》卷中，咸丰八年刻本。
④ 常明等修，杨芳灿等纂：嘉庆《四川通志》卷一五三《人物志》第十三，嘉庆二十一年刻本。

李其昌生卒年不详，字敬伯，号莲溪，雍正十年（1732）举人，乾隆七年（1742）进士。后由保宁府教谕保举升江西峡江县知县。在任上勤于民事，折狱如神，后升任贵州南笼府知府。① 李其昌以诗文闻名蜀中，李调元在《蜀雅》卷十七中专门为之立传，并评价了李其昌在诗文方面的成就，云：

　　敬伯工于制艺，刊行甚多，便于初学，余少时犹及见之。今士夫鲜有谈及者。集中纤巧体过多。②

顾汝修、李其昌不仅在政治上颇有建树，而且都以教育培养蜀中人才为己任，特别是顾汝修乃乾嘉之际执掌锦江书院的著名山长。他在掌教成都锦江书院和山西平阳书院时，造就人才亦多。

2. 次任山长杨锡麟

杨锡麟，生卒年不详。字端石，号龙池，四川江安县（今四川省宜宾市江安县）人。康熙五十二年（1713）举人，中该科乡试第四名，荣举乡魁。曾官江津县、垫江县两县教谕。在新津县教谕任上，杨锡麟训士有术，教学业绩突出，雍正十二年（1734），四川巡抚遂聘请他执掌省城锦江书院山长。一届任满后，于乾隆元年（1736）离任。首任山长易简所纂之《宋大宗师德教碑记》，就是杨锡麟书碑立于锦江书院内的。③

有关杨锡麟的生平事迹，仅嘉庆《四川通志·人物》、嘉庆《江安县志·人物》、道光《新津县志·职官》中有简略的记载。至于他执掌锦江书院时有何突出贡献，今已无处可考。有关杨锡麟的学术成就与影响到底如何，今从其《江安县志·序》《寿徐明府·序》中略可考见。他在《寿徐明府·序》中云：

　　……公天性至孝，自髫年时受太先生训，动遵礼法，苦志编摩，

---

① 常明等修，杨芳灿等纂：嘉庆《四川通志》卷一五三《人物志》第十二，嘉庆二十一年刻本。
② 李调元：《蜀雅》卷十七，李调元：《函海》，嘉庆六年刻本。
③ 按：此据《锦江书院纪略》卷中"德教碑记"第五所载："赐进士出身、翰林院编修，治年家眷，弟易简拜纂，新津县教谕杨锡麟书。"可知杨锡麟此时还在新津教谕任上。

髫龄补弟子员，试艺久登梨枣，洛阳纸贵。己酉举乡，明年成进士。……公之来也，勤劝课，厚赈恤，虽三载告祲而民不困，且捐俸兴学，以公余进邑之俊髦，谆谆训诲，务以立品积学为先。至于操守冰洁，听断明允，即古之饮杯水称神君者，几无以过。其它通商惠江，旌节表义，种种善政，不可枚举……

余自甲寅岁抚军延聘成都课士，久悉公之文行，本年乡试，小子叨列门墙，泥首花封，益得详闻家谱、政治。兹当仲春廿三之辰，为公六旬初度……①

为江安县县令写寿序，杨锡麟在文中莫免语多夸饰，但仍可在一定程度上反映江安县县令在教育、政令等方面的业绩。该文材料安排得当，文笔流畅，读来的确没有其他寿序那种空洞漂浮、华而不实之感，反映了杨锡麟著述的一些特点。

书院山长作为书院行政、学术的实际领导者和灵魂，对于书院学术研究传承发展、诸生学业考核以及书院日常管理、制度建设等，都负有重要的责任，甚至起着决定性的作用。康熙雍正年间书院山长人选长期不足，甚至山长位置长期空缺以及山长掌教书院的事迹记载模糊、业绩不彰，有关书院制度建设、规章制度无成文条款，不仅表明书院的发展相对滞后，而且表明书院在学术传播、人才培养方面的业绩也不尽人意。实际上，与兴盛于康熙二十五年的岳麓书院等其他省城书院相比，锦江书院在师资、办院规模、书院设施、办院经费来源以及教学业绩等方面都有明显不足。这足以表明，在康熙雍正之际的相当长的时间内，锦江书院仍处于初创之际的起步阶段。

---

① 赵模修，郑存仁等纂：嘉庆《江安县志》卷五《艺文·序》第五十，嘉庆十七年刻本。

第二章　石室重开：锦江书院皕年历程

## 二、乾嘉兴盛阶段

### （一）主政者加意书院设施建设

乾嘉两朝是清廷国力比较强盛的时期，各主政地方的官员也比较重视文化教育，尤其重视书院建设。乾隆元年（1736），清廷颁布《训示直省书院师生谕》诏令，明确表示支持省城书院的发展。《谕令》除明确规定省城书院的地位及办院宗旨外，还特别强调各省督抚、学政必须承担起选拔书院山长、指导书院办学和考核选拔诸生等职责。

四川的督抚、学政、手握重权的道员以及本省耆旧士绅，特别热衷于书院的设施建设。他们或亲自捐薪俸修缮书院设施，或推动出台相关措施助力书院重建，使书院的教学环境、办院规模均较前有很大的提升与改观，有力地促进了锦江书院自身的不断发展、地位的不断提升与影响的不断扩大。

乾隆三十二年（1767），锦江书院山长顾汝修仿汉制周公礼殿，修建奎星阁，在阁下供奉孔子牌位，让书院师生朔望行礼。顾汝修作《锦江书院奎星阁记》，以记其事。

乾隆三十八年（1773），学使吴省钦（字白华）见书院讲堂倾颓，于是自捐薪俸，对其进行修葺。次年，总督文绶（字惺亭，镶白旗富察氏）、布政使钱㮱（字贡金）、按察使顾光旭（字华阳）拨官钱二百四十缗，重修书院讲堂。新修后的讲堂焕然一新，体现了吴省钦"惟书院尊讲堂"的办院观点。

嘉庆十年（1805），四川总督勒保（字宜轩，镶红旗费莫氏）在平定

锦江书院与"石室流风"

四川白莲教之乱后，有感于书院在传播儒学礼仪、收拾世道人心中的独特作用，于是倡导对年久失修的锦江书院进行重修，并专门新修五间房舍供山长办公与平时居住。重修后的锦江书院楼宇一新，规制崇宏。书院办院规模进一步扩大，平日可满足正课、附课、外课等100余名院生的日常学习与生活之需，遇到岁、科两试，甚至可以接纳多至300余人在此学习和生活。书院面貌焕然一新，各类设施齐备。这时的锦江书院不仅在四川众多书院中首屈一指，位居"全川书院之首"，而且与湖南岳麓书院、江西豫章书院、福建鳌峰书院等其他省城书院相比，也毫不逊色。杨彦青在《重修锦江书院三公堂东西斋并后院碑记》中云："锦江书院为全川书院之首，规制崇宏，他无与比。"[①]

此后，成都知府李尧栋（字东采）在嘉庆十九年（1814）仿古制建石室于讲堂之后。嘉庆二十二年（1817）总督蒋攸铦重修锦江书院，加强书院制度建设，并重刊"顺治九年题准刊立之卧碑"，此碑至今保存在石室中学校内。

## （二）名师"汇泽英才而教之"

乾隆朝以来，四川的政治、社会、经济较前已有了相当程度的恢复和发展，特别是乾隆《训饬直省书院师生谕》的颁行，为锦江书院的发展繁荣提供了强有力的政策支持。重金礼聘硕学名师执掌书院教席，培养人才，成为地方主政者的重要工作之一。乾嘉之际，四川历任督抚、学政都遵照朝廷有关省城书院山长"必选经明行修、足为多士模范者"[②] 等标准，礼聘张晋生、郑方城、储掌文、高辰、彭端淑、顾汝修等老儒硕学掌院锦江书院，以丰富书院师资，提高锦江书院在全省学术研究、人才培养中的

---

[①] 杨彦青：《重修锦江书院三公堂东西斋并后院碑记》，李承熙：《锦江书院纪略》卷中，咸丰八年刻本。

[②] 清高宗：《训饬直省书院师生谕》，佚名：《清实录·高宗实录》卷二十（第九册），中华书局影印本，1986年，第487页。

主导地位。

1. 张晋生手订条约，厚培士气

张晋生，生卒年不详，字孔昭，号适斋、菊坨，清代四川金堂县人。其父张吾瑾为清代四川士人中最早的进士之一。张晋生是第一位强化书院教学与管理制度建设的著名山长。他幼承家学，早年随在京做官的父亲读书，曾师从扬州先生，谙熟江浙考据治学之要。康熙四十一年（1702）乡试壬午科举人。以学问人品俱佳，经康熙皇帝亲自面询擢选，授河南南阳府镇平县知县。致仕归里，参修雍正《四川通志》，掌教省城锦江书院，为学林推重。著有《摅怀集》《时术堂文集》《锦江书院存稿》。其所作《锦江书院训士条约》（下文简称《训士条约》），为士人称道。《训士条约》依次为"学重明伦""学先正志""学惟循序""学须有识""学要自得""学有原本""学贵厘正文体""学贵穷经""学贵兼工策、论、表、判""学当博通诗赋""学贵精专""学贵谦下""学须兼擅书法"。总体来看，以治学育才为主，一是强调治学须重视德行志气修养，是对刘德芳"德教行谊"并重的办院思想的继承，对乾隆中后期吴省钦倡导的"先经义而后时文""先行谊而后进取"等办院理念也具有一定的启迪作用。"学有原本""学贵穷经"，则强调了经史之学在治学中的重要地位，表现了锦江书院一向重视根柢之学的育人特点。"学惟循序""学须有识""学要自得""学贵精专""学贵谦下"等条，则从治学的方法、步骤等方面，为诸生指引治学门径，并有助于提高诸生的治学能力。"学贵厘正文体""学贵兼工策、论、表、判""学当博通诗赋""学须兼擅书法"，则从实践的角度，总结了如何通过平时有意识、有目的的训练提升科考应试的技能、技巧，以期全面提升锦江书院诸生的科考应试能力。张晋生的《训士条约》是锦江书院历史上首部成文的办院规章与教学条约，对促进锦江书院日后制度化、规模化发展具有一定的指引作用。

嘉庆《金堂县志》修纂者为此专门加按语说：

> 右《训士条约》十三则，乃本邑乡先达张菊坨先生手著于锦江书院者。其词勤恳，其理精醇。作模范而振群英，敦士风而励人品，殆

鲜有过于此者。①

嘉庆《金堂县志》的修纂者认为，张晋生所作《训士条约》，其言词勤勉，其情恳切，其析理精湛，道理醇厚。就振奋群英、敦厚士风、砥砺人品的作用而言，很少有超过《训士条约》的。该语可谓对张晋生及其《训士条约》做了客观积极的评价。

2. 郑方城"切切于文教"，以古文辞课士

郑方城（1678—1747），字则望，号石幢，清代福建建安（今福建省建瓯市）人。雍正元年（1723）癸卯科贡生，雍正十一年（1733）癸丑科进士，曾任四川新繁县令。他在任上素有政声，重视文教，为蜀中士民所敬重。嘉庆《新繁县志》评价他云："且其心尤切切于文教，常作文会。案牍之暇，会课诸生，而文气丕振。"②肯定了他重视风教的行政特点。乾隆十二年（1747），受聘掌院锦江书院，以家传诗文之法教授诸生，成就人才颇众。著有《燥吻集》《绿痕书屋诗稿》《古文稿》，并纂乾隆《新繁县志》十四卷。雍正《福建通志》、嘉庆《四川通志》、嘉庆《新繁县志》、《清史列传》有传。

郑方城幼承家学，先随外祖父研习书法，稍长即承父训研习经史，学养颇为深厚。郑方城之父郑善述，以读书翰墨为业，训课子弟，尤其严格。其弟郑方坤曾云："蕉溪公教子严，以长子，属望尤切。日授经书尺许，背诵偶讹，则笞骂不少贷。"③郑方城在严父督促下，"诵习罔辍，以是熟于经史百家"④，经史古文功底极为扎实。他在诗、文创作上，"力追古人"，师法唐宋，博采众长，往往独出新意，自成一体。郑方坤在《全

---

① 张晋生：《锦江书院训士条约》，谢惟杰修，陈一津、黄烈纂：嘉庆《金堂县志》卷七《学校志》，嘉庆十六年本衙刻本。

② 顾德昌等修，张粹德等纂：嘉庆《新繁县志》卷二十九《政绩志·政绩》第五、第六，嘉庆十九年刻本。

③ 郑方坤编辑；陈节，刘大治校点：《全闽诗话》卷九《本朝诗钞小传·伯兄石幢先生》，福建人民出版社，2006年，第492页。

④ 刘绍攽：《郑方城传》，钱仪吉：《碑传集》卷一○三至卷一一六（第9册）《乾隆朝守令上之上》，中华书局，1993年，第4738页。

闽诗话》中评价云：

> 盖尝窃论：先生之诗有根柢焉，有兴会焉，根柢原于学问，兴会发于性情，二者兼之。而又天骨森张，才锋侧出，故能衔华佩实，大放厥词。……入蜀后藻思绮合，不名一格。曾以《将进酒》《高轩过》十数篇相寄。奇古纤秾，宛然长吉、飞卿家数，无老人衰飒态。①

郑方城之诗，"根柢原于学问，兴会发于性情"，以经史为基础，"奇古纤秾"，张扬心性，故"能衔华佩实，大放厥词"，随心所欲，纵意抒情。如他在《十月十九日夜登丛台》中云："一抹出烟岫，千痕见稻塍。"② 把稻田的宁静之美与烟云的缥缈动态之美巧妙地结合在一起，虚实相间，意境特别优美，与苏轼"水光潋滟晴方好，山色空蒙雨亦奇"之句实有异曲同工之妙。郑方坤在《全闽诗话》中评价云："世人皆以韩、苏目之，而精深华妙，大致于坡仙为近。"③ 所论颇为允当。

郑方城老儒宿学，谙熟经史百家之学，是福建人文兴盛之地名望较高的学者和诗人。他执掌锦江书院的时间虽然不及一年，但颇受书院诸生的拥戴。郑方城执掌锦江书院，为巴蜀学人带来了人文发达之地的文风与学风，为蜀中新文风与新诗风的形成做出了贡献。他执掌锦江书院期间，蜀中诸生"闻名景附"，人人皆云喜得良师。

郑方城推崇儒家仁德礼义之教，在书院积极推广"儒化"教育。他主张"学须正谊，业必求精。行立而文，即以声心"，认为敦品与治学同样重要。他反对"不求甚解，虚慕他人"的浮躁习气，认为治学须"学有所得，学有本原"，乃可以"加膏益沃，有怀学古"。在增强学业本领的同时，郑方城还主张"加之以修能，勿惧迷津，徒期之于汗漫"④。认为只有将"勤学怀古"与"修能"结合在一起，两不相误，可谓治学的最佳路数。

---

① 郑方坤：《全闽诗话》卷九，福建人民出版社，2006年，第492页。
② 梁辰：《历代名人咏邯郸》，国际文化出版公司，1996年，第75页。
③ 郑方坤：《全闽诗话》卷九，福建人民出版社，2006年，第492页。
④ 上引均见顾德昌等修，张粹德等纂：嘉庆《新繁县志》卷三十七《艺文志·序》，嘉庆十九年刻本。

郑方城讲求经史实学、重视品德养成的育人之法，得到了书院诸生的认可，对蜀中良好士风的形成产生了积极影响。刘绍攽在《郑方城传》中评价云："延主锦江书院，蜀士闻名景附，蹑屩担簦，相属于道院内，至填溢不可居。一经指示，洞然豁达，人人庆得师。"① 肯定了郑方城在促进书院发展、提升诸生学业与强化品德教育中的不俗功绩。

3. 储掌文振兴斯文，兴育蜀才

储掌文，生卒年不详，字曰虞，又字越渔，江苏宜兴（今江苏省无锡市宜兴市）人。康熙五十六年（1717）举人，曾官四川纳溪县知县。储掌文勤于政事，热心文教，县民对他信重有加。《纳溪县志》评价云："去既久，而吏民讴思，有请建生祠者。"②

宜兴储氏父祖兄弟，多以古文辞相"镞砺"，文名称誉天下。储掌文深得祖父储欣古文之法，诗古文辞名重艺林，著有《云溪文集》五卷。乾隆十六年（1751）至乾隆十九年（1754）执掌锦江书院，主讲诗古文辞之法，培养人才甚众。何明礼、敬华南皆其门下士。嘉庆《四川通志》、嘉庆《纳溪县志》、《清朝文献通考》有传。

储掌文博通经史古文，尤以"古文词有名"。所著《云溪文集》除收录储欣《在陆草堂文集》中的诗文外，还大量收录自著诗文。《四库全书总目》《清朝文献通考》有存目。四库馆臣评价《云溪文集》云：

> 国朝储掌文撰。……是集又名《云溪随笔》。自储欣以古文词有名，其家父子兄弟多以此相镞砺。掌文为欣之孙，得其指授为多。今世所传欣选《左》《国》《史》《汉》及《唐宋十家文》，即其甄录以授掌文者也。③

储掌文为储欣嫡孙，受祖父指授尤多。于《左传》《国语》《史记》

---

① 刘绍攽：《郑方城传》，钱仪吉：《碑传集》卷一〇三至卷一一六（第9册）《乾隆朝守令上之上》，中华书局，1993年，第4740页。
② 赵炳然修，陈廷钰纂：嘉庆《纳溪县志》卷七《秩官志》第十一，嘉庆十八年刻本。
③ 永瑢等：《四库全书总目》卷一八四《集部·别集类存目》第十一，中华书局，1965年，第1672页。

《汉书》以及《唐宋十家文》，靡不精研，学术功底深厚。所著诗文，讲究章法，善于用典，行文晓畅明白而不失古朴刚健之风。存世诗文中，著名者如《重修武庙序》《退休杂咏》《送李广文悬车二首》《何公墓》等。他在《重修武庙·序》中云：

>  纳虽小邑，旧有帝宫。创建在有宋之年，相沿及前明之季。……经时既久，以剥落滋多。丹漆无华，谁见龙蛇腾古壁；门垣半圮，只余鹳鹤集松杉。邑大夫朔望行香，凛凛乎榱崩栋折；都人士春秋与祭，瑟瑟然上雨旁风。将欲揭虔而妥灵，必也鼎新而革故。今幸民安物阜，时和年丰，仰厦庇于神庥，谁之赐也？广良缘于胜地，厥维时哉！有道人某，矢志振兴。①

此《序》结构严谨，叙事清楚，文笔晓畅，骈散相间，字里行间流露出振兴蜀中人文的愿望。

乾隆十四年（1749）春，储掌文纳溪县令任期届满后寓居成都，四川当事者以其学问渊博，育才有方，于乾隆十六年（1751）礼聘他执掌锦江书院。在书院山长任上，储掌文"有志于振兴斯文"，亲自传授院生诗古文辞之法，史称"泸州、合江有闻风而至者"②。自是书院士风丕振，人文大兴。经其指教者，大多精于制艺、工诗古文辞。乾嘉之际蜀中才俊敬华南、何飞凤、何明礼等，经储掌文课教栽培，终成一代名士。如敬华南精制艺兼工诗古文辞，后成进士，选庶吉士，入为翰林。官江苏常熟知县之际，倡导文教，士风兴盛，吏民称颂。解组归，主讲锦江书院有年。何飞凤幼学于储掌文之门，受其指教，精于制艺，中乾隆九年（1744）举人，官至安徽和州同知。曾选《国朝十二家文》及《未信编》教授诸生，育人甚众。何明礼少游储氏之门，深得古文之法。中乾隆二十四年（1759）四川乡试解元，是清代蜀中名士。何明礼才博而肆，人谓"蜀中文献半贮腹

---

① 赵炳然修，陈廷钰纂：嘉庆《纳溪县志》卷十《艺文志下·序》，嘉庆十八年刻本。

② 赵炳然修，陈廷钰纂：嘉庆《纳溪县志》卷十《艺文志下·传》，嘉庆十八年刻本。

笴",当代巨公多就咨焉。著有《斯迈草》《心谓集》《愚庐正集》《愚庐续集》。① 由上可见，储掌文在清代四川人才培养以及蜀中人文士气养成中做出了巨大贡献。

此外，乾嘉间的著名山长还有高辰、彭端淑和顾汝修三人，笔者将在文后作详细考订，兹不赘述。

## （三）强调书院规程

在着手解决了书院师资、书院设施建设以及生活保障等问题后，书院开始强化管理制度等方面的建设。

首先，坚持实学育人，严格考核。诸生在名师指导下，按照"先经义而后时文""先行谊而后进取"的治学路径，循序渐进，特别强调经史与诗古文辞之学的根基作用。书院在教学中积极引入竞争机制，官、师两课均从严"扃试"。采取王安石的"三舍法"，推行正课、附课和外课升舍考试制度。书院创建时，定正课生50人，附课生50人，另有外课生20人左右。书院主张严于考课，还将院生的升降与考课直接挂钩。如总督蒋攸铦在《锦江书院条规》中就此做了明确而详细的规定：

> 各生中接连三次官课考列前十名者，附课升正课，外课升副课。
>
> 倘诗文庸劣，接连三次俱考列后十名，正降为附，附降为外。②

官课，由蜀中各大吏按月轮流考课一次，每课试时文一篇，试帖诗一首。无论正课、附课还是外课均可参加考课，优胜者除给予银两奖励外，外课可以升附课，附课可以升正课；反之，连续考课低劣者降等，正课降附课，附课降外课。在诸生考课中引入竞争淘汰机制，对提升书院的教学质量具有重要促进作用。官课之外，每月山长还须考课两次，考课方式、内容与官课相同，又叫"师课"。正课考课优异者，奖银1.5两，米1石；

---

① 常明等修，杨芳灿纂：嘉庆《四川通志》卷一五三《人物志·何明礼》，嘉庆二十一年刻本。

② 蒋攸铦：《锦江书院条规》，李承熙：《锦江书院纪略》卷中，咸丰八年刻本。

附课减半。"师课"成为官课的重要补充,对提高诸生学业水平、激发学习积极性颇有帮助。锦江书院此时的"课试之约"尽管还不是很完整,也不是很合理,但它在保证书院初期兴学育人的实效方面,无疑具有一定的积极作用。

其次,强化制度建设,加强对院生的学业引导。如乾隆二年(1737),山长张晋生制定锦江书院首部成文管理制度——《锦江书院训士条约》①(以下简称《训士条约》)。该条约制定了"学重明伦""学先正志""学须有识""学有原本""学贵厘正文体"等十三条管理章程。通过制度化的方式强化书院教学组织管理,提升诸生学业水平,标志着锦江书院进入了新的发展阶段。《训士条约》特别重视对治学门径与治学之法的指导。在十三则《训士条约》中,共有十条涉及这方面的问题。如第三条"学惟循序",强调治学不能求快冒进,应当遵循"循序渐进"的原则。他主张院生应遵照朱熹在白鹿洞书院讲学时提出的"分年读书之法",以有效防止"进锐退速,顾此失彼"的弊端。《训士条约》第四条"学须有识",强调理解经典主旨意涵的重要性。张晋生认为,学习者不能只局限于"语言文字之求",而应该"深知其思,心知其意",达到"洞彻诸经要义""总群言于一致,撮万类于笔端",以提升认知理解的境界。此外,在第五、第七、第九和第十条中,他还以自己的治学经验为例,就"制艺应考"中的诸多具体问题,做了进一步的总结提炼,以供院生们参考借鉴。

《训士条约》是张晋生根据自己治学、应举以及分校"豫闱"的亲身经验,结合锦江书院教育培养人才的宗旨与目标,提炼形成的书院规章制度。不仅具有实践指导作用,对于书院其他制度亦有较大辅益功能。

刘德芳、张晋生等制订的书院规约与章程,后经储掌文、高辰、顾汝修等山长不断丰富与完善,为锦江书院在乾嘉之际的繁荣以及成长为引领全川书院发展的四川最高学府、学术文化中心提供了重要保证。

---

① 张晋生:《锦江书院训士条约》,谢惟杰修,陈一津等纂:嘉庆《金堂县志》卷七《学校》,道光二十四年增刻本。

## （四）造就蜀省人才甚众

锦江书院始终坚持"负笈生徒，必择乡里异秀、沉潜学问者，肄业其中"①的生员选拔制度，明确规定入选院生须是各州县岁、科两试中的优秀者，以确保院生拥有较高的学习能力、资质与学业水平。在院生待遇方面，书院对每年考录的正课、附课院生给予比较优厚的生活待遇。对于正课生，每月给米1.5斗，银1.5两，附课生减半，以从经济上解决院生的后顾之忧。

四川的历任督抚、学政积极倡导文教，严格按照《训谕》礼聘师儒、选拔全省优秀生员肄业其中，加之各主讲、山长鼓励院生"立品勤学，争自濯磨，俾相观而善"，而对那些"恃才放诞、佻达不羁之士"，一律摈斥勿留，使之"不得滥入书院中"②，为院生专注学业提供了良好的环境。特别是自乾隆二十四年（1759）高辰、彭端淑两位著名山长掌院以来，分别培养了以李漱芳、张邦伸、李调元为代表的一大批蜀中人才。书院诸生在名师指导下，在科考中连创佳绩。以下为乾隆年间锦江书院著名院生科第、仕宦与学术成就统计简表：

| 姓名 | 籍贯 | 科第、仕宦简介 | 代表著作 | 备注 |
|---|---|---|---|---|
| 王孙晋 | 资阳 | 乾隆十六年（1751）进士 | 不详 | 为高辰门下院生。嘉庆《四川通志》《锦里新编》有传。 |
| 李漱芳 | 渠县 | 乾隆二十二年（1757）进士，任监察御史有年，官至员外郎 | 《艺圃诗集》 | 精宋儒义理之学，有"铁面御史之称"。嘉庆《四川通志》、嘉庆《渠县志》有传。 |

---

① 清高宗：《训饬直省书院师生谕》，佚名：《清实录·高宗实录》卷二十（第九册），中华书局，1986年，第487页。
② 清高宗：《训饬直省书院师生谕》，佚名：《清实录·高宗实录》卷二十（第九册），中华书局（影印本），1986年，第487页。

第二章　石室重开：锦江书院丗年历程

续表

| 姓名 | 籍贯 | 科第、仕宦简介 | 代表著作 | 备注 |
|---|---|---|---|---|
| 张翯 | 成都 | 乾隆二十五年（1760）进士，官至御史 | 《鹤林集》 | 善为古文辞。嘉庆《四川通志》、嘉庆《成都县志》等有传。 |
| 姜锡嘏 | 内江 | 乾隆二十五年（1760）进士，官至礼部员外郎 | 《四书解义》《松亭诗钞》《皇华诗钞》 | 精义理之学，善书法，曾任锦江书院山长，嘉庆《四川通志》、道光《内江县志》有传。 |
| 孟邵 | 中江 | 乾隆二十五年（1760）进士，官至都察院左副都御史 | 《蝶叟集》 | 勤于政务，出巡台湾有功。《清史稿》、嘉庆《四川通志》、《台湾府志》有传。 |
| 李调元 | 罗江 | 乾隆二十八年（1763）进士，历官文选司主事、广东学政、官通永道 | 《童山诗集》《童山文集》，刊行《函海》 | 与彭端淑、张问陶并称"蜀中三才"。博学多才，号为"锦江书院之魁"。《清史列传》、嘉庆《四川通志》有传。 |
| 唐乐宇 | 绵竹 | 乾隆三十一年（1766）进士，官至贵州南笼知府 | 《东络山人文集》《鸳港诗集》 | 工诗词。嘉庆《四川通志》《直隶绵州志》有传。 |
| 何明礼 | 崇庆（今崇州市） | 乾隆二十四年（1759）乡试解元 | 《江源文献录》《浣花草堂志》 | 受业于郑方城、储掌文，工诗古文。嘉庆《四川通志》、嘉庆《崇庆州志》有传。 |
| 张邦伸 | 成都 | 乾隆二十四年（1759）举人，官固始县令 | 《云栈纪程》《锦里新编》《云谷诗钞》 | 勤于政务，精地理之学。嘉庆《四川通志》、嘉庆《成都县志》有传。 |
| 王纯一 | 华阳 | 乾隆二十四年（1759）举人，官至广东怀宁县令 | 不详 | 嘉庆《华阳县志》有传。 |
| 潘元音 | 华阳 | 乾隆二十五年（1760）举人，官山阳县令 | 《孟子文批》《双石堂稿》初编、续编 | 以诗文名世，佐其子潘时彤修嘉庆《华阳县志》。嘉庆《四川通志》《华阳县志》有传。 |
| 张𧶼 | 成都 | 乾隆二十五年（1760）举人，选任梓潼县训导 | 不详 | 张翯之弟，曾受学于顾汝修。嘉庆《成都县志》有传。 |
| 吕宣 | 不详 | 乾隆二十七年（1762）举人，景山教习 | 不详 | 事迹见《锦里新编》 |
| 陈琮 | 南部 | 乾隆二十四年（1759）入国子监肄业，官至固安县知县 | 纂《永定河志》，有自著《诗文集》 | 以善于治河患著名。嘉庆《四川通志》有传。 |

锦江书院与"石室流风"

续表

| 姓名 | 籍贯 | 科第、仕宦简介 | 代表著作 | 备注 |
|---|---|---|---|---|
| 邓在珩 | 南部 | 拔贡,曾官彰明训导 | 《李太白全集》 | 与李调元合刊《李太白全集》。 |
| 张仁荣 | 汉州(今广汉) | 乾隆六十年(1795)钦赐进士,授翰林院检讨 | 不详 | 曾问学于高辰、彭端淑等山长。嘉庆《四川通志》《汉州志》等有传。 |

从上表可以看出,锦江书院院生在乡试和会试中成绩突出,展示了锦江书院作为"通省作育人才之所"的应有地位。如乾隆二十四年(1759)乡试,锦江书院就有18名院生中式,中式人数占全省乡试总人数的30%。其中,何明礼名列第一,为解元;李调元名列第五,名为经魁;姜锡嘏名列十八;张翯名列二十一;张邦伸名列二十三,足见锦江书院在全省教育中的重要地位。

在乾嘉诸科会试中,锦江书院院生亦有优异表现。仅高辰门下诸生,就有李漱芳、李调元等七人得中进士。乾隆二十二年(1757)会试,李漱芳中进士;乾隆二十五年(1760)会试,张翯、姜锡嘏、孟邵又连捷进士;乾隆二十八年(1763),李调元会试名列第二,殿试名列二甲第十一名,以其非凡的学业才华,为四川士子争得了荣誉;乾隆三十一年(1766),唐乐宇又中进士;乾隆三十四年(1769),王孙晋也得中进士;乾隆六十年(1795),张仁荣因德品高尚,嗜古力学,年八十尚参加会试,为乾隆皇帝所表彰,赐进士,并授翰林院检讨。

在有清近三百年的历史上,四川全省成进士者不过区区760余人。无论从数量还是科第名次而言,都远远落后于江南等人文发达省份。据嘉庆《四川通志》卷114《选举志·进士》记载,乾隆朝四川得中进士人数最多的年份,分别是乾隆七年(1742)和乾隆十年(1745),均为11人。最少的分别是乾隆四十三年(1778)和乾隆五十四年(1789),仅有2人。康熙间,四川一度数科无一人成进士。清代中前期四川人文学术不仅与两浙、江南等人文兴盛之地相去甚远,就是与邻近的陕西、湖南也存在较大的差距。在人文长期不振、学术衰微的背景下,李漱芳、李调元等锦江书院诸生在会试中取得优异业绩,或高中进士,或入为翰林,为遭受战乱浩劫,长期士风低落、人文不振的四川士林注入了新的活力,极大地提振了蜀中学林士气。如彭端淑掌教期间,就有杨卓、李鼎元、李骥元、张仁荣等院生得中进士,入选翰林。姜锡嘏掌教期间,书院诸生在科考中业绩突出。《内江县志》姜锡嘏本传云:"合登乡荐者,五十余人,捷南宫入词馆者,亦数人。"[①]充分显示了锦江书院在蜀中文化、学术和人才培养中的重要地位。

其次,李漱芳、李调元、孟邵等人均曾在朝中任职,是乾隆朝川籍士人的重要代表。李漱芳任监察御史十余年,素以直言敢谏闻名,颇得乾隆皇帝赏识,人称为"铁面御史",如其曾弹劾权贵福隆安纵容家奴为非作歹,欺压百姓。《渠县志》本传评价他,能言"人所不能言"[②]。李调元历任考工司、文选司主事,不畏权贵,清廉自守。其非凡卓异的才情与学问,为乾隆皇帝所嘉赏。乾隆四十二年(1777)京察考核,遭部堂官舒赫德、阿桂打击报复,被填置最劣等的"浮躁"类。经乾隆皇帝派人考验查实,李调元不但没有因被填置"浮躁"而革职,反而破格擢升外放出任广东学政。广东学政届满归京,又被乾隆皇帝授予京畿通永道要职。李调元得到乾隆皇帝的如此信任与重用,在乾隆朝的四川籍官员中实属罕有,在四川士子中影响颇大。

最后,李调元及锦江书院杰出诸生在恢复清代中前期的蜀学文脉过程中亦多有所贡献。如李调元历尽艰辛,倾其所有,抄购宋元珍本十万余卷还蜀,并建万卷楼藏之,为弥补蜀中文献之不足做出了积极贡献。李调元刊编《函海》,累计收书220余种,1000余卷,《清史列传》评价他:"表彰先哲,嘉惠来学,甚为海内所称。"[③] 此外,张邦伸著有《锦里新编》《云栈纪程》《三黑水考》等地理书,备记历代四川历史人文和地理风貌,表彰乡邦文化、传承乡邦文献,贡献颇大。何明礼著有《浣花草堂志》

---

① 彭泰士修,朱襄虞等纂:光绪《内江县志》卷十三《艺文志》第二十七,光绪三十一年刻本。
② 贾振麟修,何庆恩纂:同治《渠县志》卷三十八《人物·李漱芳》,同治三年刻本。
③ 王钟翰点校:《清史列传》,卷七十二《文苑传》,中华书局,1993年,第5917页。

## 锦江书院与"石室流风"

《江源文献录》,曾佐修《成都府志》《什邡县志》《新津县志》,对巴蜀地方史志的传存亦有贡献。姜锡嘏辞官归故里,先后主讲乐至书院、锦江书院三十余年,特别是掌院锦江书院多达十六年,为四川培养了大批人才。李调元与张邦伸等人致仕归乡后,还积极兴办家塾义学,教授乡里,为繁荣清代蜀中文教事业做出了贡献。

在锦江书院长达199年的办院历程中,先后肄业院中的诸生不下2000余人。他们中的大多数湮没在历史的尘埃中。据笔者对四川方志、家乘、文集等资料的考察,能登名志乘、史册者不过180余人。尽管他们中有清代四川唯一的状元骆成骧、著名的史学家张森楷、"戊戌六君子"之一的刘光第,以及清末思想家吴虞等蜀中才俊,但他们都是锦江书院末期诸生,且出自不同的山长门下。在锦江书院人才培养历史上,他们只能算作个别现象,并非具有独特影响力的学术群体。清末的锦江书院,无论人才培养的规模还是学人所产生的群体影响,都远不如乾嘉之际高辰、彭端淑掌院时的成就之大。

乾嘉之际,锦江书院院生在乡试、会试中脱颖而出,并在清代政坛、文坛和学术史上崭露头角。如李漱芳入选《蜀学编》清代三大经学家之一,《清史稿》对其一生成就做了肯定的评价。李调元乃"蜀中三才",《清史列传》为之列有专传。此外,何明礼、张邦伸、姜锡嘏、张翯等人,均在嘉庆《四川通志》和《锦里新编》、徐世昌《晚晴簃诗话汇》等官私著述中列有本传。这在锦江书院历史上属于少有的现象,在清代四川其他书院史上也不多见。① 这充分说明,乾隆中前期肄业锦江书院的院生是清代四川籍士子在政治、社会、学术、文化教育中的重要代表人物,标志着锦江书院迈向了自身发展的历史高峰。

---

① 按:虽然尊经书院在晚清培养出了廖平、吴之英等蜀学大师级人物,但它与锦江书院在办院宗旨、教学方式与功用等方面不尽相同。作为四川另一所后办的省城书院,无论是办院时间、学术传承,还是人才培养,都与锦江书院存在一定差距,在传承蜀学精神道脉、复兴蜀学人文等方面尤其如此。

第二章　石室重开：锦江书院皕年历程

## 三、晚清整顿与改制

### （一）经费不足，步履维艰

自道光以来，清廷逐渐衰朽。特别是1840年鸦片战争之后，在西方列强武力入侵和太平天国运动的打击下，朝廷陷入了前所未有的政治、经济与统治危机。从朝廷到地方官员，在稳固朝廷统治方面尚力不从心，更无暇顾及书院等文教事业。

雍正十一年（1733）开始，朝廷每年可划拨两千两白银作为锦江书院的办院经费，在书院规模不变、课额没有增加的情况下，这笔经费是能支撑书院的正常运行的。但是随着书院规模的扩大，设施也需要不断更新，朝廷每年的两千两赐银显然不足以支撑书院的扩张之需，这就是乾嘉间四川督抚、学政一方面倡导僚属捐薪俸修建讲堂斋舍，一方面还要划拨官钱数千缗修缮增扩书院的原因。嘉庆中前期，锦江书院在著名山长彭端淑（字乐斋）、顾汝修（字息存）主持下，无论是办院规模、设施更新还是人才产出，都达到了前所未有的新高度。书院创建之初，原定生员人数为正课、附课各50名，外课若干名。正课院生每月给米1.5斗，膏火银每月1.5两，副课半之。嘉庆十七年（1812），根据书院发展的实际需要，酌定在原有课额基础上，正课、副课各增加10名，并扩大外课生的数量。锦江书院的课额于是从此前的100名增加到120名。但是，对于新增加的课额的食米、膏火等经费支出，长期没有着落。为此，布政司不得不拨库银2700两发巴县典商，以取其子息的方式解决课额增加带来的经费支应问题。但这笔库银每年仅能收取息银 324 两，尚有 160 两的空缺。后由新繁等处儒学魏云鲲家族出银 4100 两买水田百亩，赠送给锦江书院作为学田。靠此学田租息，书院每年可得银 189 两，才解决了上述支应空缺的问题。①书院课额增加后，书院的规模也随之做了相应扩充。嘉庆二十四年（1819），总督蒋攸铦决定重修锦江书院。因书院经费支应一时困难，在他的倡导下，四川本地士绅总计捐俸银 1000 两，学使俞恒泽及司道以下官蜀者共捐钱 8000 余缗，②总算凑齐了重修锦江书院所需的经费。

进入道光朝以后，随着清廷国力的日渐衰落，无论是朝廷还是地方都出现了严重的经济危机。道光中期，为了节约为数不多的膏火费用，书院不得不采取所谓"严加覆试"的方式以节省办院经费。道光十二年（1832）正月，由四川布政使尹济源等会同督抚，共同制定《锦江书院章程十条》，下文专列一条，以窥其严格而细致的规定：

> 书院最重甄别，宜严加覆试，以得真才也。向来甄别之时，诸生或寻觅枪倩或抄录旧文，冀逞一时之伎俩，以博终岁之膏火，殊失慎重遴才之意。嗣后甄别，先取正课六十名，附课六十名，张挂草榜，酌派地方局门覆试。如文理不符，即行扣除，悬缺以待将来历次考列超等者顶补。③

表面上看，书院强化甄别考试，是为了严肃考风和学风，是尊重真才实学，遴选人才的必要措施。但其实质，还是书院经费紧张所致。一方面，若书院果真经费充足，根本无须以扣除正课或副课膏火的方式来为考列超等的院生筹集奖励银，直接由办院经费中支付即可；另一方面，若书院给院生的膏火足以支撑院生在书院的衣食住行，院生也无须自降读书人的品格，靠找枪手代写文章的伎俩，博取一年的区区十余两膏火银。强化

---

① 参见李惺：《魏氏施田碑记》，李承熙：《锦江书院纪略》卷中，咸丰八年刻本。
② 参见蒋攸铦：《重修锦江书院碑记》，李承熙：《锦江书院纪略》卷中，咸丰八年刻本。
③ 四川布政使尹某等：《锦江书院章程十条》，李承熙：《锦江书院纪略》卷中，咸丰八年刻本。

对院生学业的所谓"甄别"与覆核，其实质在于书院经费日渐枯竭，办院经费严重不足、捉襟见肘，这是书院由盛而衰的一大表现。

笔者查阅《锦江书院纪略》《石室纪略》等相关文献，发现从鸦片战争到光绪末书院改制的七十余年间，再无官府直接划拨银钱给锦江书院的记载。由此推断，这一时期书院无论是增加课额、增添院生膏火还是添置课桌板凳等办学设施，主要由主政蜀省盐茶道等官员募集或士绅大族捐献。因办院经费实在困难，一些书院院生生活所必需的设施也须以诸生"自行借用"的方式解决。咸丰五年（1855），时任四川盐茶道蒋某某在《增修书舍桌榻全案》中记载此情形时云：

> 兹本道查得：锦江书院诸生所住房屋应用床铺、桌椅，向未由官预备，皆诸生临时自行借用，殊非所以示体恤。兹拟由本道捐廉置备。合行札委办理。[①]

作为官办性质的省城大书院，从雍正至嘉庆的百余年间，锦江书院的办院经费向由朝廷和官府按需划拨。咸丰间，书院置办诸生床铺桌椅之类较小的花费，官府竟然不予支持，须由诸生自备，可见书院办院经费之紧张与困难，再次表明书院由盛转衰的事实。

锦江书院的课额，据嘉庆十七年（1812）记载，正课附课各60名，总计120名，对于外课，仅记若干名，导致无法计算书院院生的准确数目。根据咸丰五年（1855）四川盐茶道库大使与锦江书院监院李承熙共同核查，书院共有斋舍92间。他们在《为札遵禀复事》记载："卑职等协同查看，共计书房九十二间，每间向住二人。"[②] 据张铮《石室纪事》记载，锦江书院92间斋舍中，仅有77间用于院生住宿，另外15间系书院山长、斋长所用。张铮在《石室纪事》中云："上院四间，训课所二间，前院三间，文翁祠六间，以上共十五间。"[③] 由此推断，书院平时住院院生最多不过

---

[①] 蒋某某：《增修书舍桌榻全案》，李承熙：《锦江书院纪略》卷下，咸丰八年刻本。
[②] 蒋某某：《增修书舍桌榻全案》，李承熙：《锦江书院纪略》卷下，咸丰八年刻本。
[③] 成都县立联合中学校：《石室纪事》，成都县立联合中学校印行，民国十三年，第24页。

## 锦江书院与"石室流风"

154 名。除核定的正课附课 120 名外，外课生不过 34 人。随着第二次鸦片战争的爆发和太平天国运动的兴起，清廷意识到强化伦理纲常教育和加快各类经世致用人才培养的紧迫性。与此相应，锦江书院继嘉庆十七年（1812）各增加正附课 10 人之后，再次准备增加书院课额，扩大办院规模。但是，增加课额意味着经费支出增加，在朝廷与地方财政日趋紧张的条件下，增加书院课额的经费只能由四川官绅私人捐献。

咸丰六年（1856），四川总督黄宗汉（字季云）离任，捐银四千二百两，在郫县徐村置办官庄田二百余亩。咸丰七年（1857），书院利用徐村官庄田所得租谷，在书院设谷课，计增加谷课生 28 名。每名谷课生每月给稻谷一石。受第二次鸦片战争影响，市面上银钱紧张，因此只能发放实物，作为谷课生的膏火以及住院费用替代品。谷课生在书院的等级次于书院的正课生，高于外课生无疑。据咸丰八年（1858）颁行的《改定课规十条》记载："酌议以后每年二月间甄别时，先取正课六十名，谷课二十八名，附课六十名，再酌取外课若干名张挂草榜，由本司道局门覆试。"[①] 可见，谷课生与附课生大体相当，但排在外课生之前。

据上述可知，咸丰六年时，锦江书院住院院生计有正课 60 名、附课 60 名，谷课 28 名，外课 34 名，总计 182 名。虽然书院课额总数有所增加，但中央和地方财政予以资助的经费并没有实质性增加。嘉庆十七年（1812）新增加的正课附课各 10 名，其主要经费由魏云鲲兄弟捐献，咸丰六年增加的 28 名课额，则以实物稻谷的形式发放这些课额的膏火及住院费用。由此不难看出，锦江书院在经历乾嘉之际一度兴盛后，从道光中后期开始，逐渐走向了衰弱。

### （二）院风颓靡，积弊丛生

进入道光、咸丰时期，书院因流弊日深，学风颓靡，衰败之象凸显。

---

[①] 盐茶道翁某某等：《改定课规十条》，李承熙：《锦江书院纪略》卷下，咸丰八年刻本。

无论是掌教书院的山长还是肄业书院的院生，都背离书院重视根柢之学、培养有用之才的办院初衷，热衷于追逐科举虚名。正如刘锦藻在评价晚清书院人文不振的情形时所言："山长以疲癃充数，士子以儇薄相高，其所日夕咿唔者，无过时文帖括，然率贪微末之膏火，甚至有头垂垂白，不肯去者。"① 历经鸦片战争、太平天国运动以后，清朝国力整体走向衰落。在此大背景下，锦江书院也因阅时既久，风习所向，流弊丛生，转入了式微阶段。从嘉庆二十四年（1819）到咸丰八年（1858），四川督抚、学政以及盐茶道等手握实权的官吏，会同书院监院，先后颁发了《锦江书院条规》《锦江书院章程十条》《酌改锦江书院章程八条》《酌改考课章程》以及临时性《示谕》等管理条规，其中仅道光十二年（1832）到道光二十八年（1848）的16年内，就曾两次颁发章程，以期改变书院学风轻浮、管理松弛等弊病，但实际效果甚微。书院积弊，主要体现在以下三个方面。

1. 山长"疲癃"，院生"疏旷"

锦江书院在创建之初，非常重视山长人选的学业水平和掌院能力。乾嘉之际，书院先后礼聘了高辰、彭端淑、顾汝修、李惺等老儒硕学掌院，课育诸生，书院在乾隆中后期一度兴盛，是名副其实的蜀省思想、学术和人才培养的中心。这一时期的书院院生，不论是参加本省乡试还是朝廷会试，都取得了相当好的业绩，如高辰掌院期间，锦江书院院生参加乡试，一次就有18人中举。以李调元为首的"锦江书院六杰"，是清代四川著名的学人群体，在全国文坛中占有一席之地，是清代四川乾嘉蜀学复兴的绝对中坚力量，并为锦江书院的后续发展奠定了重要的基础。锦江书院在乾嘉之际延聘名师大儒作育蜀中英才，他们以实学课士，悉心指授，"日与诸生揖让讲习乎其中"②。嘉庆二十四年（1819），总督蒋攸铦在《重修锦江书院碑记》中述及书院的良好院风时云：

若书院，则必乡先生或四方有文望者主之。又率多仕而已者。从

---

① 刘锦藻：《清朝续文献通考》卷一〇〇《学校考》，浙江古籍出版社，1988年，第8589页。

② 刘德芳：《锦江书院碑记》，李承熙：《锦江书院纪略》卷中，咸丰八年刻本。

## 锦江书院与"石室流风"

游之士,朝斯夕斯,如就傅然。其地密,其情亲,其为教易入。故凡郡国立学,皆有书院辅之。①

乾嘉之前,书院坚持考课"有生无童"的院生选拔标准。就是说,凡是入院考课诸生,都必须是贡生、监生、廪生、增广生和县学附生,一般的秀才是没有资格参与书院考课的。之所以如此,在于确保考课书院诸生均具有较高的学业水平和较强的学习能力,保证其可以适应书院考课的高标准严要求。彼时书院山长与院生之间朝夕相处,山长"乐于指授",诸生勤于问学,师长擅教,诸生乐学,主教者与问业者之间的良性互动,成为锦江书院实践"继石室流风于无穷"的重要手段。

山长严于督课,诸生勤于学业,执教者对请业者"面命耳提",本是锦江书院的优良传统,但是随着书院积弊日深,书院无论是教风还是学风都出现了散漫、"疏旷"等情形。首先体现在监院稽查院生不到位,院生不参加官课、院课考课的情况时有发生。有鉴于此,嘉庆二十四年,四川总督蒋攸铦专门刊布《锦江书院条规》,对这种情形进行了整顿,云:

> 正课附课,各生遇官课不到,监院教官报名,将膏火扣除。如接连三次不到,无论正附外课,俱详请除名。其院课三次不到者,亦报名递降,以儆疏旷。②

针对书院诸生散漫缺课的情形,蒋攸铦以总督的名义刊发《条规》,对无故缺课的院生,视不同情况,分别做出了扣除膏火、降等其至除名等惩戒办法,以严肃书院考课。

到了晚清,因流弊所至,书院不仅存在院生不愿"执经请业"的情形,而且监院也不作为,放任诸生荒废学业时有发生。嘉庆、道光时期制订的章程、课规,显然已经对书院普遍存在的"疲癃""疏旷"等失去了约束力。书院无论是教风还是学风,已经到了不得不整改的地步。正如咸丰八年(1858)正月颁行的《改定课规十条》所言,"照得锦江书院为作

---

① 蒋攸铦:《重修锦江书院碑记》,李承熙:《锦江书院纪略》卷中,咸丰八年刻本。
② 蒋攸铦:《锦江书院条规》,李承熙:《锦江书院纪略》卷中,咸丰八年刻本。

育人材（才）之地，一切考课章程，早经议定。惟风会习尚所趋，阅时既久，不无流弊，自应量为更改。"也就是说，作为全省作育人才的最高学府，虽然曾经有过严格的考课制度与章程，但因为阅时久远，流弊丛生，非进行严厉整顿不可。《改定课规十条》为此云：

> 师长宜各尊礼也。山长督课，生徒执经请业，方能面命耳提。监院职在稽查，识面未曾，奚从约束？……近闻诸生均不谒见山长，监院并不赴应师课，甚非尊师敬长之道。嗣后，凡录取又名者，皆当次第进见，并应师课以领教益。①

书院无论是主院的山长还是训课的斋长，都应该恪尽职守。山长严于督课，面命耳提，生徒则应执经当面请益，如此才有助于提升办院的实际效果。监院作为稽查书院管理、考课和教学的直接责任人，只有充分掌握院生籍贯、履历、学业等基本情况，才能对院生中存在的不尊礼法、违背书院规章制度等行为进行纠正，若连院生都不认识，显然无法做到纠正诸生谬失，以畅扬书院正气了。锦江书院最重视师课，主张师生相互问难，以严于督课著称。若山长督课不严，监院失察，院生偏离根柢学术，惟重制艺时文、科举功名，乃至于执教者与守业者之间互动殊少，形同陌路，必然会导致学风浮躁、院风不振等现象。

住院诸生均不谒见山长，不愿向山长执经请业，无疑削弱了书院学术研究与人才培养两大最基本的功能；监院无所作为，放任院生慵懒等，无疑会导致书院院风与学风的松弛。可以说，晚清时期的锦江书院，已经背离了"继文翁遗绪"的办院宗旨，诸生问学偏离了"蹈德咏仁，追前贤懿轨"的办院初衷。以山长引导、诸生自学为主的自主研学机制，竟然沦落到要依靠《章程》《课规》这样的硬性规定，才能督促山长、监院履职，充分说明晚清时期的锦江书院，已经失去了往日勃勃向上的生机与活力，仅留下蜀中最高学府这个僵化的名头与外壳罢了。

---

① 盐茶道翁某某等：《改定课规十条》，李承熙：《锦江书院纪略》卷下，咸丰八年刻本。

## 2. 书院管理松懈，制度形同虚设

嘉庆中期以来，随着书院办院规模扩大，加强对住院诸生斋舍的日常管理变得日益重要。嘉庆二十四年，总督蒋攸铦在其刊发的《锦江书院条规》中，对此做了专门规定，云：

> 住院诸生，均宜束身自爱。有事他出，请假始行。在院时，友朋聚处，只可讲习读书之事，不得闲谈嘲笑，致启忿争。即有亲知相过，亦只可暂作盘桓，不得留宿斋舍。至于博弈酣歌，干于词讼，尤为士林所不齿。监院、教官，即宜禀明斥逐。倘知而不举，一经访闻，该教官亦干未便。①

蒋攸铦在其刊发的《条规》中，主要从五个方面对住院院生的日常管理提出了明确要求。第一，他认为作为省城书院的院生，必须要学会自我约束，不得任性，胡作非为，要进一步强化自我管理意识；第二，必须做到有事请假方可外出，要尽可能避免在外游荡，避免引发不必要的麻烦；第三，在院读书，不得谈论与学问无关之事，避免在院生间引发争端；第四，不准留宿亲朋好友，确保书院斋舍用作院生栖息之所的基本功能；第五，恪守士林学子不得干预词讼的惯例，专注于读书问学。此外，蒋攸铦还要求书院监院、教官严格监管书院诸生日常行为。上述规定，对于保证书院正常的教学与生活秩序，督促院生排除外界干扰专注学问，具有一定的积极作用。

晚清之际，作为院生主要栖身之所的斋舍，管理颇为混乱。尤其是每逢科考之年，前来书院肄业请问的外地学子数量大增，一是以"肄业为名"强占书院斋舍，二是部分"应县府试童试者"纷纷投住，严重影响了书院的正常教学秩序。咸丰五年（1855），盐茶道吴某某专门颁布《示谕》一条，以整顿书院斋舍存在的混乱情形。该《示谕》云：

> 照得锦江书院为士子肄业重地，并非旅寓可比。乃查得历年科场后，每有搬入书院住居并不通知监院，藉肄业为名，肆行霸踞，看司

---

① 蒋攸铦：《锦江书院条规》，李承熙：《锦江书院纪略》卷中，咸丰八年刻本。

## 第二章 石室重开：锦江书院䢼年历程

人等不能阻止。监院查问姓名、籍贯，半属假冒。昼出夜归，难保无讼棍逃案藏匿。并有于县府试时应童试者，亦纷纷投住，殊难稽查。甚至院试时，或顶名入场，或包揽枪替，招摇撞骗，多生事端，大干例禁。①

作为全省士子请业问学的省城大书院，却存在外来者"肆行霸踞""纷纷投住"，以至于书院看司无从稽查等情形；外来人等轻易冒名顶替院生考课，在书院内招摇撞骗，引发事端，公然违背"例禁"。该《示谕》充分说明书院在日常管理和教学管理上早已存在严重问题。

由于书院管理无序，积弊愈来愈深，咸丰七年（1857），四川盐茶道张某某等蜀中大员在实地查看锦江书院的日常教学与管理情况后指出，若书院再不纠正这些弊病，将酿成"江河日下，莫挽颓波"的颓废情形。《盐宪札发条规》记载当时的情形时云：

> 诸生在院肆业，当尊敬山长，以昭师承。近闻住院诸生竟有不谒见山长者，何以受耳提面命之益？且来去自由，并不通知监院。日多在外游荡，深夜方归，甚至招留友朋，往来住宿，视作旅寓，成何事体？该监院所司何事？讵得置之不闻不问？②

这时的锦江书院，不仅山长无心指授，院生也不务学业，无心问业，乃至于"多在外游荡"。作为院生日常栖息之地，人来人往，无异于"旅寓"。可见书院无论是教学活动还是斋舍管理，都存在严重的问题，这与乾嘉兴盛时"日记廩，月计试，抠衣隅坐，先经义而后时文，先行谊而后进取"③的院风学风早已相去甚远，充分说明晚清锦江书院院风之虚浮，管理之混乱无序。

针对考课中日益严重的冒名顶替之风，咸丰八年（1858），盐茶道翁

---

① 盐茶道吴某某等：《示谕》，李承熙：《锦江书院纪略》卷下，咸丰八年刻本。
② 盐茶道张某某等：《盐宪札发条规》，李承熙：《锦江书院纪略》卷下，咸丰八年刻本。
③ 吴省钦：《重建锦江书院讲堂碑记》，李承熙：《锦江书院纪略》卷中，咸丰八年刻本。

某等实权道员颁布《改定课规十条》,以期纠正书院考课中存在的诸多积弊,云:

> 锦江书院考课,有生无童。向来投考者,在监院处报名即准收考,并不由儒学申送。其人是否生、监,无从查考。往往一人而捏数名,甚至有以言寸身之名,离合其姓以投考者。相沿成风,士习殊不可问。①

3. 考课不严,业绩不彰

锦江书院一向重视考课,一般"每月一官课,两师课"。为了解决住院大多数院生的生活困难,嘉庆二十四年(1819),总督蒋攸铦在《锦江书院条规》中明确规定,凡是考取的正课、附课的院生,每月均可领取相应的谷米、膏火。在书院院风正、教风严、学风浓的情况下,此《条规》执行起来本无多大问题。但是,当晚清书院院风浮躁、学风颓靡时,这一制度的弊端开始显露无遗。《改定课规十条》记载当时的这种流弊时云:

> 从前甄别之时,录取正课六十名,附课六十名,酌取外课若干名。每月一官课两师课。综计四课之中,三次超等系一官课两师课者,外课升附课,附课升正课;如四课中三次考列三等后十名者,正课降附课,附课降外课,外课除名。《章程》本属周致,嗣因已取正附课各生以伊每月必有膏火,往往不肯认真用功。每届课期,倩人代作甚或将己名卖与他人,顶名应课。②

采取甄别考试的方式确定院生的等级,并据此发放谷米、膏火,从乾嘉书院兴盛之际的实际情形来看,此制度设计本身并无多大的问题。《条规》对甄别考试中学业突出者进行升格奖励,对不思进取、学业考核连续庸劣者降级甚至除名,对于激励诸生勤学上进也是有一定的积极作用的。嘉庆《条规》最大的问题在于只针对院生中的优异者和低劣者,所起到作

---

① 盐茶道翁某某等:《改定课规十条》,李承熙:《锦江书院纪略》卷下,咸丰八年刻本。

② 盐茶道翁某某等:《改定课规十条》,李承熙:《锦江书院纪略》卷下,咸丰八年刻本。

用的对象显然只是院生中的少部分。对于已经考定正课或附课等级的大多数院生而言，这一制度几乎起不到多大的促进作用。正是因为嘉庆《条规》忽略院生中的大多数，也忽略了书院院情的变化，尤其是书院由盛而衰的客观情形，才导致了大多数正课生、附课生得过且过、不再专注学业，以至于在日常考课中出现顶名应课、冒名替考、倩人代考甚至售卖课卷等流弊。尤其严重的是，无论官课还是师课考课，提交课卷中竟然有一半以上的院生以陈文旧作应付考课，其敷衍塞责、不思进取可谓早已到了无以复加的地步。如《改定课规十条》记载晚清书院院生考课情形时云：

> 而投考者以逐月甄别无关升降，遇有陈文，任意抄写，每课剿袭雷同之卷，至有七八十本之多，其流弊较前尤甚，殊属不成事体。①

晚清时期，锦江书院院风颓靡，院生不思向学，教学质量急剧下降。就人才产出而言，远远落后于岳麓书院等其他省城书院，就是与乾隆时期相比，其人才产出也存在较大差距。据李朝正《清代四川进士征略》的记载，晚清道光、咸丰、同治三朝50余年间，锦江书院院生中进士者不过童槭、李榕、刘光第等区区数人，仅与乾隆二十四年（1759）书院一次中进士者数目相当，足见书院教学质量下降之剧。

道光以后，主政蜀省的大吏希望通过颁发章程、条规清理书院积弊，以提振书院的文风士气，但最终还是失败了。原因在于清廷的败亡已成历史定局，不可避免，而书院及其规章制度也积久成弊，了无生气。因此，无论上述这些组织措施、章程规约制定得多么合理，但由于真正执行起来难以落到实处，也不可能触及书院弊端产生之根源，所以不能从根本上解决书院讲授内容陈腐、人才培养严重脱离现实需要等问题。而书院管理者和执事或目光浅陋，或抱残守缺，或视科学、民主为洪水猛兽进而抵制革新和根本性变革，最终导致了书院始终积弊丛生，无法改变日薄西山的状况。在岳麓书院、端溪书院等其他省城书院经整顿转型获得新生之际，锦

---

① 盐茶道翁某某等：《改定课规十条》，李承熙：《锦江书院纪略》卷下，咸丰八年刻本。

江书院迅速走向了衰落，由是形成鲜明对比。光绪元年（1875），时任四川学政的张之洞不得不另建一所省城书院——尊经书院，以取代锦江书院在人才培养和学术传播中的地位。

## （三）退出历史舞台

清末朝廷腐败，列强环伺，危机四伏，朝野上下要求改变以科举为主要考试内容的呼声日益高涨，而作为科举的附庸，书院因脱离社会现实需求，积弊日久，其生命也走到尽头。甲午战败带来的巨大伤痛与冲击，催生了清廷改变旧有教育制度的决心。为了推行所谓的"新政"，光绪二十七年（1901），清廷诏令全国，要求各省所有书院均改设学堂，以实现"设立学堂储备人才"的目的。光绪二十八年（1902），经时任总督岑春煊上奏，将锦江书院改作成都府师范学堂。书院旧有的学田、官庄等产业、书籍、教学器具以及部分才学颇高的院生，一并归入四川省城高等学堂。之后，成都府师范学堂改为成都府中学堂，仍然在原锦江书院旧址开设，但开设之初，因经费筹措不及，只能暂设蒙养师范学堂，由岑春煊任学堂总理，选取赵藩为堂长。光绪二十八年三月，考取学生305人，四月开始按照西式师范的教育模式授课，到年底十月，学生学成毕业。

锦江书院在全国书院改制的浪潮下被撤并、分解，并最终退出了历史舞台。

# 第三章

## 官斯土者『弼兴文教』

第三章　官斯土者"弼兴文教"

## 一、创建锦江书院

　　明末以降，四川兵连祸结，民无宁日。张献忠乱蜀，肆意杀戮，破坏极其严重，昔日繁盛的蜀都瞬息人迹罕有，蜀中社会经济、人文学术损失惨重，文献典籍毁灭殆尽。李调元云："蜀自献贼之乱，书籍残毁，青羊一劫，衣冠涂地。"[①] 张邦伸亦云："明季兵燹摧残，益都文献扫地尽矣。"[②] 蜀中斯文扫地、文献典籍荡然无存，千年"学脉"几近中绝，如官修巨型丛书《四库全书》以及两清《经解》中，竟没有一部当代蜀人的著述。因此，清前期衔命来官斯土者，不仅要承担维护四川社会安宁、发展生产、振兴经济之责，还要承担建文庙讲坛以兴教育、延名师教授生徒以续巴蜀文脉、培育蜀中人才的重要责任。可以说，尊儒重道，修举废坠，大兴文教之风，在相当长的时间内成为蜀中大吏的行政重点。如顺治间四川巡抚佟凤采，康熙间四川巡抚张德地、杭爱、贝和诺，布政使吴存礼，学使方觐，乾隆间总督文绶、勒保，学使吴省钦，嘉庆间总督常明、蒋攸铦，咸丰间总督黄宗汉，光绪间总督岑春煊等蜀省大吏，或重修文翁石室，或修缮书院设施，或制订科艺章程，或捐俸修讲坛斋舍，或出私财置办学田，购买书籍，无不以"鼓吹休明，承宣雅化"为己任。他们整饬书院，慎选师儒，倡言文教，"以仰体圣天子右文至意"[③]。他们为锦江书院的发展与建设做出了重要贡献，为延续自文翁以来的巴蜀文脉、学脉，可谓用心良苦。

---

[①] 李调元：《井蛙杂记·自序》，李调元：《函海》，嘉庆六年刻本。
[②] 张邦伸：《锦里新编·序》，嘉庆庚申崞峨周氏敦彝堂刻本。
[③] 易简：《宋大宗师德教碑记》，李承熙：《锦江书院纪略》卷中，咸丰八年刻本。

## （一）佟凤彩倡言文教

康熙间四川兵连祸结，文教衰微，士风低迷。时人在记述历经战火浩劫的蜀中人文情形时云："文学诸生谋生犹恐不给，奚暇诵读？其年盛志美、亟思向学之士，既乏师承，尤鲜载籍。"① 蜀中人文凋敝，师儒缺乏，典籍鲜存，显然成都府学不能满足蜀中人文振兴之需。而书院向来与学校相表里，同为文化之本，同是振兴一地思想与文教的重要对象。顺治十八年（1661），佟凤彩出任四川巡抚。佟凤彩（1622—1677），字高冈，汉军正蓝旗人，清初名将佟养性从孙。佟凤彩初授国史院副理事官，后外改顺天香河知县，擢任山西道御史，历任广西、江西布政使，顺治十七年擢升四川巡抚。在战乱之后，佟凤彩致力于安抚地方，恢复社会生产，先后倡导修筑成都城，疏浚都江堰，重修府学学宫，对恢复清初残破的四川社会、经济与人文颇多贡献，卒谥勤僖，著有《栖友堂集》，《清史稿》有传。

佟凤彩于干戈兵火之余，"留心仁义礼乐之宗，尊儒重道"②。他认为成都乃蜀省省会重地，为所属州县所观瞻，传承文翁遗教乃主政四川者当务之急。于是捐献俸薪，募集资金，先行修复成都府学，历时两年，先后建成大成殿、启圣宫、大成门、棂星门、明伦堂、敬一堂各一，祭祀孔子及其诸弟子，主动延续文化石室流风遗绪，开清代主政四川者恢复蜀中文教之先河。

## （二）刘德芳初创锦江书院

康熙四十三年（1704），四川按察使刘德芳秉承四川巡抚、右副都御

---

① 刘德芳：《锦江书院碑记》，李承熙：《锦江书院纪略》卷中，咸丰八年刻本。
② 佟凤彩：《国朝修成都府学记》，李承熙：《锦江书院纪略》卷上，咸丰八年刻本。

史贝和诺"兴文教以植人材"[①]之意，于是"乃蠲俸金，创置为门儿楹，为堂筵斋讲，为藏书之轩，为宾师之位，为东西号舍，为庖湢游息之所"[②]，在文翁石室故址修建锦江书院。

贝和诺（1647—1721），富察氏，满洲正黄旗人，济席哈孙，自工部笔帖式授户部主事，再任郎中，兼佐领，迁大理寺卿，后任陕西巡抚、四川巡抚、兵部侍郎、云贵总督、礼部尚书等职，康熙六十年卒于官。贝和诺素以治事精详著称。康熙三十九年出任四川巡抚，在平定打箭炉边乱后不久，遂"以不坠文翁之流风雅化"[③]为己任，创建省城书院，以实现其"兴文教以植人材"的治蜀兴川愿望。

刘德芳，生卒年不详，字受公，清直隶文安（今河北省廊坊市文安县）人，廪生，康熙二十一年（1682）任蒙阴县令，重视文教。因见明修《蒙阴县志》残缺不全，遂召集县中绅士，谋修新志。经征集故闻，采访新事，并以旧志为蓝本，增补修订成《新志》八卷。新修《蒙阴县志》体例完备，结构严谨，取材详略得当，尤以政教风俗详尽著称。康熙四十三年，升任四川按察使，主管蜀省刑狱，兼征茶盐等事。

刘德芳秉承巡抚贝和诺遥接文翁之教、延续蜀中文脉之意，亲自筹措资金修建讲堂斋舍，制订办院章程，广延名师，招揽生徒，创建了省城书院锦江书院，开启清代蜀中文教复兴的序幕。刘德芳在《锦江书院碑记》中表明了其创办锦江书院的目的。

首先，他认为"蜀学之盛甲宇内"。蜀中自古乃多才之地，一向是风教富盛、文脉易传之所。他说，自文翁建石室储才、以儒化蜀以来，文教大兴，巨公名彦辈出，历魏、晋、唐、宋、元、明而代不乏人，足见文脉之深远。因此，作为主政蜀中的大吏，有责任延续蜀中千年文脉，振兴长期式微的蜀中人文。

其次，文翁倡导文教，"以儒化蜀"，积累治蜀兴川的经验与智慧。文

---

① 刘德芳：《锦江书院碑记》，李承熙：《锦江书院纪略》卷中，咸丰八年刻本。
② 刘德芳：《锦江书院碑记》，李承熙：《锦江书院纪略》卷中，咸丰八年刻本。
③ 刘德芳：《锦江书院碑记》，李承熙：《锦江书院纪略》卷中，咸丰八年刻本。

## 锦江书院与"石室流风"

翁守蜀倡言风教,建学官传播儒学,建礼殿、石室养士储才,蜀中"文教由是大启,士风埒齐鲁焉"①。文翁儒化巴蜀,探索出了一条兴文教以治蜀的经验之路,为此后的蜀中大吏所借鉴。如汉之高朕,宋之蒋堂、宋祁、席益,元谢晋等人,或重修周公礼殿、讲堂,或重修石室储才兴学,均以"继文翁遗绪久而不坠"为其重要的治蜀方略。作为历经战乱的蜀中主政者,吸取历史上蜀中大吏治蜀兴川的成功经验,主动延续文翁化蜀的流风遗绪,尊礼师儒,兴植文教,修建学校培养蜀中各类人才,既是他们治蜀的现实需要,也是必然之选。

最后,刘德芳认为,建书院兴学育才,既是作为蜀中主政者的职责所在,也是自己长期的心愿。他说:"弼教兴行,实余之任;而兴废砺俗,尤余夙志也。"②充分表达了他通过修建省城书院遥接文翁流风雅化,延续蜀学文脉,培养蜀中人才的理想愿望。

刘德芳重建锦江书院,一方面是为了解决蜀中士子无师可承、无书可读、无栖身之所的现实困难。因此,在修建书院基础设施的同时,还"延访贤士可为人师者主其席,定课试之约,筹膏火廪饩之资",解决书院正常运行所面临的各种问题。另一方面是为了"绍往哲以开来学",延续巴蜀学脉,"以不坠文翁之流风雅化"③。因此,他认为掌教事者不得视书院为"声利之场",不得以虚声相慕悦、以一时之科名相夸尚,而在于追求根柢之学,日与"诸生揖让讲习乎其中",行"古者教士之良法美意与其文具",以传扬"德教之闻",以为"久大之业",以实现"蜀之士蹈德咏仁,追前贤懿轨",上答天子升平文治之功,下"以继石室流风于无穷"④。刘德芳捐资修建锦江书院,制订书院规约,广延名师教授讲习,培养蜀中所需人才,为锦江书院的未来发展奠定了基础,指明了方向,开启清代蜀学从式微走向复兴之序幕。

---

① 刘德芳:《锦江书院碑记》,李承熙:《锦江书院纪略》卷中,咸丰八年刻本。
② 刘德芳:《锦江书院碑记》,李承熙:《锦江书院纪略》卷中,咸丰八年刻本。
③ 刘德芳:《锦江书院碑记》,李承熙:《锦江书院纪略》卷中,咸丰八年刻本。
④ 刘德芳:《锦江书院碑记》,李承熙:《锦江书院纪略》卷中,咸丰八年刻本。

## 二、完善规约制度

### （一）宋在诗首立学约规程

宋在诗（1695—1777），字雅伯，又字宜亭，号野柏老人，山西安邑（今山西省运城市夏县）人，康熙六十年（1721）进士，历官鸿胪寺少卿、大理寺卿、提督四川全省学政，官至内阁学士。宋在诗为人正直，为官清正廉明，重视德学兼修，主张以实心实学造士，著有《论语赘言》传世。

易简在《宋大宗师德教碑记》中记载，宋在诗出任四川学政，特别重视锦江书院的规约与制度建设，他不仅会同督抚捐薪俸资助院生膏火，还强化了书院的教育与管理工作。宋在诗经过实地调查，针对锦江书院教学与管理中存在的问题与不足，提出了"厘积敝，绝苞苴，端士习，正文体"等书院管理原则，他还做了诸如"立学约，定课程，先器识，次文艺"等诸多工作，不仅提升了锦江书院的管理与教学能力，亦使蜀地学风"蒸蒸丕变"，呈现出"桂林杏苑，仁见联翩"[1]的景象。

### （二）吴省钦重修讲堂

乾隆三十八年（1773），四川学政吴省钦（1729—1803）捐俸百缗新修讲堂，又与布政使钱鋈（字贡金）、署按察使顾光旭（字华阳）一道，

---

[1] 上引均见易简：《宋大宗师德教碑记》，李承熙：《锦江书院纪略》卷中，咸丰八年刻本。

## 锦江书院与"石室流风"

请总督文绶(字惺亭)拨官钱二百四十缗重修讲堂,拨官钱一千缗重修大成殿。吴省钦,字冲之,号白华,江苏南汇(今上海市浦东新区)人。乾隆二十八年(1763)进士,授翰林院编修,大考一等,擢侍读学士,历任四川、湖北、浙江学政,累官左都御史。吴省钦工于诗文,与李调元为同年进士。吴省钦与其弟吴省兰曾为和珅之师,后攀附和珅,德行有亏。著有《白华初稿》。

吴省钦出任四川学使,主管蜀省文教。在任上不仅重修了成都府学的大成殿,而且继康熙四十三年(1704)、雍正元年(1723)之后,再次扩大重修了锦江书院讲堂,扩大办院规模。吴省钦重视书院讲堂建设,是与文翁"立文学精舍讲堂",于左右开"温故""时习"二堂兴学的做法一脉相承的。吴省钦除了重视对作为书院硬件设施的讲堂等的建设,亦重视对书院教学与管理等软件方面的建设,亲自参与到书院的教学实践中来。在如何对待经史之学与制艺时文的问题上,吴省钦云:"以时文代圣贤立言,各有身分,而经史为之根柢。"[①]清代四川士子在清代历次科考中均表现不佳,因此在书院教学中加强对制艺时文等应对科考的技法教育,对提高四川士子的应试能力是非常必要的。每次按试诸生,必"先默经,及试诗若赋,以示劝励"[②]。需要指出的是,兼顾根柢之学与诗古文辞教学,既是锦江书院的主要办学特点,也是重要传统,若认为锦江书院只重视讲授宋儒之学、制艺时文、诗词括帖而轻视经史的说法,显然是对书院教学的一种误读。为纠正蜀中学子因方言引起的字、音之误,吴省钦亲自"为《蜀字匡谬》以正沿写之误,为《官韵考异》以别方音之混"[③],以提升蜀中士子在科考中的诗词技法水平,增强他们在科考应试中的竞争力。这种亦官亦师、官师一体,不断借鉴江浙等人文发达地区的教学与育人之法,对推动蜀中人文发展是有一定的积极作用的。

---

① 敬华南:《日讲官起居注左春坊左庶子兼翰林院侍读提督四川学政吴公视学碑记》,李承熙:《锦江书院纪略》卷中,咸丰八年刻本。
② 敬华南:《日讲官起居注左春坊左庶子兼翰林院侍读提督四川学政吴公视学碑记》,李承熙:《锦江书院纪略》卷中,咸丰八年刻本。
③ 敬华南:《日讲官起居注左春坊左庶子兼翰林院侍读提督四川学政吴公视学碑记》,李承熙:《锦江书院纪略》卷中,咸丰八年刻本。

## 三、建成"全川书院之首"

### (一)勒保扩大办院规模

嘉庆十年(1805),四川总督勒保在平定川楚等地的白莲教之乱后,倡导幕僚捐薪俸兴修锦江书院,总计筹银1130余两,重修三公堂、斋舍以及山长室。勒保(1739—1819),费莫氏,字宜轩,满洲镶红旗人,大学士温福之子,清代名将。由中书科笔帖式充军机章京,历任归化城理事同知、兵部主事、库伦办事章京、山西巡抚、署理陕甘总督,以讨伐廓尔喀、平苗乱和白莲教有功,加太子太保、赏赐双眼花翎,任四川总督。嘉庆十八年(1813),充军机大臣,兼管理藩院,卒后诏赠一等侯,谥曰"文襄"。

勒保亲自参与征剿白莲教王三槐之乱,在这一过程中,他意识到兴文教,"端士习以振民俗"在治蜀镇川中的独特价值,因此特别看重作为"全川书院之首"的锦江书院在引领蜀中人文风习中的独特作用。每值锦江书院月课,他必亲自前往督促考校,砥砺诸生勤于实学,修德敦品,以成有用之才,以为全省诸生之楷模。这与文翁"乃选郡县开敏有材者亲自饬厉",用次察举,设学教士,雅化蜀地确有相似之处。他还大力兴修书院,在他的倡导下,锦江书院重建"三公堂"以致敬蜀中先贤,重建年久失修的诸生斋舍以厚培士风,新修山长居所以尊礼师儒。新修的书院四周缭以墙垣,通曲径,设重门,讲堂、斋舍巍然焕然,为之一新,时称:"规制崇宏,他无与比。"①重修后的锦江书院,充分彰显了它作为全省最

---

① 上引均见杨彦青:《重修锦江书院三公堂东西斋并后院记》,李承熙:《锦江书院纪略》卷中,咸丰八年刻本。

高学府应有的地位与威仪，肯定了它作为"通省作育人才之所"[①]在全省中的主导地位。

## （二）蒋攸铦重建锦江书院

嘉庆二十三年（1818），总督蒋攸铦重建锦江书院。蒋攸铦（1766—1830），字颖芳，号砺堂，辽东襄平（今辽宁省辽阳市）人，隶汉军镶红旗。乾隆四十九年（1784）进士，散馆授翰林院编修，历任御史、四川总督、刑部尚书、直隶总督、军机大臣、两江总督，后加太子太傅，道光十年（1830）卒，谥曰"文勤"，著有《绳枻斋集》《黔轺纪行集》等，《清史稿》有传。

嘉庆二十三年（1818），蒋攸铦出任四川总督不久，即视学锦江书院。有鉴于书院院风浮躁，在书院开课之初，即以兵部尚书兼都察院右都御史、四川总督的名义，发布了整顿书院学风和文风的特别告示，云：

为别裁伪体以正文风事。照得：

书院为人文储薮，敬业方可乐群；制义代圣贤立言，存真必先去伪。川省岷峨毓秀，江汉炳灵，不乏清俊之才，亦有渊通之学，惟是多文为富。语详者宜择其精，无如习尚所趋；好奇者日诡于正，或摭言饾饤饰浅近以为渊深，或秘本巾箱由父师而误子弟。但求属对，竟割裂而不顾原文。无论何题，可牵引即直书。满纸课虚，则神理罔知；体玩责有，则义蕴全未发挥。凡此伪裁，实乖文体。偶焉倖获，亦愧心声。

本部堂玉尺频膺，惟崇正则尔。诸生金针待度，莫入歧途。兹当开课之初，先示衡文之准。空疏者固所不录，芜杂者尤所必除。合行晓谕，为此示。仰书院肄业生童知悉。尔等嗣后作文，务以清真雅正

---

[①] 蒋琦：道光《锦江书院开示条规八条》，李承熙：《锦江书院纪略》卷中，咸丰八年刻本。

为宗，力涤牛鬼蛇神之习。食古当求其化，研经贵撷其腴。勿矜便腹而獭祭为工，勿尚钩心而鸿文无范。诂题必须雪亮，藻不妄抒；下笔固避雷同，语无泛拟。……①

在蒋攸铦看来，书院诸生不乏清俊可造之才，亦不乏淹通博学之士，只是由于文风务虚，导致了穿凿附会、割裂经义等空疏的学风，造成了诸生以"伪体"代替"正体"的作文趋向。针对书院学风和文风中存在的问题，他在书院开课之初，即以《告示》的形式，向书院诸生宣示了以崇正务实、"清真雅正为宗"的为学为文标准。他特别反对重形式轻内容的为文取向，希望通过发布具有行政性功能的《告示》，以剪除书院既有的因循守旧、寻章摘句、"神理罔知""食古不化"、雷同因袭等陋习，为书院办学、考课和院生治学指明方向。

在整饬书院院风之后，蒋攸铦决定调整书院结构布局，增加书院斋舍以扩大书院的办院规模，以改善书院的育人环境。嘉庆二十三年（1818），蒋攸铦倡导重修锦江书院，蜀中士绅积极响应，共捐银1000两，学政俞衡泽及司道以下在蜀地为官者共捐钱8000余缗，对书院进行了扩建与重修。蒋攸铦在《重修锦江书院碑记》中云：

> 予以丁丑冬衔命来蜀，至之日，适重新黉宇，巍然焕然。惟书院则讲舍仅十数区，下县子弟虽籍其名，无房庑可邻寄。又规制迂曲，非堂皇之义。爰相其地：院之东，为乡贤祠，又其东，为学宫。西为学署，院之门径介乎其中。折而西，始为讲堂。堂之前，为学署所蔽，无地可拓。议以祠易为学署，以院之门径建祠，俾典守者地相属，而以学署扩为院基，使重门洞达，并增屋舍，居来学者。
>
> ……或移而更之，或仍而新之，阅二月工竣。为门者三，为堂者二，为阁者一，为祠者一。堂左右为舍者五十。其他内寝外垣、庖廪井涸，咸治。②

---

① 蒋攸铦：《为别裁伪体告示》，李承熙：《锦江书院纪略》卷中，咸丰八年刻本。
② 蒋攸铦：《重修锦江书院碑记》，李承熙：《锦江书院纪略》卷中，咸丰八年刻本。

锦江书院与"石室流风"

　　锦江书院自康熙四十三年（1704）刘德芳创建以来，因办院需要，代有递修，如总督文绶、勒保等人均曾对书院设施进行过修缮。嘉庆二十二年（1817）蒋攸铦就任四川总督时，成都府学署刚进行过修缮，巍然焕然，颇为壮观。但是与府学相表里的锦江书院，却显得颇为寒碜。特别是书院讲堂、斋舍规模较小，容量有限，以至于府县诸生虽然籍名于锦江书院，但无法入住书院。书院创建于兵乱灾害之后，规制比较"迂曲"，以至于学署遮蔽了讲堂，不足以展示锦江书院作为省级书院的应有地位。经过实地考察，蒋攸铦决定调整书院讲堂、学署、乡贤祠的旧有格局。为了使书院讲堂更加开阔，一是撤除长期遮蔽讲堂的学署，将其东移至原乡贤祠所在的位置，使学署与学宫相连，再将乡贤祠向西移至原书院大门所在位置，同置乡贤祠、学署和学宫于书院之西，有利于主管学校书院事宜的官员集中办公。二是在学署撤除后的空地上新建书院大门和增建斋舍，这有助于扩大书院的规制与范围，使书院可以容纳更多院生。

　　在重新调整并布局好书院形制后，蒋攸铦新建了三道院门、两座讲堂、一座阁楼和乡贤祠，并在讲堂两边修建了50间斋舍，增设肄业诸生住院必需的学习和生活设施，以满足更多的生徒肄业其中。

　　蒋攸铦继刘德芳后重修锦江书院，不但调整了书院的布局，完善了书院的设备设施，还扩大了书院的办院规模，使锦江书院成为名副其实的全川最高学府和文化教育中心。在扩大书院办院规模的同时，蒋攸铦还不忘加强书院制度建设，重新刊刻"顺治九年题准刊立之（学校条规）卧碑"置于明伦堂之左，以晓示院生当"上报国恩，下立人品"。此碑至今尚存于成都石室中学内。为了昭示锦江书院渊源于文翁石室，蒋攸铦还为书院题写了"文翁石室"的匾额，该匾额至今悬挂在石室中学文庙校区的大门之上。

　　如果说康熙时的巡抚贝和诺创建锦江书院只是为了"佐朝廷兴道育贤"[①]之策，履行朝廷指派的政治任务的话，那么蒋攸铦以总督名义整饬

---

① 刘德芳：《锦江书院碑记》，李承熙：《锦江书院纪略》卷中，咸丰八年刻本。

书院学风，主导新修书院扩大办院规模并刊发《锦江书院条规》，则是对锦江书院进行全面系统的提升与改造，蒋氏也是真正"兼父母师保于一身"的典型。蒋攸铦以总督之名，践行"文翁之教"，既是对前任督抚工作的补充与超越，同时也丰富了书院以"继石室之流风于无穷"[①]的办院宗旨的内涵，从理论和实践的角度推动了锦江书院的新发展。

## （三）黄宗汉捐置学田

受前任总督勒保、蒋攸铦之影响，咸丰六年（1856），已经去职的前总督黄宗汉还捐银购置田产，以所得租谷在锦江书院增设谷课生，扩大书院的办院规模。黄宗汉（1803—1864），字季云，福建泉州登贤铺（今福建省泉州市镇抚巷）人。道光十四年（1834）举人，次年连捷进士，选庶吉士。历官员外郎、郎中，迁御史、给事中。道光二十五年（1845），出为广东督粮道，调雷琼道，历山东、浙江按察使。咸丰元年（1851），因巡抚吴文镕举荐，迁甘肃布政使。第二年，擢云南巡抚，未及上任，转调浙江负责办海运。咸丰四年（1854），因办理江苏、浙江、江西三省漕运、防务有功，受到朝廷嘉奖，咸丰皇帝特御书"忠勤正直"匾额，以示嘉奖，擢升四川总督。因与载垣、端华、肃顺等交结，十一年（1861），遭革职永不叙用。同治三年（1864）卒。

咸丰六年，朝廷以黄宗汉在四川办事不力，免去其四川总督之职，调回朝廷候任。黄宗汉在离开四川之际，不忘发展四川文教，培养蜀学人才。有鉴于锦江书院办院经费困难，他主动捐银4200两，购买郫县（今郫都区）徐村水田200余亩，赠予锦江书院作为学田，以每年所得租金，在正课和附课之外，另外增设28名谷课生，剩余部分则用来补充书院的日常办院经费。黄宗汉捐银购田在书院增设谷课生，为壮大书院办院规模，培养蜀中人才，做出了积极贡献。

---

① 刘德芳：《锦江书院碑记》，李承熙：《锦江书院纪略》卷中，咸丰八年刻本。

# 第四章

## 掌院者『实心教育』

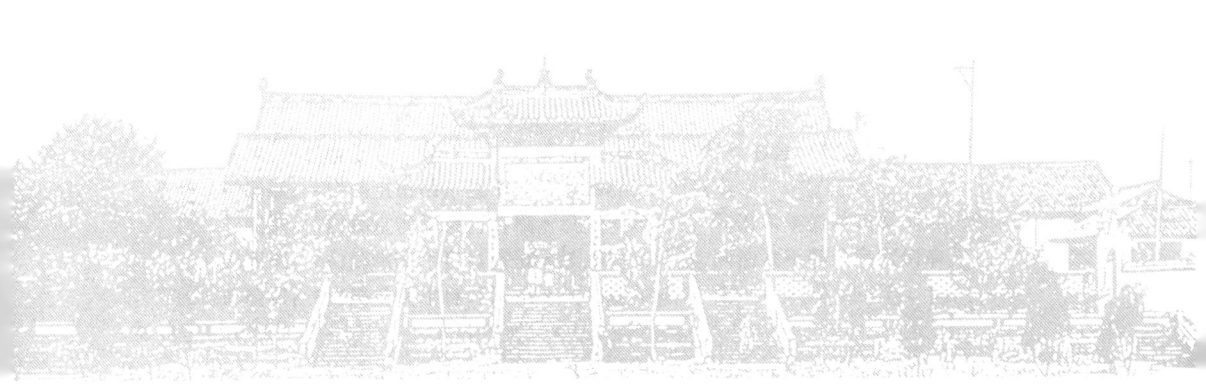

第四章 掌院者"实心教育"

# 一、历任山长的任期与顺序

作为清代最早建立的23所省城书院之一，锦江书院一直是清代四川的最高学府、学术与文化中心。它先后聘任彭端淑、杨芳灿、牛树梅、伍肇龄等老儒硕学任山长，培养了李调元为代表的"锦江六杰"、"戊戌六君子"之一的刘光第、清代四川唯一的状元骆成骧等大批蜀中才俊。作为书院行政、学术的实际领导者和书院精神灵魂的山长，他们对书院的学术研究、学术传承与发展，诸生的学业成绩，书院的日常管理与制度建设，都负有直接的责任，并起着决定性的作用，因此研究锦江书院发展演变的历史、评价其成就与地位，首先要厘清其山长的生平事迹、掌院期限及其取得的主要成就。有关锦江书院山长的掌院情况及其任职期限与时序方面的文献与研究成果，主要如下。

咸丰时，李承熙撰《锦江书院纪略》[①]一文，首次记载了山长们的生平事略以及掌院基本情况，不过，仅载录了14位山长的掌院情况。民国初，张铮在《石室纪事》中，增补了李承熙在《锦江书院纪略》中所遗略的郑方城、顾汝修等7位山长[②]，并介绍了他们的主要掌院业绩。20世纪80年代，成都石室中学印行《石室校志》[③]，对《锦江书院纪略》《石室纪事》中所记载的彭端淑、李彬然等山长的掌教时间做了部分订正。胡昭曦先生在《四川书院史》中对锦江书院山长的生平事迹以及任职基本情况做

---

[①] 李承熙：《锦江书院纪略》卷上，咸丰八年刻本。
[②] 成都县立联合中学校：《石室纪事》，成都县立联合中学校印行，民国十三年，第22—28页。
[③] 成都石室中学编：《石室校志》，四川日报社印行，1988年，第38—39页。

了进一步的研究。他在上述文献记载的基础上，从嘉庆《金堂县志》中挖掘出新的史料，增补了早期山长张晋生的主要事迹，并首次以简表的形式列明了共计22位山长的掌院时序①，对锦江书院发展历史上到底有多少位山长，以及历任山长的掌院时限、任职顺序和掌院业绩等重要问题做出了积极探索。

目前学界对锦江书院历任山长的任职时限、任职顺序、山长人数等方面的研究还存在明显的不足、纰漏和讹误，并不足以还原锦江书院历任山长掌院的任职情况。在前人研究的基础上，须结合史传、地方志、诗文集等相关资料，就此问题做全面、系统而深入的梳理与考辨。

## （一）三位山长的任职年限考辨

厘清书院历任山长的任职年限，对我们认识山长的主要掌院业绩，评价其掌院的成就特色以及梳理书院的发展脉络都有重要价值与意义。其中，关于郑方城、高辰和彭端淑掌院山长的具体时间以及三者之间的任职顺序，有必要做进一步探讨。

郑方城，字则望，雍正十一年（1733）进士，是清代著名的诗人。他由闽入蜀，曾任四川新繁县令、锦江书院山长，著有《燥吻集》《绿痕书屋诗稿》《古文稿》等，嘉庆《四川通志》、嘉庆《新繁县志》以及《清史列传》等有传。

郑方城是锦江书院早期的著名山长。张铮在《石室纪事》中有关"高宗乾隆八年（1743），瓯宁郑方城为院长"②的记载与史实不符。有关郑方城掌院锦江书院的原因和始任时间，在《碑传集》《清史列传》和民国《华阳县志》中其实都有明确记载。如《碑传集》郑方城本传载："乾隆十一年（1746）计吏，举治行尤异。部议以甲子（1744）蜀闱磨勘事镌二

---

① 参见胡昭曦：《四川书院史》，四川大学出版社，2006年，第246页。
② 成都县立联合中学校：《石室纪事》，成都县立联合中学校印行，民国十三年，第21页。

秩，先生怡然，上官深扼腕。不令俶装，延讲锦江书院。逾年，病气逆卒。"① 据此记载，郑方城因"蜀闱磨勘事"受到降级处分，此事发生在乾隆十一年即公元1746年的朝廷"计吏"之时。正是因为磨勘事去职，四川大吏才有机会"延请他讲锦江书院"。有关郑方城最初掌锦江书院山长的时间，张铮在《石室纪事》中所记载公元1743年是错误的。实际上，郑方城也不可能在"乾隆八年"就出任山长。这从民国《新繁县志·官师列传》关于郑方城传的记载可以再次考见。该《传》云：

> （乾隆）九年夏六月，再水，锦水河直突城西门，势孔急，先生（郑方城）立水中亲荷锸，民皆感动，争负土堵门，城赖以不没。②

乾隆九年即公元1744年，郑方城为了抗击洪灾，还"立水中亲荷锸"，使"城赖以不没"。作为地方父母官，率领地方百姓抵御洪涝灾害，本是守土一方应有职责，岂是距离新繁数十里之外省城大书院的山长的职责呢？

综上记载，乾隆九年时，郑方城必然还在新繁县令的位置上，并无可能掌院书院山长。郑方城始掌书院的时间，必然如《碑传集》本传所言，当为乾隆十一年即公元1746年。

高辰，字景衡，四川金堂（今成都市青白江区）人，乾隆十六年（1751）进士，历任清河县、华亭县等县知县，累官至凤阳府同知。高辰是清代中前期蜀省少有得中进士的才俊，生平雄于诗文，著有《白云山房诗文全稿》《树耕堂诗草》《晚成录》等。《全蜀诗汇》《锦里新编》和嘉庆《华阳县志》、嘉庆《金堂县志》等有传。

高辰是锦江书院历史上的著名山长，为清代中前期四川的学术发展和人才培养做出了不小的贡献。如有"铁面御史"之称的李漱芳（1733—1784），以李调元为代表的"锦江六杰"等一大批蜀中才俊，均出其门下。

---

① 刘绍攽：《郑方城传》，钱仪吉：《碑传集》卷一〇三至卷一一六（第九册）《乾隆朝守令上之上》，中华书局，1993年，第4740页。

② 侯俊德、吕菘云等修，刘复等纂：民国《新繁县志》卷六《人物》，成都美林出版社，民国三十五年。

## 锦江书院与"石室流风"

有关高辰执掌锦江书院的时间,一向有不同的记载,如季啸风主编的《中国书院辞典》云:"高辰字元右,又字景衡,号白云,清四川金堂人。乾隆十六年(1751)进士,选翰林院庶吉士,次年主讲锦江书院,造士尤众。"[①] 认为高辰在成进士的第二年即乾隆十七年(1752),就返乡归里,掌锦江书院。又如《四川书院史》云:"乾隆二十四年(1759),四川金堂进士高辰为山长。"[②]

笔者认为,《中国书院辞典》关于高辰"乾隆十七年主讲锦江书院"的说法并不可信。据嘉庆《四川通志·人物志》高辰本传载:"改庶吉士,散馆,后授清河县知县。"[③] 可知高辰归籍回川之前,还经历了朝廷对新科进士从"庶吉士"到"散馆"的培训过程。这与《锦里新编·文秩》高辰传所载"授庶常,壬申散馆,归班回籍,受当道聘掌锦江书院"[④] 也是一致的。按照清廷关于新科进士的培训惯例,"选庶吉士"后,一般都有三年的在馆学习时限。这段时间,高辰显然不可能有时间回乡执掌锦江书院。高辰始掌书院的时间,最早也是在乾隆二十年(1755)的"散馆之试"结束之后。《中国书院辞典》忽略了他从选"庶吉士"到"散馆之试"的这一时间过程,误以为高辰"乾隆十七年主讲锦江书院"。

笔者还认为,《四川书院史》中有关高辰"乾隆二十四年,为锦江书院山长"的说法也不可取。张邦伸在《锦里新编》中记载:"(高辰)壬申散馆,归班回籍,受当道聘,掌锦江书院,造士最盛,如李郎中溆芳、张太史翯、姜礼部锡嘏、李观察调元、王进士孙晋,皆其门下士也。"[⑤] 据此可知,郎中李溆芳曾是他掌教锦江书院时的院生。李溆芳,字艺圃,四川渠县人,乾隆二十二年(1757)进士,历官吏部主事,郎中,授河南道监察御史。据嘉庆《四川通志·选举志·进士》云:"李溆芳,乾隆二十二

---

① 季啸风:《中国书院辞典》,浙江教育出版社,1996年,第510页。
② 胡昭曦:《四川书院史》,四川大学出版社,2006年,第246页。
③ 常明等修,杨芳灿等纂:嘉庆《四川通志》卷一五三《人物》,嘉庆二十一年刻本。
④ 张邦伸:《锦里新编》卷三《文秩》,嘉庆庚申嶍峨周氏敦彝堂刻本。
⑤ 张邦伸:《锦里新编》卷三《文秩》,嘉庆庚申嶍峨周氏敦彝堂刻本。

年进士。"①李溰芳乃清代中前期四川为数不多的进士及第者，也是锦江书院历史上已知最早的进士及第院生。从时间上看，高辰致仕归里后掌锦江书院，肯定在李溰芳成进士的乾隆二十二年之前。否则，乾隆二十二年（1757）已成进士的李溰芳何以在乾隆二十四年（1759）时还在高辰掌院的锦江书院肄业呢？这显然在逻辑和事理上都是讲不通的。

此外，张邦伸在《云谷年谱》中曾明确记载了自己在锦江书院肄业时掌院山长就是高辰这一史实。他在《云谷年谱》云："（乾隆）二十一年十月，考入锦江书院，时掌院为高白云先生。辰，金堂人，辛未进士，由庶常改归班，假归宿儒也。"②这就充分说明，乾隆二十一年高辰已经掌锦江书院了。

综上可知，高辰开始掌院的时间，既不是《中国书院辞典》所言的"乾隆十七年"，也不是《四川书院史》记载的"乾隆二十四年"。实际上，有关高辰出任锦江书院山长的开始时间，据张邦伸《云谷年谱》以及《锦里新编》等高辰同时代人的著作记载，必是在乾隆二十年（1755）回川之后，才由四川官方延聘出掌锦江书院山长的。执掌锦江书院取得突出业绩之后，高辰于乾隆二十六年（1761）被擢升清河县知县，由此离任。

彭端淑，字仪一，号乐斋，四川丹棱人，雍正十一年（1733）进士，翰林院庶吉士，官至广东肇罗道。彭端淑是清代著名的诗文大家、教育家，他与张问陶、李调元被誉为"蜀中三才"。生平以诗古文辞名世，著有《白鹤堂诗文集》《白鹤堂今古文集》《白鹤堂晚年自订诗文稿》《雪夜谈诗》《戊戌草》《粤西纪草》《肇罗府志》等诗文集、诗评和史志。雍正《四川通志》、嘉庆《四川通志》、同治《广东通志》、《锦里新编》、嘉庆《华阳县志》、《国朝全蜀诗钞》、《清史列传》等均有传。

彭端淑娴雅宏通，湛深经术，诗学汉魏，文学《左》《史》，皆极精

---

① 常明等修，杨芳灿等纂：嘉庆《四川通志》卷一二四《选举志》，嘉庆二十一年刻本。

② 张邦伸：《云谷年谱》，北京图书馆编：《北京图书馆藏珍本年谱丛刊》，北京图书馆出版社，1999年，第108册，第532页。

微。彭端淑执掌锦江书院之时，坚持以实学课士，在山长任上乐于指授，孜孜不倦，培养出了李调元、李典元、李骥元、杨卓等一大批蜀中青年才俊，扩大了锦江书院在蜀省中的影响，是锦江书院历史上著名的山长之一。但是，有关他执掌锦江书院的时间到底是二十年还是十四年，到底是一次掌院还是两次掌院，至今没有定论，有必要做进一步考辨。

何崇文在《巴蜀文苑英华》中，仅据彭端淑《戊戌草·寒食》所云"锦江栖迟二十年，每逢寒食一潸然"[①]一句，就认为彭端淑执掌锦江书院凡二十年。季啸风主编的《中国书院辞典》载："二十六年辞官回籍。次年主讲成都锦江书院，前后凡二十年。"[②]《四川大学史稿》亦载："担任院长近20年。"[③] 以上说法虽然均有一定依据，但却与史实不相符。理由有三。

据《清史列传》彭端淑本传载："家居十余年，主锦江书院讲席，以实学课士，年八十一卒。"[④] 可知彭端淑辞官回川后"家居十余年"乃卒，就算他辞官回籍后一直执掌锦江书院，也不可能"凡二十年"，彭端淑执掌锦江书院肯定不会有二十年之久。此其一也。

彭端淑在《白鹤堂诗稿》"人日里春"诗下，曾自注云："余生己卯，适六十岁矣。"[⑤] 此处所云己卯实为康熙三十八年己卯（1699）。据彭端淑"年八十一卒"，从乾隆二十四年己卯（1759）向前逆推二十一年，可知彭端淑卒年当在乾隆四十四年（1779）。同治《广东通志》卷四十四"职官表第三十五"记载："（彭端淑）乾隆二十六年（1761）卸任广东肇罗道任，归籍。"[⑥] 从乾隆二十六年（1761）致仕归里到乾隆四十四年（1779）

---

① 何崇文：《巴蜀文苑英华》，四川人民出版社，1984年，第280页。
② 季啸风：《中国书院辞典》，浙江教育出版社，1996年，第529页。
③ 四川大学史稿编审委员会：《四川大学史稿》，四川大学出版社，2006年，第7页。
④ 王钟翰点校：《清史列传》卷七十一"文苑"，中华书局，1993年，第5849、5850页。
⑤ 彭端淑：《白鹤堂诗稿》卷下，乾隆三十六刻本。
⑥ 阮元修、陈昌齐纂：同治《广东通志》卷四十四《职官》，（台北）华文书局印行，1968年，第731页。

第四章 掌院者"实心教育"

彭端淑去世，彭端淑回川总的时间仅有十八年，彭端淑执掌锦江书院显然不会有二十年之久。此其二也。

彭端淑在《晚年诗续刻·再掌锦江书院作》中云："文翁遗泽至今崇，三载从来石室中。"[①] 从彭端淑自记可知，彭端淑致仕归里后曾有"三载"的时间不在锦江书院山长任上。从顾汝修在《奎星阁记》中所载"时乾隆三十二年（1767），顾汝修任锦江书院院长"[②] 也得到了印证。从彭端淑归籍到其去世，总共不过十八年时间，何况，他还有三年不在锦江书院山长任上。彭端淑执掌锦江书院，肯定不会有二十年。此其三也。

有关彭端淑执掌锦江书院二十年的错误说法，源于人们对彭端淑《戊戌草·寒食》所载"锦里栖迟二十年，每逢寒食一潸然"一句的误读。何崇文等人在《巴蜀文苑英华》中把彭端淑"锦里栖迟二十年"错误地等同于彭端淑执掌锦江书院"二十年"，在于以诗文吟咏代替史实记载，当然也没有正确理解"锦里栖迟"实为彭端淑致仕还乡寓居成都快二十年之意。

关于彭端淑执掌锦江书院十四年的说法，最早见载于成都石室中学编印的《石室校志》。编者在该书的第五节"锦江书院历任院长"下，专门以加按语的形式说："彭端淑曾两度主锦江书院，计十四年之久。"[③] 这一说法被《四川书院史》作者所采纳，并在其"锦江书院历任山长简况表"中做了记载。

根据以上考述，彭端淑两次执掌锦江书院，前后总计十四年是可信的。不过需要指出的是，《石室校志》关于"彭端淑乾隆二十八年（1763）至乾隆三十二年（1767），乾隆三十五年（1770）至乾隆四十四年（1779）出任院长"[④] 的记载，却是错误的。

一是彭端淑首次受聘山长，实始于乾隆二十六年（1761），并非《石

---

① 彭端淑：《白鹤堂晚年自订诗稿》卷一，成都美林出版社排印本，民国二十三年。
② 顾汝修：《锦江书院奎星阁记》，李承熙：《锦江书院纪略》卷中，咸丰八年刻本。
③ 成都石室中学编：《石室校志》，四川日报社，1988年，第38页。
④ 成都石室中学编：《石室校志》，四川日报社，1988年，第38页。

室校志》所谓的乾隆二十八年（1763）。李朝正曾在《彭端淑诗文注·彭端淑年谱》中考证此事时指出：乾隆二十六年"十月抵家，住双流彭家场（今双流区彭镇）。四川总督开泰、布政使吴士端、提督学政陈筌即聘其掌教锦江书院"①。非常清楚地记载了彭端淑首次掌锦江书院的准确时间。同时，这也与山长高辰调任清河县令后，锦江书院山长位置空缺，急需合适人选填补的实际情况相吻合。

二是《石室校志》关于彭端淑于乾隆四十四年（1779）离任山长的说法也是错误的。据与彭端淑同时代的锦江书院山长敬华南在《诰授资政大夫四川布政使司布政使德宪钱公教士纪略》文后题云："乾隆四十二年岁丁酉长至日锦江书院掌院华阳敬华南撰文。"②乾隆四十二年（1777），此时掌锦江书院的正是敬华南而非彭端淑。这与《彭端淑诗文注》所言"彭端淑从上年秋后，病情加重，瘫痪在床。己亥春，死于锦城城南之白鹤堂"③的说法也是一致的。

综上所述，彭端淑的确曾两次执掌锦江书院山长，前后总计约为十四年。彭端淑第一次执掌锦江书院的时间，始于乾隆二十六年（1761），止于乾隆三十二年（1767）。彭端淑第二次执掌锦江书院，始于乾隆三十五年（1770），止于乾隆四十二年（1777）。

## （二）四位山长的任职顺序考辨

《四川书院史》关于王来遴、蔡毓琳、李彬然、王炳瀛四人执掌锦江书院的时间的记载④，存在一定的顺序颠倒、任期不详等问题。今根据新发掘的史志材料，做如下订正：

---

① 参见李朝正、徐敦忠：《彭端淑诗文注》，巴蜀书社，1995年，第516页。
② 钱鏊：《诰授资政大夫四川布政使司布政使德宪钱公教士纪略》，李承熙：《锦江书院纪略》卷中，咸丰八年刻本。
③ 参见李朝正、徐敦忠：《彭端淑诗文注》，巴蜀书社，1995年，第526页。
④ 胡昭曦：《四川书院史》，四川大学出版社，2006年，第246页。

## 第四章 掌院者"实心教育"

王来遴,生卒年不详,湖北黄陂(今湖北省武汉市黄陂区)人,字蔺三,举人出身,曾任嘉定府乐山县、四川渠县等处县令。他从嘉庆二十四年(1819)到道光元年(1821),曾执掌锦江书院,为书院题有一副106字的著名对联。王来遴曾主持重修乐山东岩书院,纂有嘉庆《渠县志》、嘉庆《邛州直隶州志》等两部志书,对保存蜀中地方文献颇有贡献。嘉庆《蒲江县志》、嘉庆《渠县志》、嘉庆《嘉定府志》等有传。

蔡毓琳,生卒年不详,字昆岩,四川成都人。嘉庆元年(1796)恩科三甲第八十五名进士,选翰林院庶吉士,散馆,历官至内阁中书。《石室纪事》《石室校志》《四川书院史》均载,他于道光九年(1829)执掌锦江书院。这与锦江书院奎星阁门他所署匾联落款"道光九年,昆岩蔡毓琳题"[1]的时间是一致的。三年任满后,于道光十一年(1831)离任。

李彬然,生卒年不详,四川长寿县(今重庆市长寿区)人。嘉庆二十四年(1819)三甲第二十七名进士,翰林院庶吉士,散馆,累官至刑部主事。从李彬然书锦江书院奎星阁门匾联落款中"道光壬辰秋,李彬然题"[2]可知,道光壬辰即道光十二年(1832),李彬然继蔡毓琳之后执掌锦江书院。

王炳瀛,生卒年不详,字莲洲,四川安岳人。嘉庆十三年(1808)举人,十九年(1814)进士,翰林院庶吉士。嘉庆二十三年(1818)充任山西乡试主考官,道光十一年(1831)任浙江会试副考官,道光二十年(1840)任会试同考官,升詹事府少詹事,擢内阁学士,兼礼部侍郎衔,充道光二十一年(1841)武会试总裁,累官至礼部右侍郎。史料并没有关于王炳瀛执掌锦江书院的具体记载。不过从以下一些史料中尚可考见一二。

据法式善等在《清秘述闻三种》中记载,"道光十一年辛卯恩科乡试,浙江考官:……侍讲王炳瀛字莲洲,四川安岳人,甲戌进士"[3]。可知,道

---

[1] 李承熙:《锦江书院纪略》卷中"匾联",咸丰八年刻本。
[2] 李承熙:《锦江书院纪略》卷中"匾联",咸丰八年刻本。
[3] 法式善等:《清秘述闻三种》,中华书局,1982年,第612页。

光十一年（1831），王炳瀛在浙江副主考官任上。有关他执掌锦江书院之事，陈其宽等续修的《安岳县志·人物》有所记载，云："（道光）辛卯，浙江乡试副考官。丁忧回籍，主讲锦江书院。"① 道光辛卯即道光十一年（1831），此时王炳瀛还在"浙江乡试副考官"任上，他也不可能在这一年就执掌书院。那么，他到底何时成为掌院山长？可以肯定的是，一定是在他丁忧结束之后。因为按清制，朝廷对省城大书院山长是有任职条件的，比如规定，处于丁忧期间的人员，不能掌省城大书院。商衍鎏在《清代科举考试述录》中专门就此云："省城大书院由督抚会同学政聘请，各府、州、县由地方官延聘。丁忧在籍人员不得延请，教官不得兼充。"② 这就说明，从道光十一年至道光十四年的三年内，王炳瀛只能丁忧在家，不可能担任锦江书院山长。王炳瀛执掌锦江书院应始于三年丁忧期满之后的道光十四年（1834）。这与王炳瀛在锦江书院奎星阁门匾联后落款所题"道光甲午，安岳王炳瀛题"③ 是一致的。道光甲午年即道光十四年（1834），王炳瀛于道光十四年始任锦江书院山长，是符合实际的。

毫无疑问，上述关于王炳瀛"继王来遴之后"任锦江书院山长的说法，显然忽略了在王来遴之后王炳瀛之前，还有蔡毓琳、李彬然曾执掌锦江书院。王炳瀛执掌锦江书院仅一年，就因回京补缺离职，锦江书院山长遂由垫江人李惺继任。

综上可知，关于王来遴、王炳瀛、蔡毓琳、李彬然四位山长执掌锦江书院的先后顺序，应该是王来遴—蔡毓琳—李彬然—王炳瀛。

## （三）新增补两位山长的掌院事迹

锦江书院历史上到底有多少位山长？《四川书院史》尽管为之做了大量的考索工作，也增补了此前长期被研究者遗略的山长张晋生及其掌院事

---

① 陈其宽修，邹宗垣纂：续修《安岳县志》卷三《人物》，光绪二十三年刻本。
② 商衍鎏：《清代科举考试述录》，生活·读书·新知三联书店，1958年，第223页。
③ 李承熙：《锦江书院纪略》卷中"匾联"，咸丰八年刻本。

迹，但仍然遗漏了杨锡麟和侯度两位锦江书院早期的山长。有关他们的掌教时间以及掌教事迹，今据嘉庆《四川通志》、嘉庆《江安县志》、同治《营山县志》等相关文献，增补如下：

杨锡麟，生卒年不详，字端石，号龙池，四川江安县（今四川省宜宾市江安县）人。康熙五十二年（1713）举人，曾官江津县、垫江县两县教谕。嘉庆《四川通志》、嘉庆《江安县志》有小传。

据嘉庆《四川通志》记载："（杨锡麟）康熙癸巳举于乡，学问渊雅，掌教成都锦江书院，先后十余载。"① 嘉庆《江安县志·人物志》亦载："主讲锦江书院十余载，蜀人咸颂法焉。"② 据上述两书记载可知，杨锡麟曾"掌院锦江书院前后长达十余年"是可信的。据杨锡麟在《寿徐明府·艺文序》中自云："余自甲寅岁，抚军聘延成都课士。"③ 可知雍正十二年（1734），他曾掌锦江书院。从他的继任者张晋生在嘉庆《金堂县志·学校·锦江书院训士条约》所署的时间"时乾隆二年季春月"④ 考察，可知杨锡麟在乾隆二年（1737）已从锦江书院山长的位置上离任。从雍正十二年到乾隆二年，不过四年时间，这与嘉庆《江安县志》所载"主讲锦江书院十余载"的时间相差甚远。显然，杨锡麟还在其他时段执掌锦江书院。考《四川书院史》等书所载，自乾隆十六年（1751）到嘉庆十年（1805）的五十四年间，历年书院山长均有其人。而康熙五十二年杨锡麟已成举人，就算他18岁中举，到嘉庆十年（1805）时，他已经110岁了，显然不可能再执掌锦江书院山长。结合杨锡麟"掌院锦江书院先后十余载"，以及乾隆五年（1740）到乾隆十一年（1746）的六年时间内，锦江书院山长职位空缺的实际情况，可推测杨锡麟曾在乾隆五年（1740）到乾隆十一年（1746）的六年时间内，第二次执掌锦江书院。

---

① 常明等修，杨芳灿等纂：嘉庆《四川通志》卷一五四《人物》，嘉庆二十一年刻本。
② 高学谦纂修：道光《江安县志》卷三《人物》，道光九年刻本。
③ 赵模修，郑存仁等纂：嘉庆《江安县志》卷三《艺文·序》，嘉庆十七年刻本。
④ 谢惟杰修，陈一津、黄烈纂：嘉庆《金堂县志》卷七《学校》，嘉庆十六年刻本。

## 锦江书院与"石室流风"

侯度，生卒年不详，字伯正，四川营山人。康熙五十四年（1715）二甲进士，选庶吉士，散馆，授翰林院编修，累官至工部虞衡司郎中，督理宝源局。嘉庆《四川通志》、同治《营山县志》有传。

嘉庆《四川通志·人物志》对侯度生平主要事迹有一定记载，云："（侯度）工部虞衡司郎中，督理宝源局。归掌锦江书院，士林景仰。"[①] 同治《营山县志·人物志》亦载："（侯度）归掌锦江书院，士林景仰。"[②] 可知侯度曾掌院锦江书院无疑。据侯度乃康熙五十年（1711）举人可知，他与康熙五十二年成举人的杨锡麟应属于同时代之人。他执掌锦江书院的时间，理应与杨锡麟掌院的时间相距不远。根据乾隆十二年（1747）到乾隆十六年（1751）的四年时间内锦江书院山长空缺的实际情况考察，笔者认为此即侯度执掌锦江书院的时间。

目前，有关姜锡嘏、杨芳灿、于德培、何增元四位山长掌院的具体时间，《石室校志》《四川书院史》等记载模糊不清，现根据有关史料，补充如下：

姜锡嘏，字尔常，四川内江（今四川省内江市市中区）人，与李调元同时肄业锦江书院，乾隆二十四年（1759）进士，翰林院庶吉士，官至礼部员外郎，为"锦江六杰"之一。姜锡嘏辞官归里后，受四川主政者延聘，长期掌院锦江书院。姜锡嘏掌院锦江书院，主讲宋儒之学，坚持以"实学课士"，尤以考课最严著称，为四川培育了大量人才。如乾隆壬子秋乡试，在他的掌教下，书院院生参加乡试，一次就有五十余人荣登乡荐，中式举人。《内江县志要·遗彦》为此专门记载此事，云："……出门下者，千数百人。"[③] 姜锡嘏长于宋儒义理之学，著有《四书解义》，颇具功力。另著有《姜氏家谱》《皇华诗钞》《松亭诗集》等史志、诗文集行世。嘉庆《四川通志》、嘉庆《华阳县志》、道光《内江县志要》等有其传略。

---

① 常明等修，杨芳灿等纂：嘉庆《四川通志》卷一五三《人物》，嘉庆二十一年刻本。
② 翁道均修，熊毓藩等纂：同治《营山县志》卷二十二《人物》，同治九年刻本。
③ 王果：道光《内江县志要》卷二下《遗彦》，道光二十四年刻本。

第四章　掌院者"实心教育"

有关姜锡嘏掌院的时间，道光《内江县志要》有明确记载，云："掌省垣锦江讲席者十六年。……出门下者，千数百人。"① 可见姜锡嘏执掌锦江书院总计十六年无疑。杨彦青曾在《重修锦江书院三公堂东西斋并后院碑记》中的后题记云："嘉庆乙丑春，余忝主讲席。"② 可知杨彦青掌院锦江书院始于嘉庆乙丑即嘉庆十年（1805）。杨彦青作为姜锡嘏之后的继任者，可知姜锡嘏离任当在此前一年的嘉庆九年（1804）。据姜锡嘏掌教锦江书院共十六年，从嘉庆九年向前逆推十六年，可知姜锡嘏于乾隆五十三年（1788）开始任锦江书院山长。

杨芳灿（1753—1815），字才叔，号蓉裳，江苏金匮（今江苏省无锡市）人，乾隆四十二年（1777）拔贡，历官至户部广东司员外郎。杨芳灿乃袁枚高足，思想学术受袁枚影响颇大，杨芳灿诗文华赡，尤以骈体闻名于世，是清代著名的学者型诗人与词人。杨芳灿亦颇有史才，曾任《大清会典》总纂官，并纂嘉庆《四川通志》和《甘肃灵州志》两部方志。另有诗文集《真率斋稿》《芙蓉山馆诗词稿》《骈体文》《集外诗》等传世。嘉庆《金匮县志》《华阳县志》《碑集传》《清史列传》《清史稿》等有其传略。

据赵怀玉在《杨芳灿墓志铭》中记载："（嘉庆）辛未，蜀中大吏延修省志。"③ 可知杨芳灿受聘主纂嘉庆《四川通志》，当始于嘉庆辛未即嘉庆十六年（1811）。据嘉庆《华阳县志·流寓》记载，杨芳灿在主纂嘉庆《四川通志》期间，曾掌院锦江书院，《华阳县志·流寓》云："当道延修《四川通志》，并主讲锦江书院。"④ 可见，杨芳灿于嘉庆十六年纂嘉庆《四川通志》之际，还兼任锦江书院山长。

---

① 王果：道光《内江县志要》卷二下《遗彦》，道光二十四年刻本。
② 杨彦青：《重修锦江书院三公堂东西斋并后院碑记》，李承熙：《锦江书院纪略》卷中，咸丰八年刻本。
③ 叶德辉等撰，湖南图书馆编：《湖湘文库·湖南近代藏书家题跋选》（第1册），《郋园读书志》卷十三《芙蓉山馆诗钞》，岳麓书社，2011年，第651页。
④ 吴巩、董淳修，潘时彤等纂：嘉庆《华阳县志》卷三十五《流寓》，嘉庆二十一年刻本。

于德培，生卒年不详，字修吉，四川营山人。嘉庆十二年（1807）举人，嘉庆十三年（1808）进士，选翰林院庶吉士，散馆，授翰林院编修，以编修充任浙江乡试副考官，历任江西道监察御史、礼部主客司主事等职。《清秘述闻三种》、同治《营山县志》、《锦江书院纪略》有其传略。从于德培所书锦江书院奎星阁门匾后的落款"嘉庆丙子七月，营山于德培书"①，可知于德培于嘉庆丙子即嘉庆二十一年（1816）在书院山长任上。据于德培在《服阕赴都留别锦江书院诸生》中云："三年石室游踪惯，万里蓬山客路长。"② 可知于德培于嘉庆二十四年（1819）离任。于德培掌院期间，强调对院生进行成才成德方面的教育，他曾写下了著名的"功名富贵文章道德"对联，云："有补于天地曰功，有益于世教曰名，有精神之谓富，有廉耻之谓贵；不涉鄙陋斯为文，不入暧昧斯为章，溯乎始之谓道，信乎己之谓德。"勉励书院诸生德学并重，重视为学之道，强化德行之正，正确看待功名富贵与道德文章之间的关系。

何增元（1749—1863），字升葊，号申葊，清四川璧山县（今重庆市璧山区）人。嘉庆十年（1805）进士，翰林院庶吉士，散馆，分发刑部主事，旋升军机章京，充方略馆总裁，历任抚州、饶州和南康府知府，同治《璧山县志》有传略。据同治《璧山县志》载："掌锦江书院三载，造就人才，更仆难数。"③ 可知何增元掌院仅有三年时间。按咸丰四年（1854）李惺为书院山长，则何增元掌教锦江书院始于三年之前的咸丰元年（1851）。

根据以上考订，结合笔者在《锦江书院山长考述》中的相关成果④，现将雍正七年（1729）到光绪二十八年（1902）173 年内，锦江书院历史上 25 位山长的籍贯科第、掌院具体时限、任职顺序，重新厘定如下：

---

① 李承熙：《锦江书院纪略》卷中《匾联》，咸丰八年刻本。
② 翁道均修，熊毓藩等纂：同治《营山县志》卷二十九《艺文》，同治九年刻本。
③ 陈锦堂修，卢有徽纂：同治《璧山县志》卷八《人物》，同治四年刻本。
④ 刘平中：《锦江书院山长考》，四川大学硕士学位论文，2007 年。

## 锦江书院历任山长掌教时间与顺序表

| 姓名 | 籍贯 | 科第 | 任职开始时间 | 备注 |
| --- | --- | --- | --- | --- |
| 易简 | 四川丰都 | 进士 | 雍正七年（1729） | 丰都今属重庆市 |
| 杨锡麟 | 四川江安 | 举人 | 乾隆二年（1737）乾隆十一年（1746） | 两次共十年 |
| 张晋生 | 四川金堂 | 举人 | 乾隆五年（1740） | |
| 郑方城 | 福建瓯宁 | 进士 | 乾隆十二年（1747） | |
| 侯度 | 四川营山 | 进士 | 乾隆十二年（1747） | |
| 储掌文 | 江苏宜兴 | 举人 | 乾隆十六年（1751） | |
| 高辰 | 四川金堂 | 进士 | 乾隆二十年（1755） | |
| 彭端淑 | 四川丹棱 | 进士 | 乾隆二十六年（1761）乾隆三十五年（1770） | 两次共十四年 |
| 顾汝修 | 四川华阳 | 进士 | 乾隆三十二年（1767） | |
| 敬华南 | 四川华阳 | 进士 | 乾隆四十二年（1777） | |
| 姜锡嘏 | 四川内江 | 进士 | 乾隆五十三年（1789） | |
| 杨彦青 | 四川巴县 | 进士 | 嘉庆十年（1805） | 巴县今属重庆市 |
| 杨芳灿 | 江苏金匮 | 贡生 | 嘉庆十六年（1811） | |
| 于德培 | 四川营山 | 进士 | 嘉庆二十一年（1816） | |
| 王来遴 | 湖北黄陂 | 举人 | 嘉庆二十四年（1819） | 继于德培之后 |
| 蔡毓琳 | 四川成都 | 进士 | 道光九年（1829） | |
| 李彬然 | 四川长寿 | 进士 | 道光十一年（1831） | 长寿今属重庆市 |
| 王炳瀛 | 四川安岳 | 进士 | 道光十四年（1834） | |
| 李惺 | 四川垫江 | 进士 | 道光十五年（1835）咸丰四年（1854） | 垫江今属重庆市 |
| 周铭恩 | 江苏丹徒 | 进士 | 道光二十八年（1848） | |
| 何增元 | 四川璧山 | 进士 | 咸丰元年（1851） | 璧山今属重庆市 |
| 童棫 | 四川新津 | 进士 | 咸丰十一年（1861） | |
| 不详 | 不详 | 不详 | 同治三年（1865） | 不详 |
| 牛树梅 | 甘肃通渭 | 进士 | 同治九年（1871） | |
| 伍肇龄 | 四川邛崃 | 进士 | 同治十三年（1875）至光绪二十八年（1902） | 1886年后兼任尊经书院山长 |

锦江书院与"石室流风"

# 二、高辰：博学多才，造士最盛

## （一）生平事略

高辰[①]（1724—1774），字元石或作景衡，号白云或号景衡，大成子。四川金堂县（今四川省成都市青白江区）人。乾隆辛未科进士，庶吉士，散馆，官至凤阳府同知。乾隆二十一年（1756）至乾隆二十四年（1761）执掌锦江书院，是锦江书院山长中最具名望者之一。

高辰性本聪颖，年仅十四岁，即得补金堂县学弟子员。高辰勤学苦读，学识广博渊深，不仅精通经史百家之文，而且对医卜星象、天文军事等也有相当的研究[②]，对行军布阵等兵家事宜，亦有过人之处。

乾隆十二年（1747），正值清廷派兵平定大小金川叛乱之际。高辰以诸生的身份直接向行军统帅条陈金川山川形势，进言攻取金川的谋略。当事者虽奇其言论，但终不见用。张邦伸《锦里新编》记载此事时说：

> 乾隆十二年丁卯，金川用兵，制军策公节制诸军，进发灌口。公时以诸生负奇气诣辕门，条陈山川形势、用兵机宜、作战取策千余言，上之。制军称善而不能用。……尝为大将军岳钟琪客，将军知其

---

[①] 按：高辰生卒年，考诸史传，均无记载。今据《锦里新编》"（乾隆）三十九年，授凤阳同知，未任卒于京"和"时公已没矣，年五十一"语，可推其生于雍正甲辰年（1724），卒于乾隆甲午年（1774）。

[②] 按：《锦里新编》卷三《文秩·高辰》亦有类似记载，如（高辰）曾曰："'君知星象乎？太白横贯齐鲁间，虑山东有盗潢池兵者。'袁笑，以为妄。未几，果有王伦之变。袁叹曰：'白云真奇人也！'时公已没矣。"

## 第四章　掌院者"实心教育"

才，授以韬略，勉其报国。公慨然以经世自期……①

乾隆十二年（1747），得中乾隆丁卯科举人②。

乾隆十六年辛未科吴鸿榜进士，改庶吉士，乾隆十七年（1752）散馆，三年散馆结束，未被授予官职，因此回归四川原籍。

乾隆二十一年（1756），归籍后即受四川主事者聘任，出任省城锦江书院山长。高辰在锦江书院任内的成就，在于他创造了锦江书院辉煌的办院业绩。乾隆二十四年（1759）乡试中，锦江书院一次就考中举人李调元、姜锡嘏、孟邵等十余人。次年乾隆庚辰进士科的考试中，锦江书院诸生张翯、姜锡嘏、孟邵三人又连捷进士，并被选为庶吉士，入为翰林。此科之后三年，院生李调元又得中二甲第十一名进士，入为翰林。

有关乾隆二十四年四川乡试中锦江书院获得佳绩的记载，现在还有不少，兹略述部分于下。

张邦伸《锦里新编》卷三《高辰传》记载说：

　　……乾隆十二年秋闱举于乡，辛未会试成进士，授庶常。壬申散馆，归班回籍，受当道聘，掌锦江书院，造士最盛，如李郎中漱芳、张太史翯、姜礼部锡嘏、李观察调元、王进士孙晋皆其门下士也……③

嘉庆《华阳县志》高辰传云：

　　主讲锦江书院，时造就人材甚众。己卯七月，有桐花凤数十集于树，大如橄榄，五彩俱备，是科院中诸生中式者，凡十余人，咸以为

---

① 张邦伸：《锦里新编》卷三《文秩·高辰》，嘉庆庚申崤峨周氏敦彝堂刻本。按：嘉庆《四川通志》卷一五三《高辰传》亦载此事。

② 按：嘉庆《四川通志》卷一二九《选举志·举人》记载，高辰为乾隆十二年丁卯科举人，而《金堂县志》卷五《选举志》第五十六亦载，高辰为乾隆十五年庚午科举人，与嘉庆《四川通志》《锦里新编》所记颇不同。笔者以为，结合高辰生平仕宦，嘉庆《四川通志》的记载较为可信。

③ 张邦伸：《锦里新编》卷三《文秩·高辰》，嘉庆庚申崤峨周氏敦彝堂刻本。

异兆云。①

钱仲联主编的《清诗纪事》摘引高辰"题名已应桐花凤，几个先鸣上苑莺"句时，还注引李调元《雨村诗话》中与此相关的记载。此载亦见于嘉庆《华阳县志》卷四十四《杂识》第二十八所摘引的李调元《雨村诗话》，兹录《清诗纪事》引文于下：

> 蜀中人才多出于锦江书院。己卯，余以科考第一，学宪史怿堂先生送入锦江书院肄业。时掌教为金堂高白云先生，余与崇庆何希颜明礼、成都张鹤林蜀、内江姜尔常锡嘏、中江孟鹭洲邵、汉洲张云谷邦伸并在及门。是年七月，有桐花凤十八只集于讲堂前梧桐树，小如橄榄，五彩俱备，而四只先飞。是科院中中式十八（按：《华阳县志》作"八人"，似误）人，希颜领解，而余等叨中焉。榜后，白云师邀两座师刑部郎中归安闽峙庭、编修嶍峨周立崖游草堂，设宴赋诗，句云："题名已应桐花凤，几个先鸣上苑莺。"后张、孟连捷入翰林，而予迟一科，亦入词馆，始知四只先飞之兆。②

固然，我们不会相信所谓"桐花凤只数的预兆"与院生中式数之间的因果关系。但是，却与上述其他记载有一定的关联。查嘉庆《四川通志》③，乾隆二十四年己卯科举榜中解元确为何希颜（字明礼）。另外，查《清秘述闻三种》卷六"乡会考官类"第六，四川考官确为浙江归安闽峙庭、编修云南嶍峨周立崖，解元也确为崇庆何明礼。④ 李漱芳、张蜀、姜锡嘏、孟邵、李调元、王孙晋等六人成进士事，在《明清进士题名碑录》、嘉庆《四川通志》、《锦里新编》的相关记载中，亦可具体见。因此，锦江书院在高辰掌院期间，在乡试和进士试中取得佳绩是可以肯定的。至于

---

① 吴巩、董淳修，潘时彤等纂：嘉庆《华阳县志》卷三十五《流寓》第十一，嘉庆二十一年刻本。又见《全蜀诗汇·高辰传》。
② 钱仲联：《清诗纪事》"乾隆朝"卷八，江苏古籍出版社，1987年，第5378页。
③ 常明等修，杨芳灿纂：嘉庆《四川通志》卷一二九《选举·举人》，嘉庆二十一年刻本。
④ 法式善：《清秘述闻三种》卷六《乡会考官类》第六，中华书局，1982年，第203页。

是否如李调元所说的一次中举十八人，目前固已不可详考，但综合以上诸记所言，乾隆己卯科锦江书院中乡试者至少十人，则是确实可信的。由此可见，高辰掌院的业绩的确是非同一般。

乾隆二十八年（1763），高辰选授清河县知县。在任仅一年，便调任震泽县知县，然后再调任华亭县县令。之所以调任频繁，一方面是因为高辰长于捕缉盗贼，靖绥地方；另一方面，在于这些地方县情复杂，盗贼猖獗，的确需要一位具有一定军事才干的地方长吏。这就难怪他在江浙地方官任上"调繁"了。高辰在震泽、华亭任上，运筹得当，准备充分，很快肃清了盗贼之患。《锦里新编·高辰传》记载说：

> ……浙省归安为群盗渊薮，倚两省交界，易于藏奸。公到任，侦知王启详者，名捕也。年老为僧，乃结以恩，使捕盗。捕得劫水姓者杨二，供其魁缪二、董七等十二人，现伏归安。公移檄关取。归安令悍处分，护匿不与。公怒，具禀两省巡抚，悉擒以来。破积案数十，盗风为靖。①

在华亭县任上，高辰还根据华亭县毗邻大海，县民屡次遭受海潮侵袭，于是组织人员，修缮堤坝，积极抵御潮灾、飓风的袭击，取得了很好的效果，当地百姓还为之"阖户尸祝，勒石纪功，以垂不朽"。此事嘉庆《四川通志》《锦里新编》，均有记载。兹录《锦里新编·高辰传》所载于下：

> 华邑海塘多鳖，碎石屡崩于潮。公加巨木，贯以铁组，躬自堵筑。既坚且固。以故，乾隆三十四、五两年，飓风屡作，浙之萧山、海宁等处俱被灾，而华亭独无恙。阖户尸祝，勒石纪功，以垂不朽。②

乾隆三十七年（1772），清廷在征剿金川木果木之役中失利，高辰乃上书朝廷，愿意"弃官从军以报朝廷"。《锦里新编·高辰传》记载说：

> 公慨然以经世自期，当三十七年，金川木果木失事，时公奋然作

---

① 张邦伸：《锦里新编》卷三《文秩·高辰》，嘉庆庚申嶍峨周氏敦彝堂刻本。
② 张邦伸：《锦里新编》卷三《文秩·高辰》，嘉庆庚申嶍峨周氏敦彝堂刻本。

色，上书大府，言："自幼学兵法，愿弃官从军，以报朝廷。"大府壮之，而未许也。[①]

由于高辰在华亭等县令任上政绩突出，经朝廷考核，被推荐擢升为礼部祠祭司主事。乾隆三十九年（1774），授凤阳府同知，未及就任而卒于京。

高辰博学多闻，廉洁自守，而尤爱士。即使布衣童子，如果是可塑有用之才，他一定会极力称誉之。生平雄于诗文，著有《白云山房诗文全稿》若干卷、《树耕堂诗草》、《晚成录》。《全蜀诗汇》、嘉庆《华阳县志》、《锦里新编》、嘉庆《金堂县志》等均有其传。

## （二）掌教锦江，成绩斐然

高辰开始执掌锦江书院，是在他翰林院散馆归里之后。高辰在锦江书院任内的成就主要表现在以下几方面：

首先，创造了锦江书院近二百年历史上最好的乡试和会试业绩，充分展示了锦江书院作为四川省城书院所独有的最高地位，突出了它在作育人才方面引领全省书院的积极作用。

此次锦江书院在乡试中所取得的成绩，不仅在清代四川的乡试中，就是在全国各省的乡试中，都是突出的。据嘉庆《四川通志》卷一百二十九《选举志》载："乾隆己卯科四川举人科名额仅六十人。"如果以锦江书院院生中举人数十一计算，此次中举人数就约占该试总数的百分之十八，这个成绩在清代四川乡试历史上是非常显著的。

在其所培育的锦江书院诸生中，考中进士的人数无论占当科四川籍进士的比例，还是在清代四川的历次会试中的占比，都是无与伦比的。嘉庆《四川通志》卷一百二十四《选举志·进士》载："乾隆二十五年毕沅榜，四川成进士者七人。"而锦江书院就有张蒿、姜锡嘏、孟邵三人，锦江书院院生占据了该科进士的百分之四十二强，这是清朝四川科举考试史上一

---

[①] 张邦伸：《锦里新编》卷三《文秩·高辰》，嘉庆庚申嶍峨周氏敦彝堂刻本。

个书院中进士人数占当科四川籍进士总数比例最高的一次,也是四川科举考试中绝无仅有的。据嘉庆《四川通志》卷一百二十四《选举志》所载可知:顺治一朝,四川得中进士者仅十人。康熙朝也不足八十人。从康熙十二年至康熙二十四年,十二年间四川无一人考中进士。而康熙癸未年仅有一人,康熙壬辰科也仅有王世琛榜的易简、郑之侨二人。[①] 可以说,高辰不仅创造了锦江书院作育人才的历史最高峰,也创造了四川科举历史上书院山长培养进士的最高纪录。他还进一步奠定了锦江书院作为蜀中人才主要培养基地的历史地位,所以,锦江书院院生李调元为此说:"蜀中人才多出于锦江书院。"

其次,高辰执掌锦江书院,还为四川培育了一批在清代政治、文学、教育等方面均有较大影响的知名之士,李调元、何明礼、张翯、姜锡嘏、孟邵、张邦伸等人,都出自高辰掌教时期的锦江书院。他们不仅在四川,就是在全国,都算得上一代才俊。兹略录他们在这些方面的影响于下:

> 孟邵……幼即聪颖,读书强识,工为文章。钦派覆校《四库全书》,又奉命巡按台湾。乾隆三十三年戊子科乡试,任贵州考官,得解元萧凤翔,成壬辰进士,累官都察院左都御史,以大理寺卿告归。晚年适志林泉,主讲草堂书院……

> 李漱芳……官御史,风裁峻厉,有铁面御史之称,官至礼部员外郎。漱芳性孝友,一生讲宋儒学问。立心制行,居官任事,均以古贤自励……

> 李调元……由翰林历官直隶通永道,好读书,博学多闻,才气豪放不羁,诗文亦如其人。归后啸傲山水,以著述自娱,于诗词歌赋以及戏剧,均有造诣,刻有《函海》、《继函海》,自著诗文集等行世,素有西川藏书第一家之称……

> 张翯……幼贫力学,日为人佣,昼夜焚膏诵读,备极艰苦。乾隆

---

① 参见常明等修,杨芳灿纂:嘉庆《四川通志》卷一二九《选举·举人》,嘉庆二十一年刻本。

庚辰成进士，改庶吉士。散馆，授检讨，后官至御史。为文瑰玮奇丽，而于律赋试帖尤为得体。著有《鹤林诗草》十卷、《馆课存稿》十卷、《制艺》二卷、《古文》二卷。

姜锡嘏①……曾官礼部精膳司主事，性好学，愈老弥笃，主锦江书院达六年之久，训课有方，多所造就，著有《四书解义》若干卷。②

可以肯定地说，高辰掌院锦江书院期间，锦江书院无论在科举应试方面，还是人才培育方面，都取得了卓越的成就。不仅考中举人、进士的人次与此前相比，有了数量上的较大突破，更为重要的是，培养了多位有清一代的四川著名的学者、教育家、诗人。以上这些学行较高的锦江书院诸生，无论是为官为文，都可以称得上名称一时一地的佼佼者。他们作为锦江书院肄业的院生，传承和发扬了锦江书院的治学之道，如李漱芳"一生讲宋儒学问"，姜锡嘏以实学课育诸生，这些都得益于锦江书院课育诸生的优良教学传统。这些院生还把锦江书院的育才之道做了进一步改进和发挥，如李调元受业锦江书院后，教授其兄弟李鼎元、李骥元等，帮助他们先后考中进士。

锦江书院之所以取得以上成就，是与高辰的贡献密不可分。在学问渊深、长于课士育人的山长高辰的不懈努力下，锦江书院在乾隆中前期，达到它自身发展的高峰，就是情理之中的事了。

## （三）学问渊博、诗文并重

高辰学问渊博，精通经、史、子、集以及医卜、星数、军事和天文之学，因此他还是锦江书院历任山长中同时兼具文韬武略的两位山长之一。他的生平著述文集有《晚成录》等，诗集则有《白云山房诗文全稿》若干卷、《树耕堂诗草》等，但今大多散佚。他的诗文特色主要表现在以下几

---

① 按：他先肄业于锦江书院，致仕归里后掌院锦江书院。
② 按：以上记载均见常明等修，杨芳灿纂：嘉庆《四川通志》卷一五三、卷一五四《人物志》，嘉庆二十一年刻本。

个方面。

1. 为文精凝、感情真切

从高辰现存文序中，可见高辰善于评论，用语精凝，行文感情强烈真切，兹就《李素山诗稿序》[①]、《龙山诗话序》[②] 和《重修绣川书院新置学田记》[③]，做如下略论。

李素山是高辰的同乡，少年时的学友，《李素山诗稿序》是高辰为同里好友李素山的《诗稿》写的诗序。文中他在称赞素山之诗"匠心独处，勃勃有英雄气"时，还对其"三战乡闱不第"的悲催境遇，发出了"天所以老其才而使之积学"的感叹！

《龙山诗话序》，是朋友雷松舟以其自作的诗话请高辰代写的序言。高辰称赞其为文"真可当雅人深致，高语著作之林"，称赞他"声应气求，道不孤而德有邻"的高超写作技巧。他认为其作品"自成一家，寄托性情，祗自怡悦"，甚至达到了"兴怀百代而欲颉颃古作者之盛"的水平！对他"沉沦吏隐者"还能"自娱其所纂志"的人生态度表示理解，并祝愿他当"圣天子特举鸿博之儒"时，"必将列其撰著于承明之列"。

《重修绣川书院新置学田记》记载了金堂县令扩修绣川书院、讲堂事，文中体现了高辰"爱士称才、鼓励修建书院以育人才"的思想。

此外，张元济所编《四部丛刊初编·集部》载有他曾作《李杲堂墓志铭》[④]、《王征南墓志铭》[⑤] 二文。

2. 为诗清古、多唱和之作

其诗多属个人抒怀和友人之间的互相唱和之作。孙桐生《国朝全蜀诗钞》卷十二录有其诗，可分为以下几种类型：怀幽之作，如《春夜读书有怀》《散馆归班》《到家》《晚春漫兴》；寓景抒情之作，如《彭祖宅》《黄

---

[①] 谢惟杰修，陈一津、黄烈纂：嘉庆《金堂县志》卷五《选举》，嘉庆十六年刻本。
[②] 徐璞玉等修，米绘裳等纂：同治《续金堂县志》卷末《艺文》，同治六年刻本。
[③] 谢惟杰修，陈一津、黄烈纂：嘉庆《金堂县志》卷五《选举》，嘉庆十六年刻本。
[④] 张元济：《四部丛刊》初编·集部《南雷集》卷四，上海书店，1989年。
[⑤] 张元济：《四部丛刊》初编·集部《南雷集》卷六，上海书店，1989年。

牛峡》《题嵩亭上人暑天修竹图》《梅》《朝天关》《沔县悼诸葛武侯墓》《辛未入馆恭纪》《游平山堂》等；唱和之作，如《乙丑书怀寄同学诸友》三首、《万里桥头送别图为胡书巢同年赋》、《赠袁简斋太史》、《新柳和韵》二首、《题外泉和尚小照》、《题吴先生游平山堂图》等①。这些诗反映了高辰长于借景抒情的写作特点。

从与高辰唱和往来者多是当世诗文大家或者名士，可知他在诗文上也有一定的影响。

袁枚在他的《随园诗话》中，评价说：

> 人言通天文者不祥。四川高太史名辰，字白云，向为岳大将军西席。尝在金陵观星象，言山东有事。次年，果有王伦之逆。而太史已先亡矣。过随园，命其子受业门下。②

而高辰在回赠袁枚的诗中，也表达了他对袁枚才华的赞赏，其《赠袁简斋太史》云：

> 名重随园讵偶然，兴来神妙写毫颠。已知葛井来勾漏，岂但香山数乐天。入座风光时拱揖，依人鹤影自翩跹。苟香近处瞻先辈，慰我调饥三十年。③

雷松舟，字国楫，对高辰的诗文评价颇高，认为他的诗吸取了唐代李白、白居易等的长处而又有自己的特点，他对高辰之子说：

> 令君于学无所不窥，自经史稗野以及天官堪舆、医卜星象，无不研究其微。诗文特其余事耳，然亦不落第二乘。其诗古远胎原射洪，歌行步骤青莲，近体则出于刘、白之间，而又益之以雅健，真所谓多师以为师者。④

---

① 参见孙桐生：《国朝全蜀诗钞》卷十二，光绪五年刻本。
② 袁枚著，徐寒寺译：《随园诗话2·文白对照》，中国三峡出版社，2006年，第444页。
③ 袁枚著，徐寒寺译：《随园诗话2·文白对照》，中国三峡出版社，2006年，第444页。
④ 张寅彭主编，吴忱、杨焄点校：《清诗话三编》，上海古籍出版社，2014年，第1800页。

第四章　掌院者"实心教育"

## 三、彭端淑：老儒硕学，嘉惠来学

### （一）生平事略

彭端淑（1699—1779），字仪一，号乐斋，四川丹棱县人。雍正十一年（1733）进士，选翰林院庶吉士，曾任吏部主事、文选司郎中，累官至广东肇罗道。他与李调元、张问陶合称"蜀中三才"，分别于乾隆二十六年（1761）和乾隆三十五年（1770）两次出任锦江书院山长，前后执掌锦江书院达十四年。

彭端淑出身丹棱望族，同怀兄弟一共七人，彭端淑排行第二。端淑幼即聪明颖异，十岁已能作文。弱冠后，潜心学问，力追古人。他与兄长又仙，三弟仲尹（字肇洙）、四弟磐泉（字遵泗）在家乡紫云山上专心读书，坚持不下山长达五六年。

端淑与弟肇洙、遵泗俱以文章名于当世，"故都门有'三彭'之称焉"[1]。

彭端涉雍正丙午举于乡，癸丑成进士，旋授吏部主事。乾隆十年（1745），升本部员外郎，丙寅迁任文选司郎中。不久再迁员外郎、郎中。乾隆十二年（1747），"充任顺天乡试同考官"[2]。彭端淑为了准确把握阅卷尺度，达到客观、公正地选拔人才的目的，遂墨拟了一篇可供校阅的范

---

[1]　张邦伸：《锦里新编》卷五《儒林·彭端淑》，嘉庆庚申嶍峨周氏敦彝堂刻本。
[2]　王钟翰点校：《清史列传》卷七十一《文苑传》第二，中华书局，1987年，第5849页。

文。等到阅卷完毕，同时参与乡试阅卷的同僚皆为他的制艺之才所折服。《锦里新编》记载说：

> 丁卯，分校京闱，拟墨出。诸城相国刘公首称之。同事十八房，多负重望。及阅公作，咸敛手推服。于是诸馆各曹司造门求文者，日相属。……谓为不世之才。①

乾隆二十年（1755），擢任广东肇罗道。肇罗地区经济发达，物产丰富，肇罗道本是粤省肥缺职位，彭端淑以清慎自矢自励，凡外出巡察，所带驺从不过一二人，到所巡察的州县，亦明令禁止官员迎来送往。《锦里新编》记载彭端淑在任上的政绩时说：

> 公以冰操自矢，敬慎无私。每出巡时，驺从不过一二人，所至州县，禁迎送。有事亲诣公堂，吏胥不离左右，防弊甚严。事竣即归，不受府州县丝毫馈送。民间或有不便，悉为经画得宜，舆论翕然。②

同治《广东通志·彭端淑传》亦记载曰：

> ……（彭端淑）雍正癸丑进士，由吏部主事荐擢考功郎中，以京察授肇罗道署按察使。粤东好讼，积案三千余事。端淑檄调诸州县卷牍，集幕客分案批阅之，不三日，结二千九百余案，见者惊服其神明焉。以儒吏称而又明于询断云。③

同时，他还主持修建了广东的省城书院，又延请当世名宿何梦瑶主讲广东端溪书院。在公务闲暇之时，即甄选其中开敏有才的院生亲自饬厉教导，对诸生月课亦严加考校，甚至还亲自为其指授课业。在他的严格要求与悉心督育下，端溪书院三年中式者就有十余人，士风亦为之不振。后来在督促粤西运米之役中，因为船在海隅中行进，不慎失足坠水，经及时营救方才脱险，于是豁然有悟，不再贪恋仕进，告归回籍。

---

① 张邦伸：《锦里新编》卷五《儒林·彭端淑》，嘉庆庚申崌峨周氏敦彝堂刻本。
② 张邦伸：《锦里新编》卷五《儒林·彭端淑》，嘉庆庚申崌峨周氏敦彝堂刻本。
③ 陈昌斋等：同治《广东通志》卷二五六《宦绩录》，同治三年重刊本，台湾华文书局，1968年。

乾隆二十六年（1761），辞官归籍后，受四川提督学政陈荃聘请，出任锦江书院山长。他在此任上进一步完善了锦江书院的教学规程和教学管理制度，提倡以实学造士，因此为蜀省培养和造就了不少英才。

乾隆三十五年（1770），他再任锦江书院山长，直到因年老体弱，足疾复发无法行走，才于乾隆四十二年（1777）辞去锦江书院山长之职。离任后于乾隆四十四年（1779）去世，享年八十一。

彭端淑学行皆优，两任锦江书院山长，加意培育提携后进，造士甚众。他早年致力于古文辞，如今尚存的古文辞还有七十一篇（不包括六十三篇制义时文）。中晚年从事于诗歌的创作，所作各种题裁的诗计六百首以上，目前尚存的还有三百二十四首。彭端淑一生待人接物和平乐易，与彭端淑往来赠答者亦多南北知名之士，如蔡寅斗、胡天游、窦光鼐、顾汝修等。他做京官以及地方官近三十年，始终廉洁自律，洁身自好，为百姓与同僚敬重。著有《白鹤堂今古文集》《雪夜诗谈》《粤西纪草》一卷、《曹植以下八家诗钞选》若干卷、《蜀名家诗钞》二卷[①]、《白鹤堂晚年自订诗文稿》，另外，在巡道任上，还与郡守吴绳年修有《肇罗府志》。雍正《四川通志》、嘉庆《四川通志》、同治《广东通志》、《锦里新编》、嘉庆《华阳县志》、《国朝全蜀诗钞》、光绪《丹棱县志》、《清史列传》等均有传。

## （二）掌教锦江，为人师表

彭端淑执掌锦江书院，以实学造士，强化书院教学管理，致力于完善教学制度与学规章程，就诸生如何处理"学"与"行"的关系，见解独到。一生为锦江书院的发展繁荣做出了重要贡献，为乾嘉之际蜀中培养和造就了一大批人才。

---

[①] 顾汝萼、朱文翰等：光绪《丹棱县志》卷七《士女》，光绪十八年刻本。按：《曹植以下八家诗钞选》若干卷、《蜀名家诗钞》二卷均已佚。

锦江书院与"石室流风"

1. 以实学课士，指授不倦

在"唯科举是业"的年代，诸生要想获取功名，非重视制艺时文方面的技法训练不可。彭端淑本人精于制艺之道，早年曾受蜀中制艺高手董新策点拨，亦是写作科举时文的高手。他曾根据八股取士时文的特点与要求，结合自身科考评卷的实际经验，编成《三彭合稿》①，以供锦江书院诸生模仿研习，借此提升院生科考应试的能力。作为一院之长，彭端淑要对书院发展负总责。若只注重科举时文，"为科举而科举，为时文而时文"，显然不利于书院的发展与蜀中人文士气的培养。因此，在指导诸生研习科举制艺之外，他还特别重视以经、史、辞章等实学课育院生。《清史列传》本传评价云："家居十余年，主锦江书院讲席，以实学课士。"②他在《雪夜诗谈》中就如何"以实学造士"的方法做了精辟论述，云：

> 六籍，文之经也；史汉，文之纬也。一经一纬，而文出其中矣。不通六籍、《史》、《汉》、六代，而求工于文，譬之却行而求前也。司马迁博极群书，杜少陵读破万卷。二公之文，炳耀千古，岂不其学哉！③

他认为，诸生要想"求工于文"，写出好文章，非熟稔《诗》《书》等六经与《史记》《汉书》不可。彭端淑强调经史根柢之学在科考中的重要作用，认为忽略经史根柢而欲求其学，无异于"却行而求前"，根本不可能"求工于文"，并以司马迁、杜甫为例指出博极群书、重根柢实学在治学中的重要性。彭端淑重经史实学的教育方法，与清末张之洞主办省城尊经书院所主张的"教以经、史、辞章等朴实之学。……学之根柢，必在经史"④等办院育人观点，基本是一致的。

彭端淑平易近人，指授不倦，诸生多乐与之学。《锦里新编》云："居

---

① 彭端淑、彭肇洙、彭遵泗合著：《三彭合稿》，彭端淑：《白鹤堂稿》，同治六年彭效宗重刻本。
② 王钟翰点校：《清史列传》卷七十一《文苑传》，中华书局，1987年，第5849页。
③ 彭端淑等：《白鹤堂诗话》卷上，乾隆末年刻本，今存四川大学图书馆。
④ 张之洞：《四川省城尊经书院记》，光绪二年刊刻，四川大学图书馆藏此拓片。

林下十余年，善气迎人，绝无官状。遇乡老高年，必盘旋叙旧；即接后进，亦平易如常。故知与不知，咸称盛德。"① 《华阳县志》亦评价云："……归田后，主讲锦江书院，平易近人，指授不倦，多士乐从游。"② 与书院诸生讲论学问，用语极为谦和。如在《懊恼词》中，他语重心长地劝勉诸生，珍惜时光，勤学上进，曾云："盛年懒读书，头白方知悔。千卷列我前，浩瀚同苍海。……缺月无重轮，春华不再好。"③ 彭端淑长于教授，故他掌院锦江书院期间，培养造就了以李鼎元为代表的一批乾嘉蜀学俊才。

李鼎元，乾隆戊戌成进士，授检讨，改中书，升宗人府主事，迁兵部主事。与堂兄调元、弟骥元齐名，时称"罗江三李"。己未，以内阁中书充册封琉球副使。其诗古文辞尤挺拔，有奇气。著有《使琉球记》《师竹斋诗文集》，未刊行。④

李骥元，乾隆甲辰成进士，授编修。性诚笃，工诗，为少司寇王昶所器。官至上书房行走，著有《凫塘诗集文集》若干卷。⑤

钟文韫，华阳人，乾隆己亥进士⑥。官翰林院庶吉士，湖南桂阳知县。

杨卓，彭端淑弟子⑦。乾隆己丑年进士。九岁能文。负性豪迈，喜交游，座上客常满，有孔北海风。后官清浦县知县。著有《鹡鸰

---

① 张邦伸：《锦里新编》卷五《儒林·彭端淑》，嘉庆庚申崌峨周氏敦彝堂刻本。
② 吴巩、董淳修，潘时彤等纂：嘉庆《华阳县志》卷三十五《流寓》，嘉庆二十一年刻本。
③ 彭端淑：《白鹤堂晚年诗续刻》卷下《五言古诗》，成都美林出版社，民国二十三年。
④ 常明等修，杨芳灿纂：嘉庆《四川通志》卷一五四《人物志》第四十五，嘉庆二十一年刻本。
⑤ 常明等修，杨芳灿纂：嘉庆《四川通志》卷一五四《人物志》第四十五，嘉庆二十一年刻本。
⑥ 吴巩、董淳修，潘时彤等纂：嘉庆《华阳县志》卷二十七《选举·进士》，嘉庆二十一年刻本。
⑦ 参见李朝正：《清代四川进士征略》，四川大学出版社，1986年，第93页。

集》《望海吟》《渔艇丛语》诸书。①

彭端淑热心蜀中人才培养，教育培养了一大批蜀学英才，得到了院生后学的尊重。如门生杨卓曾任清代著名文学家、金石学家，有"吴中七子"之称的王昶家乡的知县，并刻行彭端淑兄弟诗文集《二彭集》以传播师学，得到王昶的肯定。王昶校订了《二彭集》令杨卓刊行，并为之作序，云："余既为之审订缮写，一藏家塾，一授吾县知县杨君卓，使刻之官廨，庸以报故人于地下。"②

2. 强调"行"先于"知"的教育理念

在治学的"知"与"行"问题上，彭端淑主张先"行"后"知"，反对空谈心性。他在《为学一首示子侄》中云："天下事有难易乎？为之，则难者亦易矣；不为，则易者亦难矣。人之为学有难易乎？学之，则难者亦易矣；不学，则易者亦难矣。"③把天下事的难易问题归结到主体的"为与不为"，突出人的主观能动性在解决实际问题中的积极作用。同时，突出强调实践在解决问题中的根本作用。认为"为"与"不为"或"做"与"不做"，才是决定天下之事成与败的关键。彭端淑主张"行先于知"的育才观念，培养了一大批蜀中人才。仅其兄弟子侄中，就有彭肇洙、彭遵泗、彭端洋、彭端泽、彭端澂等十余人或于学有成或官至高等。④

## （三）为文博雅，工古文辞

彭端淑历经康熙、雍正、乾隆三朝，以诗文显名于当世。清代大学者王昶称他为"蜀中耆旧"、蜀中屈指可数的"贤士大夫"。他在《与彭乐斋观察书》中云：

---

① 王昶：《春融堂集》卷三十八，嘉庆丁卯镌刻，塾南书舍藏版。
② 王昶：《春融堂集》卷三十八，嘉庆丁卯镌刻，塾南书舍藏版。
③ 彭端淑：《白鹤堂诗文稿》卷五，同治六年彭效宗家刻本。
④ 参见胡天游：《彭太宜王氏墓志铭》，李朝正、徐敦忠：《彭端淑诗文注》，巴蜀书社，1995年，第543页。

> 先生年七十余，蜀耆旧也。文与诗率与古人方驾。……蜀之贤士大夫，不惟当首数执事，且必将于执事乎！是征明矣。①

彭端淑"奋志为诗"，亦有不少佳作。对此，他本人是比较自信的。如他在《白鹤堂诗话》卷下中自序云：

> 余四十七岁，始奋志为诗。构思尤苦，数日一艺。殆不减孟襄阳、贾阆仙，而工复不逮也。然数年以来，亦间有所得。附录于后，以质高明。……《夏日渡河》云："乾坤鼓大炉，势欲煮淮泗。"……《杜鹃行》云："深山月夜一声啼，天地有春留不得。"……未审置诸前人，以为何如也。②

彭端淑早年致力于科举时文，四十岁后专注于古文。写诗则在五十岁之后。七十五岁时，他从六百余篇自著诗中选取较满意者一百二十余篇，编成"晚年诗"集。他在《白鹤堂诗稿》"晚年诗"中自序云：

> 余一生精力，尽于制艺。四十为古文，五载成集。近五十始为诗，今已二十五年矣。总计前后所作，合六百余篇。……取所作中稍有得者，检存百二十篇。大约五字较胜，然终不敢问世。……时年七十有三也。③

彭端淑对自己的五言诗是比较满意的。他在《白鹤堂诗稿》"五言古"中序云："今秋闲居，兴至作诗十章，不忍自弃，并取旧作所存若干，汇为一集。"④ 直到八十岁还笔耕不辍、著述不倦，著有《戊戌草》⑤ 组诗六十余首。

彭端淑所存诗作，大部分保留在《白鹤堂集》《白鹤堂诗文录》《白鹤堂诗文稿》以及部分方志中。这些诗歌，大致可分为四类：

一是述志类，约有三十余首。代表作如表达他文学理想的《寄仲尹》。

---

① 王昶：《春融堂集》卷三十一，嘉庆丁卯镌刻，塾南书舍藏版。
② 彭端淑：《白鹤堂诗话》卷下《序》，乾隆末年刻本。
③ 彭端淑：《白鹤堂晚年自订诗稿·续刻晚年诗》，同治六年彭效宗家刻本。
④ 彭端淑：《白鹤堂晚年自订诗稿·续刻晚年诗》，同治六年彭效宗家刻本。
⑤ 彭端淑：《白鹤堂晚年自订诗稿·续刻晚年诗》，附《戊戌草》一卷，同治六年彭效宗家刻本。

二是感怀父母家人的亲情诗。代表作如《中途哭老母》《途中哭兄》《梦兄》等，表达了他对逝去亲人的思念。这部分在彭端淑诗歌中占比较高，仅表达他与彭遵泗深情厚谊的诗就有十四首。

三是游历诗。这类诗歌占比最大，几乎占他诗作的一半。彭端淑游历所到之处，多有感兴之作，大凡风雨露雪、花草树木、春夏秋冬、四时节令，都能有所唱咏。其中，不乏吟咏蜀中山水草木之诗，如《秋日感怀》《秋日途中即景》《九月登高兼寄仲尹》《秋夜》《秋后甚热气候绝似岭南》《秋日登放鹤亭》《途中秋日》《秋日种花官署寄仲尹弟》《秋兴八首》《秋日晨起即事》《十秋》《立秋感怀》《秋日遣兴》《竹秋》《中秋》《立秋》《秋蝉》等，多达二十四首。[1]

李朝正、徐敦忠搜集《白鹤堂文稿》《白鹤堂诗稿》《白鹤堂文录》《白鹤堂诗文稿》《白鹤堂晚年自订诗稿》以及相关省志、地方志和诗文集的彭端淑诗作，著成《白鹤堂诗文注》[2]。该书共收录彭端淑诗赋三百一十七首。其中，《白鹤堂晚年诗》计有五言古诗、七言古诗、五言律诗、七言律诗、五言绝句、七言绝句等共一百二十三首；《白鹤堂晚年诗续刻》计有五言古诗、七言古诗、五言近体诗、古体诗、七言律诗、五言绝句等共一百九十四首。

《白鹤堂诗文注》还从各类方志、家乘、稗官野史中搜集到佚诗二十二首，佚文二十一篇。此外，笔者亦从相关文献中搜得《白鹤堂诗文注》未收佚诗七首，为《望诸葛武侯墓》[3]《题汉将军严颜庙诗》[4]《九日登

---

[1] 按：上引均自《白鹤堂诗文稿》卷五，同治六年彭效宗家刻本。
[2] 参见李朝正、徐敦忠：《彭端淑诗文注》"目录"第一至十五，四川大学出版社，1986年。
[3] 刘良堧纂：民国《丹棱县志》卷六《人物志上·乡贤》第二十二，民国十二年石印本。
[4] 刘良堧纂：民国《丹棱县志》卷六《人物志上·乡贤》第二十二，民国十二年石印本。

高》①《九月八日》②《山》③《重阳后一日登高在端州署内作》④《岩后里人建祠于巅今圮》⑤。

对于彭端淑的诗歌，诗评家们给予了比较中肯的评价。如王昶在《又答彭乐斋观察书》中评价云："乐斋诗大抵质实厚重，不为鑿帨之习者也。"⑥ 强望泰在《白鹤堂诗文稿·序》中云："彭乐斋先生，以诗古文辞，著声雍乾间。"⑦ 张舜徽在《清人文集别录》中亦评价云：

> 独肆力为古文辞。后主讲锦江书院，颇负时望。端淑论文，宗仰司马迁、韩愈。论诗则推尊陶潜、杜甫。……而其自为之文，气势雄厚，笔力刚健，非善司马迁、韩愈之文者，不能几也。⑧

从以上众多学者的评价中，可见彭端淑在清代文坛上的显著地位与重要影响。

在诗歌创作理论方面，彭端淑亦有相当见地。他认为，诗歌创作源于诗人的真实情感，诗须有感而作，不做无病呻吟。他说："处世欲从圆尚易，吟诗直到真方难。"强调作诗须以真为上。他在《与友人论陶杜诗书》中云："昔之诗人，未有无所为而作者。苟无所为，不作可也。"⑨ 又说："志动而为情，情发而为言。是以咏歌嗟叹，皆出于有为。"⑩ 指出诗是源自作者内心的真情实感。只有"有为"之作方可达"以真为上"的境界。彭端淑重视诗歌的用韵与遣词。他曾云："诗被管弦，毋论五七言古及歌行近体，皆以音韵为主，音韵一失，不可言诗，历观古人，传世行远，莫

---

① 孙桐生：《国朝全蜀诗钞》卷十，光绪五年刻本。
② 彭端淑：《白鹤堂集·晚年诗》"五言律"第九，同治六年彭效宗家刻本。
③ 彭端淑：《白鹤堂续刻晚年诗》"七言绝"第三十一，同治六年彭效宗家刻本。
④ 彭端淑：《白鹤堂集·晚年诗》"五言近体"第二十，同治六年彭效宗家刻本。
⑤ 纪曾荫：光绪《浦江县志》卷五《艺文》第五十九，光绪四年刻本。
⑥ 王昶：《春融堂集》卷三十一《又答彭乐斋观察书》，嘉庆丁卯镌刻，塾南书舍藏版。
⑦ 彭端淑：《白鹤堂诗文稿·序》，同治六年彭效宗家刻本。
⑧ 张舜徽：《清人文集别录》卷六，华中师范大学出版社，2004年，第155页。
⑨ 彭端淑：《白鹤堂文集》卷五，同治六年彭效宗家刻本。
⑩ 彭端淑：《白鹤堂文集》卷五，同治六年彭效宗家刻本。

不皆然。"① 对于诗的格律与遣词炼句提出了较高要求。针对前人有关诗歌理论，敢于据实提出不同的见解。他在《白鹤堂诗话·序》中云："与友人易之熏炉煮酒，促膝谈诗。上下千古，纵横百家，兼采古人名评及所摘佳句言之。"《白鹤堂诗话》囊括有《明人诗话补》《国朝诗话补》等，起于西汉，止于作者所处的时代，表达了作者对古今诗歌的独特认识与评价。

一是赞同钟嵘"李陵诗文多凄怆"、僧皎然所谓"五言诗始于苏李"（苏武、李陵）等观点，认为苏、李之诗，全是一片真挚肝肠，激而成语之作。他认为鲍照、杜甫的诗歌受此二人的影响颇深。

二是赞同僧皎然有关"古诗十九首作者为苏、李"的观点，反对王恭（字孝伯）所谓古诗十九首"所遇无故物，焉得不速老"的观点。

三是推崇杜甫之诗。他曾说："七律最难。惟少陵、右丞乃造其极。而维诗甚少，殊不满意。"又说："写'春色'的诗，自杜甫出之，遂觉气象雄大，不同俗响。如'锦江春色来天地，玉垒浮云变古今'。"他认为："杜工部《出塞诗》雄健俊逸，无一闲语，无一懈笔，直与明远并驾可也。"② 突出杜诗在古代诗歌史上的重要地位。

## （四）清丽古朴，法度严谨

彭端淑师法司马迁、韩愈等人为文质实的特点，主张文以载道，言之有物。张舜徽认为，彭端淑之文颇有司马迁、韩愈文章的雄健。他在《清人文集别录》"彭端淑"中云：

> 而其自为之文，气势雄厚，笔力刚健，非善司马迁、韩愈之文者，不能几也。集中如《怀远将军传》、《石宋合传》、《礼以养人为本论》、《为学一首示子侄》诸篇，皆称佳作。③

---

① 彭端淑：《白鹤堂文集》卷五，同治六年彭效宗家刻本。
② 以上所引，均见彭端淑等：《白鹤堂诗话》卷上，乾隆末年刻本。
③ 张舜徽：《清人文集别录》卷六，华中师范大学出版社，2004年，第155页。

彭端淑"四十为古文，五载成集"，创作了不少传世之作。如《为学一首示子侄》一文颇有影响。

彭端淑还主动继承发扬司马相如、扬雄、"三苏"父子为代表的巴蜀文宗的文采与风流，创作了不少富有浪漫气息与充满激情的文章。胡天游在《白鹤堂文稿·序》中评价彭氏古文成就时，云：

> ……独肆古文章，于工至深。盖作者之亡久矣。……其法度森严，不肯妄有所作。既成集，举凡若干篇，刻于京师。夫蜀自相如、扬雄、王褒，林鸿儒之徒，以文著乎汉。而常璩、陈子昂、唐庚、文同，苏氏洵、轼、辙继盛争耀。先生出后，意者将与上下而抗其间乎？[①]

胡氏认为，彭端淑的文章可与蜀地大文豪如"司马相如、扬雄、陈子昂、三苏"等争相辉耀，肯定了他延续巴蜀文脉、继兴蜀中人文的重要贡献。

彭端淑对于文论也颇多研究，认为作古典论文本有法可循。他在《文论》中提出了"理法""多变""虚实"等八个必须注意的问题。

彭端淑的《三彭合稿》中收录了他们兄弟三人的制艺时文六十余篇。在文后评价中，特别主张经义与制艺的结合，表现了他以实学为根本的制艺观，如在《礼以养人为本论》中，提出了"礼之为治尚矣""礼之本，所以养人"等观点。他在《为政以德》中，对有关"德治"的作用和意义认识比较深刻。彭端淑刊行《三彭合稿》，讲明制艺时文的奥秘，为诸生应试科考提供了重要的参考范本。故执掌锦江书院期间业绩显著，院生成进士者计有六人，成举人者十数人。

---

① 胡天游：《白鹤堂文稿·序》，乾隆三十六年刻本。

# 四、顾汝修：主讲宋儒之学，延续蜀学学脉

## （一）生平事略

顾汝修（1708—1792），字息存，号密斋，华阳县（今属成都市武侯区）人。雍正七年（1729）被四川学使宋在诗首选为拔贡，同年与叔父顾得道同中雍正七年（1729）四川乡试举人，乾隆六年（1742）进士，散馆，授翰林院编修，充《大清会典》纂修，历官直隶顺天府尹，补授大理寺少卿，曾奉旨以正一品衔出使安南。因出使安南获罪夺职回川，于乾隆三十二年（1767）至三十四年（1769）执掌锦江书院。

顾汝修家世居资中县四百余年，后因祖父顾湜迁居成都华阳，遂落籍成都华阳。汝修自幼父母双亡，与兄弟汝信全靠祖父顾湜①抚育成材。顾湜是康熙初贡生，倡明经义，乐善好施，学行为时人所敬仰。汝修自幼聪慧过人，祖父"口教授之，下笔千言立就"，故祖父爱怜之曰："大吾门者，其在此子乎！"② 十五岁时，曾手书"阙里门高从恕入，尼山顶峻自诚登"③，置于案头，以敦促自己不断提升学问，修养品行。十七岁时，受知于时任四川督学的江苏名士溧阳任兰枝（字香谷），擢补弟子员，入锦江

---

① 按：嘉庆《华阳县志》卷三十，《人物志》第二十五载："顾湜，字志道，康熙初贡生，性严正，寡言笑，往来无杂宾。蜀省遭兵燹后，人罕言学，湜倡明经义，子侄俱列名胶庠。"
② 张邦伸：《锦里新编》卷三《文秩·顾汝修》，嘉庆庚申嶍峨周氏敦彝堂刻本。
③ 吴巩、董淳修，潘时彤等纂：嘉庆《华阳县志》卷三〇《人物志·顾汝修》，嘉庆二十一年刻本。

书院肄业，遂问学于锦江书院山长、蜀中耆宿易简。时洛阳宋在诗（字雅伯）督学四川，对顾汝修才学人品尤加器重，雍正七年（1729），他被宋在诗首选为四川拔贡，并于同年中举。

乾隆二年（1737）会试，虽然未中进士，却被选为宜宾县教谕。时宜宾某贡生常被与县令勾结的大女婿所欺凌，"误以幼女强字匪人"①。他冒着被上官陷害的巨大风险，为该贡生秉持正义，最终"公廉得实，逐堉字女"②。《锦里新编·文秩》评价他做的此事时说："……邑人称快，令唧之，百计中伤，几为所陷，公了不惧也。"③

乾隆七年（1742）参加会试，遂中乾隆壬戌科二甲第七十一名进士，选庶吉士，散馆，授翰林院编修，并以御史记名任用。从此开始步入政坛，升迁快捷。

乾隆八年（1743），乾隆皇帝特旨开坊，他以才学迁詹事府右赞善，旋充日讲起居注讲官。

乾隆十三年（1748），被选充《大清会典》纂修官。同年乾隆戊辰科会试，参加分校礼闱，为会试同考官，所选生员，有被擢用至大学士者。撤闱后，又奉命为武会试总裁，旋进侍讲学士。既而又往盘山，谒拜东陵西陵，此事完毕后，乾隆皇帝亲赐其宴。又奉命告祭嵩岳、济渎、淮渎，再受命扈跸五台山。乾隆皇帝命其和《御制杂咏诗》及《赐唐县老人诗》。

回京之后，即升任顺天府尹。在府尹任上，凡所查陋弊，一与革除。汝修为官，善于裁断。往往"不动声色"，却能"一言折之而遂定"。《锦里新编》记载其事说：

> 某宦仆，假约控僧，钱债拖累三载。公讯得实，即与雪昭。……一切咨行文告鞫语，皆手自批发，不假吏胥，虽老奸宿蠹，但瑟缩奉行文书，无敢枉法以售其奸者。④

---

① 张邦伸：《锦里新编》卷三《文秩》第十九，嘉庆庚申嶍峨周氏敦彝堂刻本。
② 张邦伸：《锦里新编》卷三《文秩》第十九，嘉庆庚申嶍峨周氏敦彝堂刻本。
③ 张邦伸：《锦里新编》卷三《文秩》第十九，嘉庆庚申嶍峨周氏敦彝堂刻本。
④ 张邦伸：《锦里新编》卷三《文秩》第十九，嘉庆庚申嶍峨周氏敦彝堂刻本。

顾汝修在顺天府尹任上，能革除官场弊端，清理积案，伸张正义，成为上官与同僚眼中的廉直与善政之能官。

乾隆十六年（1751），皇帝南巡。汝修随办大差车辆，尽职尽责，时称"州县送到之车，随交收明，无一透漏。不事烦扰，而车已经足用"①。先是随驾观看花灯于皇新庄，遂奉旨留下办理平粜事务。由于他早"为之厘定章程，先后秩序"，虽发米十五万石，但所涉诸事，无不安排得井井有条，均沾实惠，以致时人"无不叹其才之足恃，而知学之通于世用也"②。是年，因为奏请宽免同事处分之事，部议，被罢免顺天府尹职。

乾隆十七年（1752），因参加置办庆典有功，皇帝遂赏给顶戴。不久，奉旨以四品京堂补授大理寺少卿，并随驾游幸木兰。顾汝修工诗文，所和御制诗甚多。如所和《瀛台诗》《扈驾盘山》《东西陵》《驻跸五台行》《幸木兰》等诗，为乾隆皇帝所称许。

顾汝修在大理寺少卿任上，坚持正义，不徇私情，秉公办案，素有"强毅正大的古大臣风"之美誉。嘉庆《四川通志》为此评价他说：

……刑部尚书某，汝修座主也，谓之曰："君无太刚。"汝修曰："事论可否，不当问刚柔也。"③

座主"君无太刚"的劝勉，实则告诉了他一条有益的"为官信条"，但他为了坚持"判事当以可否论"的为官理念，最终拒绝了座主的善意劝勉，由此可见他坚持正义的为官风节。

乾隆二十四年（1759）冬，奉命告祭禹陵、明孝陵。第二年，因磨勘会试卷有功，加一级。会安南国王请封，特御赐正一品麒麟府服，作为翰林院侍讲德宝的副使，奉命册封安南。返程途中，汝修因安南国王简傲，遂私自致书"戒其恭顺"，后安南以此奏闻，部议以"烦琐非体，奉旨革职"归籍。

---

① 张邦伸：《锦里新编》卷三《文秩》第十九，嘉庆庚申嶅峨周氏敦彝堂刻本。
② 张邦伸：《锦里新编》卷三《文秩》第十九，嘉庆庚申嶅峨周氏敦彝堂刻本。
③ 常明等修，杨芳灿纂：嘉庆《四川通志》卷一五三《人物志》第十四，嘉庆二十一年刻本。

罢归后，顾汝修平日小帽敝服，往来村市间，优游林下二十年，过着访友授徒与著述的林下生活。

乾隆三十二年（1767），四川主政者聘请顾汝修执掌锦江书院。三年任满后，复调山西平阳书院任山长。《锦里新编·顾汝修》传记载他在人才培养上的贡献时说："回籍后，受当道聘，掌教锦江书院及晋平阳书院，造士甚众。经其讲画者，俱有法度可观。"[①]

顾汝修性格沉静，学问博洽，做京官前后计有十八年，后赐正一品衔。他也是锦江书院近两百年间唯一一位获赐此官衔的山长。顾氏喜欢藏书，所藏之书尤多善本，晚年则全力精研宋儒之学。著有《钧引编》一卷、《经史编》一卷、《谈助编》一卷、《知困斋草》一卷、《四勿箴》、《味竹轩诗文集》二卷、《蕴真集》一卷、《朗山吟》一卷、《迟云楼尺牍》一卷、《载英集》四卷存世，另有单篇诗文约四十篇，散载于四川各方志、诗文集中。嘉庆《四川通志》、嘉庆《华阳县志》、《锦里新编》、《国朝全蜀诗钞》等对顾汝修的人品、政绩、诗文著述等生平事迹，均有记载。

## （二）掌教锦江，笃行德教

乾隆三十二年（1767）春，顾汝修继彭端淑之后执掌锦江书院。这时的锦江书院历经督抚、学政与山长彭端淑的指教，已经发展到了它的兴盛阶段，主要体现在以下方面：

就教学制度建设而言，张晋生此前已经制订了成文的院规《锦江书院训士条约》十三条。彭端淑等山长在具体实践中对此又做了进一步的完善，书院在教学制度方面的建设可谓趋于完整。就其所取得的教学业绩而言，锦江书院在高辰、彭端淑掌院期间，造就了以李调元等"锦江六杰"为代表的一大批蜀中人才，院生考中举人、进士的数量可谓达到了书院历史巅峰。就书院教学内容设计而言，彭端淑提出并施行了"以实学课士"

---

[①] 张邦伸：《锦里新编》卷三《文秩》第十九，嘉庆庚申崏峨周氏敦彝堂刻本。

为核心的一些列授课与考课改革。

顾汝修之前的历任锦江书院山长，以其高深的学识与不凡的才干，为书院的发展繁荣做出了积极贡献。有鉴于此，顾汝修掌院后，提出了加强院生品德教育的治院方略。在锦江书院山长任上，顾汝修的贡献主要表现在以下两个方面：

1. 笃行礼教

嘉庆《四川通志·顾汝修传》在评价他执掌锦江书院、平阳书院的成就时说："造士有法，门下士知名者甚众。"[①] 那么顾汝修是如何"造士"的呢？或者说他造士的主要方法是什么呢？虽然有关他掌教平阳书院的具体事迹已无从考证，但从他执掌锦江书院山长的所作所为及其主要措施来看，其造士之法的根本，在于笃行礼教与强化德育。

顾汝修特别强调对锦江书院诸生进行思想道德方面的教育，尤其看重德育在书院教育中的重要地位和作用，这不仅与他青年时在督学宋在诗门下所接受的"先器识，次文艺"的初期教育有关，也与他早年比较成功的为官经历有联系。乾隆己丑暮春，就是他即将卸任山长的时候，他为锦江书院诸生题写了名为"君臣父子昆弟朋友，虞廷惇此五典；德行言语政事文学，孔门列为四科"[②] 的匾联，讲述人伦关系"五典"及学问要义"四科"的相互联系，悬挂于奎星阁大门两侧，勉励诸生时刻铭记敦行塑品的重要性。在这副对联中，他把"德行"看作孔门四科之首，与上联的"君臣"关系地位相呼应，认为它比"政事""文学"在人生中的价值还更重要。为培育书院诸生的良好德行，他采用了以下两种方法。

首先，他通过书院诸生践行"礼"的要求来实现他的德育目标。他认为"圣门传道在复礼，而不在一贯"[③]，平时强调书院诸生"讲礼"和"尊

---

[①] 常明等修，杨芳灿纂：嘉庆《四川通志》卷一五三《人物志》第十四，嘉庆二十一年刻本。
[②] 李承熙：《锦江书院纪略》卷中"匾联"，咸丰八年刻本。
[③] 顾汝修：《自订四勿箴·跋》，见嘉庆《华阳县志》卷三十九《艺文·跋》，嘉庆二十一年刻本。

贤",就是培养他们养成良好道德品质的一种重要手段。因此他要求锦江书院院生不仅心中应该有"克己复礼,天下归仁"的深刻认识,而且应当时刻遵守"儒家礼的规则",按照"儒家礼的要求"来规范自己的日常行为。这就是所谓"克己复礼,久而诚矣"的道理。即经过不懈地"克己",不断地修养自己的品行,以达到人生修养的"诚"的境界。

在对书院院生践行"礼"的要求中,他把"博我以文,约我以礼;尊其所闻,行其所知"[1]作为书院诸生必须遵行的日常准则,大书于锦江书院奎星阁正殿的两侧,让书院诸生于朔望日体会如何用"礼"的规则来不断提高自己的修养。另外,他把儒家的奎星、文昌二星及至圣先师的牌位,重新移入修缮完好的奎星殿内,还要求书院诸生"朔望行礼"。

诸生通过长期坚持以"复礼"的要求来约束和检验自己的言行,按时对儒家的"神""圣"和"先师"祭拜,无疑对他们践行"礼"的要求有潜移默化的推动作用,从而达到"修其身,养其性"的道德培育目的。

其次,充分利用锦江书院固有的历史价值和人文资源来教育书院诸生。因为锦江书院的所在地,就是西汉文翁"化民成俗"的石室故址,不仅孕育了像司马相如、扬雄等蜀中大文豪,而且千余年来,一直是巴蜀的教育中心,在此之前的"锦江六杰",均肄业于此,顾汝修充分利用锦江书院这些特有的价值和影响,培养书院诸生的历史责任感和自豪感,促使书院诸生积极进取,励志成才。

乾隆三十二年(1767),他备述锦江书院的历史发展过程,劝勉书院诸生——这块"三代而后,实开学校之先"的教育"圣地"的优秀历史,是需要通过他们不懈的努力才能够维护和延续的。

乾隆三十三年(1768),他题下"蜀才渊薮"[2]四字,作为奎星阁的匾额,以激励书院诸生。可以说,在这块培育了大批蜀中英才的地方,他们没有理由不积极努力,提升自己的学问,修养自己的德行。

---

① 李承熙:《锦江书院纪略》卷中"匾联",咸丰八年刻本。
② 李承熙:《锦江书院纪略》卷中"匾联",咸丰八年刻本。

锦江书院与"石室流风"

大约乾隆三十四年（1769），他写下"嘉惠岷峨遗迹古，炳灵江汉载英多"[1]的对联，寄托他对锦江书院这个孕育了大批蜀中英才母地的崇敬之情，表达了他希望书院诸生奋发图强，成为岷峨英才的美好愿景。嘉庆年间，这副对联再次被重新镌刻于锦江书院的大门两侧，供书院诸生时刻瞻仰品评。可见顾汝修所提倡的"历史传统自豪感教育"对锦江书院的影响之深远。

总之，通过对锦江书院诸生日常的讲礼、尊贤、重德、珍惜优良历史传统方面的教育，其内在的道德素养显然也得到了提升。张仁荣就是顾汝修任锦江书院山长时培养出来的一位学行皆优的院生代表，嘉庆《汉州志》本传记载说：

> 张仁荣，字崇修，汉州人，年十八，补弟子员，食饩。为顾密斋、彭乐斋先生所重，指之曰："此笃行君子也。"待人以诚，有直谅风，一日，荣出归，有友题其斋曰"大风堂"，言凛冽也。然敬爱愈至。居丧，庐墓三年。食祝新荐，寒暑无倦。……暇则读书讲义，无苟言笑。谆谆以立品敦行为训。五十余，犹赴石室受经。年八十，节相孙士毅荐，授翰林院检讨衔。[2]

被顾、彭二位山长称作"笃行君子"的张仁荣[3]，就是在顾汝修倡行德育为先培养方式下培育出来的优秀院生代表。顾汝修重德的教育观念和育德的方式，不仅在锦江书院历史上有着重要影响，就是对我们今天的人才教育，也具有不小的借鉴意义。

2. 课士有法

在清代，评价书院人才培养业绩的一大指标，就是看历科考试中式的院生数量。而提升院生参与科考的能力必然会提升书院造士人数。顾汝修

---

[1] 李承熙：《锦江书院纪略》卷中"匾联"，咸丰八年刻本。

[2] 刘大庚修，侯肇、张怀泗纂：嘉庆《汉州志》卷二十五《儒林》，嘉庆十七年刻本。

[3] 按：张仁荣，字崇修，汉州人。年十八，补弟子员，食饩。年五十余，尚赴锦江书院就读，年八十岁，尚赴京会试。嘉庆皇帝钦点其为进士，经主考官礼部尚书孙士毅、副主考官礼部侍郎刘跃云、左都御史窦光鼐、兵部侍郎瑚图礼举荐，授翰林院检讨。引自李朝正：《清代四川进士征略》，四川大学出版社，1986年，第127页。

在《载英集》中选刊"肄业诸生应课时文杂著"①，并将《载英集》在书院中印行推广，其主要目的，在于借此培养提升锦江书院诸生的科举应试能力与水平。顾汝修采用"模板法"②教授诸生，无疑有助于提高书院诸生的科举应试能力。《锦里新编》在评价顾汝修教学效果时说："经其讲画者，俱有法度可观。"如华阳著名举人潘元音，就是经他讲画培养出来的优秀院生代表。潘元音在古文、诗歌、时文方面造诣不俗，著有《东庵诗文集》《孟子文批》行世。顾汝修在《双石堂稿》中评价潘元音的成就时说：所著"大都灏气流转，理境澄澈，出入经史百子，自成一家，不屑道人只字，酷似归黄一派门径"③。

3. 重修奎星阁

锦江书院自康熙四十三年（1704）按察史刘德芳兴建以来，到顾汝修执掌锦江书院的乾隆三十二年（1767）时，已经历时63年。其间，除康熙六十年（1721）学使方觐增建讲堂、学舍三十余间外，再没有人对锦江书院的办院设备设施进行修缮。因此，历经数十年风雨的锦江书院诸多建筑，如讲堂、斋舍等大多比较破旧，而其中破损最为严重的当数奎星阁。作为读书人世代祭祀、崇拜的奎星阁，到顾汝修掌院时，已经是"覆以数椽，仅蔽风雨"，乃至于"地落而下者三尺，既隘且卑"的败坏地步。

为此，顾汝修倡议并捐奉修缮奎星阁。经过修缮的奎星阁较前有了很大的改变。如《锦江书院奎星阁记》所言："阁之高，三十尺余，……敞以飞檐，翼以回廊，质有其文，雅称兹土。"④顾汝修对奎星阁与讲堂的通道也做了一定的重修。经过这一次重修，正如《锦江书院奎星阁记》所言："筑台高五尺，周十二丈。登降三级为甬道以属于堂，长九丈，高三尺。悉甃以砖，矢棘砥平，人称爽垲。"⑤

---

① 吴巩、董淳修，潘时彤等纂：嘉庆《华阳县志》卷四十，嘉庆二十一年刻本。
② 按：所谓模板法，现代通行的作文教学法之一，即在学生做某类作文题目时，首先让他们观摩水平较高的同类作文，然后在借鉴的基础上再进行创作。
③ 吴巩、董淳修，潘时彤等纂：嘉庆《华阳县志》卷四十，嘉庆二十一年刻本。
④ 顾汝修：《锦江书院奎星阁记》，李承熙：《锦江书院纪略》卷中，咸丰八年刻本。
⑤ 顾汝修：《锦江书院奎星阁记》，李承熙：《锦江书院纪略》卷中，咸丰八年刻本。

## （三）精宋儒义理，工制艺诗文

1. 诗文工整，雅正安和

顾汝修幼即受通经明理的祖父的严格训导，稍长又得名师指点训育，得以博览典籍，因此特别善于作诗为文。

在作诗方面，李调元对他的诗作有比较中肯的评价，他在《蜀雅》中称赞他说："（汝修）平生诗，工于应制，有《赋得云在意俱迟》试帖一首，馆阁争先传诵。"① 可见，工于制艺的确是他的长处。

他擅长和乾隆皇帝的御制诗，所作《瀛台诗》《扈驾盘山》《东西陵》《驻跸五台行》《幸木兰》等，深得乾隆赞许，是他所和御制诗中的佳作。

贬斥回乡后，他的诗作内容发生了较大的转变。一类是反映老百姓痛苦无助的生活的诗作，如他在罢斥回乡的途中，所著《蕴真集》，全是他"访路叟之疾苦，悯中泽之饥劳，忧蝗旱之为厉，嗟河伯之不仁"② 等反映民生疾苦方面的诗作。另一类是他纪述时事，与朋友乡亲往来游赠及描写故乡风土人情的诗作。这些诗"怀人咏物，皆得益州江山之助"；所写其人其事，其"吐嘱皆有真味"。其中《朗山吟》《味竹轩稿》《知困斋草》，就是这类诗作的代表。还有一类是反映他无所牵挂、亲近山水、自由自在的闲适生活的诗作，如《归家》《同庆阁眺》《月到西时日转东》《喜得杨升庵梧叶砚四首并序》《多宝寺十咏并序》等。

关于顾汝修在诗作方面的成就，主要有以下三种评价。

张邦伸在《锦里新编·文秩》中评价说："汪洋灏瀚，往复不穷，容与跌宕，望之如千顷陂，酷类东坡先生。"储麒趾在《味竹轩稿·序》中评价他说："峭拔如峨嵋，决利如滟滪，雅正安和。"孙桐生在他的《国朝全蜀诗钞》中评价说："大致皆词理平实，气味雅淡，而才气弗尚，信为

---

① 李调元：《蜀雅》卷十七至十八，李调元：《函海》，嘉庆六年刻本。
② 吴巩、董淳修，潘时彤等纂：嘉庆《华阳县志》卷三十九《艺文·蕴真集序》，嘉庆二十一年刻本。邵齐焘在《顾密斋〈蕴真集〉序》。

学人之诗也。"①

对于以上评价，《锦里新编·文秩》显然具有夸大的成分，并不能真实反映顾汝修在诗歌方面的实际成就。如《瀛台诗》《扈驾盘山》等和御制诗，显然达不到"酷类东坡先生"的境界。说他的诗"词理平实，雅正安和，为学人之诗也"，应该是比较中肯的。他的诗，多载于嘉庆《华阳县志·艺文》中，另外，《国朝全蜀诗钞》《蜀雅》中也甄录有一部分。

2. 精研宋儒义理

顾汝修晚年潜心研究宋儒之学，尤其喜欢精研宋五子之学。这方面的著作，主要有《四勿箴》《与门人朱石君书》《答门人朱石君书》《均引篇》《迟云楼尺牍》等，其中，最具有代表性的是他的《四勿箴》②，兹节录如下：

> 其《视箴》曰："万物有色，非色自名。以我目遇，五色攸分。色之奸者，摇摇吾精。君子惊之，所以思明……视不谨此，恶乎成仁？"

> 其《听箴》曰："在物有声，在己有耳。相遇以成，自彼交此。声之淫者，忘倦不已。君子思聪，泚然中止……听必谨此，仁可知矣！"

> 其《言箴》曰："心声之发，喉舌斯传。答述曰语，自言曰言。如簧之鼓，如河之悬。玷不可磨，三复者贤。……视不谨此，仁和有焉！"

> 其《动箴》曰："寂则有感，动声于静。率意自骋，为世诟病。君子慎之，事必思敬。……动必谨此，仁也而圣！"

顾汝修在他的《四勿箴》中，针对孔子回答颜回所问的"克己复礼之目"的"非礼勿视，非礼勿听，非礼勿言，非礼勿动"四原则，提出了与程颐不同的看法。为此，储麟趾在《顾密斋〈四勿箴〉跋》中云：今读密

---

① 孙桐生：《国朝全蜀诗钞》卷十二，光绪五年刻本。
② 顾汝修：《四勿箴》，嘉庆《华阳县志》卷三十五《艺文·箴》，嘉庆二十一年刻本。

斋先生《四勿箴》，窃叹其精纯奥衍，一字不可刊落，盖于颜子地位非礼分际，勘得精微融澈，实足以阐抉数百年来未宣之蕴，而补正公言下所未逮者。[①] 他在《自订四勿箴·跋》中说："圣门传道，在复礼，而不在一贯……礼以由中一者，诚也。"[②] 提出"复礼"才是圣门传道的重点，而"中"则是实现"复礼"的必然。因此他在《自赞》中说："人皆言道，我欲言中。道者周道，中者降衷。受之于天，厥体冲冲。如的在侯，破之者雄。"[③] 进一步强调了"中"在"传道"中的根本作用，人之"视、听、言、动"都是"要于由中"，如果"事不由中，虽善未至也"[④]。因此，他认为"中"是不受"视、听、言、动"约束的，是自发独立的。他认为程颐《四箴》所言"四者（视、听、言、动）身之用也，由乎中而应于外，制于外所以养其中也"[⑤]，是把"中"的"主体"地位降低到"制于外所以得养"的次要地位。故他认为程颐对"中"的看法是"不应时雨之化，当是正"[⑥]，正如他在《四勿箴并序》中所言，在"问质一二同志，寡尤寡悔"之后，"效区区之愚"，以为《四勿箴》。

顾汝修在他的《四勿箴》中，对颜回所事的"四勿"提出了不同于宋代大理学家程颐的新看法，尽管这些看法不一定正确，但是由此可见，他对宋儒理学是有深入研究的。同时，他也成为锦江书院山长中深入研究宋儒义理之学的重要人物，以后山长如敬华南、姜锡嘏等在此基础上又做了进一步的研究。他所倡导的宋儒义理之学，一直到锦江书院末期，都是锦

---

[①] 吴巩、董淳修，潘时彤等纂：嘉庆《华阳县志》卷三十九《艺文·顾密斋迟云楼尺牍·跋》，嘉庆二十一年刻本。

[②] 吴巩、董淳修，潘时彤等纂：嘉庆《华阳县志》卷三十九《艺文·自订四勿箴跋》，嘉庆二十一年刻本。

[③] 吴巩、董淳修，潘时彤等纂：嘉庆《华阳县志》卷三十九《艺文·赞》，嘉庆二十一年刻本。

[④] 吴巩、董淳修，潘时彤等纂：嘉庆《华阳县志》卷三十九《艺文·自订四勿箴跋》，嘉庆二十一年刻本。

[⑤] 朱熹、吕祖谦原著，路新生注说：《近思录》，河南大学出版社，2016年，第230页。

[⑥] 吴巩、董淳修，潘时彤等纂：嘉庆《华阳县志》卷三十九《艺文·四勿箴并序》，嘉庆二十一年刻本。

江书院所开师课中最重要的一门。由此可见，顾汝修的首倡之功，是不可埋没的。

顾汝修的著述，除上述精研宋儒学问的学术著作外，还有一部分非学术性的著述。如嘉庆《华阳县志·艺文》所载《重修镇江寺碑记》《顾氏族谱自序》《重刻刘将军一门忠节诗序》，嘉庆《四川通志·学校》所载《什邡县修学记》《什邡县崇圣祠藏书记》等，大都是他被贬回乡后的感世应时之作。

通观顾汝修的为人、为官、为师之所言所行，他不仅是一位在政治上有作为、正直清廉的朝廷高官，而且也是一位品行可嘉、文章学术均有造诣的学者。他在锦江书院任上，强调对书院诸生进行道德品质教育的培养方式，对锦江书院的贡献和影响都是非常大的。此外，他在教学内容上推崇"宋儒之学"，对锦江书院院生的影响更是深远。所以说，他是锦江书院历史上重要的优秀山长。

# 五、李惺：掌教锦江，孜孜不倦

## （一）生平事略

李惺（1786—1863），曾名楷，字伯子（一作伯字），号西沤，清代四川垫江县（今重庆市垫江区）人。嘉庆二十二年（1817）进士，累官至詹事府左春坊左赞善。李惺是锦江书院历史上与彭端淑、伍肇龄等齐名的著名山长。道光十五年（1835）继王炳瀛之后，两掌锦江书院山长将近二十年，是掌锦江书院时间最长的山长之一，为四川培养了大批急需的人才，在清代书院史、教育史上占有重要地位。李惺不仅乐于奖掖后进、作育人才，而且覃思著述，成就颇高，曾一度引领道光咸丰间四川学林士风。

李惺祖父名振音，曾任井研县教谕，其父如连，本邑增广生。李惺少承父祖训诲，故学有本原。十四岁入邑庠，嘉庆十三年（1808）举人，嘉庆二十二年（1817），得中三甲第九名进士，选翰林院庶吉士，嘉庆庚辰（1820）散馆，授翰林院检讨，不久即擢升国子监司业，再调詹事府左春坊左赞善。

道光十二年（1832），丁父丧归籍，哀毁尽礼。当时，李惺祖母袁太夫人年已九十余岁，母傅氏亦年六十有余。遂无意于官场仕进，以祖母、母亲急需终养为由，乞归乡里，以课士训徒为业。

道光十五年（1835），李惺第一次受聘就任锦江书院山长，直到道光二十七年（1847）卸任。他在锦江书院山长任上，提倡"因材施教"，以使诸生"各有以自得"，而不屑于"绳以文艺，刻意于科举功名"。对改变清代道光、咸丰之际颓靡的蜀中士风产生了积极影响。

自道光二十八年（1848）起，受聘出掌眉山、泸州、潼川府（今绵阳市三台县）、剑阁县等地书院，教育培养蜀中士子。如他在泸州鹤山书院任上，不仅督课勤敏，教法端严，而且在讲授课艺时还坚持践行人伦，提倡心性之学的教化作用。黄彭年在《李西沤先生墓志铭》中评价此事说："在泸州，常表马氏一门三节，盖笃于人伦。见义必为，非道不取，若其性然。"[①]

咸丰四年（1854），再受延聘执掌锦江书院，咸丰九年（1859），因年老多病离任。李惺执掌锦江书院山长，前后总计近二十年。蜀中此间受其奖掖教化者甚众，宋宝栻在《西沤先生传》中称受其指教者"多至不可数"[②]。由于他在人才培育方面的重大贡献，所以巴蜀之地学子对他非常崇

---

[①] 黄彭年：《李西沤先生墓志铭》，童槭等：《西沤外集》卷一《墓志铭》，同治七年刻本。

[②] 李炳灵修，谢必铿纂：光绪《垫江县志》卷八《西沤先生传》，光绪二十六年刻本。

敬,正如黄彭年在《西沤先生墓志铭》中所说的那样,"蜀中学者,无论及门不及门,相语称西沤先生"。① 表达了对李惺作育的感激之情。

第一次卸任锦江书院山长后,李惺曾与青城山的道士一同出游江、浙、闽、越等地。他根据亲眼所见太平天国运动带来的战争情形,得出四川不久也将遭受江、浙等地同样战乱的结论。《清史列传》本传记载云:"尝游江、浙、闽、越,归语人曰:'天下将有兵事。'已,果然。"② 宋宝械在《西沤先生传》中也说:"先生之南游归也,每语人曰:'天下且乱,吾属不知死所矣!'闻者愕贻惊顾,莫知其旨。已而粤西变作,贼所向无坚城。东南半壁,抢攘日甚。滇黔继起,蜀因以乱。始以先生言为信然。"李惺能够洞悉太平天国运动可能造成的巨大社会变故,确有非一般人可比的识见。

咸丰十年(1860),太平军由滇入川,川中纷乱四起。时任给事中赵树吉认为李惺老成练达,足以胜任督办四川团练的重任,因此向咸丰帝举荐李惺督办四川团练。咸丰帝遂为之下旨,令李惺"加五品衔,督办四川团练"。不过,李惺认为办团练并不能从根本上抑止四川的变乱,遂以年老不堪此任为由辞任。后来,四川总督骆秉章曾几次嘱托刘蓉致书敦劝他出任四川团练大臣之职,他依然坚辞不就此任。不过,他也向刘蓉提出了诸如筹饷、练兵、保卫、安民等有关办置团练需要注意的问题。后来,其他省办团练的人大多因为"不当上意"而遭斥责,唯李惺得免此咎,故"人咸称先生识见长远"。

同治元年(1862),蜀中扰乱逐次平息,四川当政者刘蓉以李惺学问广博,聘任李惺主持修纂《四川通志》。未及修纂,李惺便于同治三年(1864)病卒于成都。

李惺一生,不仅人品高尚、智识深远,而且在人才培育以及诗古文辞

---

① 黄彭年:《李西沤先生墓志铭》,见童械等:《西沤外集》卷一《墓志铭》,同治七年刻本。
② 王钟翰点校:《清史列传》卷七十三《文苑传四·李惺》,中华书局,1987年,第6013页。

方面都有不俗成就。

首先,笃厚乐善,不蓄私财,颇多义举。李惺执掌锦江书院所得薪酬钱物,除供养祖母、母亲以及帮助兄弟子侄外,余下的基本都用于周济族党与故旧。《清史列传》本传记载说:"华阳巫孝子殁,无后,为醵赀立嗣。潼川知府张志忠卒于官,贫无以归榇,倾囊助之。"[1] 因此,虽然家故寒素,但终其身,始终不以有无为意,彰显了为官做人不蓄私财,服膺道义的高洁情操。

其次,器识宏远,见微知著。李惺平日于事好像无所措意,甚至漠不关心,但是对于国家大计、天下安危与乡邦之风等,却非常关心。《西沤先生传》称,李惺常因国家大事而"扼腕太息,甚或慷慨激昂、奋袖顿足而一发之于言"。而所发之言,往往如《清史列传》本传所言那样,"器识宏远,能见其大"。可以说,李惺不仅是一位密切关注时局民生的"狷介之士",而且还是一位见识深远,能见微知著的智者。

再次,嗜古力学,著述丰硕。李惺天资明敏,博极群书,勤奋著述,作育人才。他先后掌锦江书院和泸州鹤山书院,培育人才甚众。李惺重视人伦道德在人才教育中的重要作用,所著《药言》《冰言》《药言剩稿》《冰官补》《掘修补》《老学究语》《试帖》《铜狍馆劙书》《劙书补》等,旨在向后学阐释成仁立德的思想与主要方法。李惺所著诗文,多数散佚,仅有若干卷存稿藏于家中,后经其门人童槭、刘鸿典等人多方搜集,纂为《西沤全集》《西沤外集》以行世,另外,孙桐生《国朝全蜀诗钞》录有其诗。

李惺生平无子,最初以侄兹蜎为嗣,而兹蜎早卒。李惺将卒时,再遗命以兹蠖为嗣。李惺卒后,其门人将他的牌位请入成都"乡贤祠"。光绪《垫江县志》《国朝全蜀诗钞》《清史列传》等均收录其传略。

---

[1] 王钟翰点校:《清史列传》卷七十三《文苑传四·李惺》,中华书局,1987年,第6013页。

## （二）奖掖后进，成就尤著

李惺自向朝廷乞养归乡后，曾分别出任锦江书院、泸州鹤山书院等五个书院的山长，前后长达三十年之久。在书院山长任上，一以教授生徒为事，乃至"门下生多至不可数"且"及门多所成就"，可谓在作育人才的量与质两个方面都有较大成就。他不仅为川省培育了一大批有用的人才，而且在人才培育的理论特别是在教育目标、教师的地位和职责等方面提出了不少很好的见解。

首先，坚持因材施教，扩大院生的受教育面。道光后期，朝廷面对日益剧烈的阶级斗争、民族矛盾以及英、法、美、日等侵略者的步步紧逼，再无意于"加意士风""导进人才"等根基性、普遍性教育，而是着眼于选拔所谓"经国之士""治世之才"等能解决现实问题的所谓英才。受此育人用人环境的影响，全国书院亦专意于所谓的精英教育。诸生为了一举成为所谓的精英而醉心于研习制艺时文的现象可谓比比皆是。可以说，此时的天下书院，大多以"功利智术"作为教学重点，院生醉心于"科名功利"，学和教的浮躁风气随处可见、日盛一日。

然而李惺在锦江书院山长任上，却较少受此歪风影响，他没有推行"唯科名马首是瞻的精英教育"，而是针对书院诸生自身的特点，"因材施教"，务使锦江书院诸生"各有以自得"。宋宝械在《西沤先生传》中记载他的育人方法时说：

> 先生之教人，亦不屑沾沾焉绳以文艺。因其材质之所就，揉之使化，道之使通，羽之仁义中正之途，使各有以自得。举凡训诂词章之末，功利智术之私，先生不以之教，学者亦不以之习也。[①]

李惺在清朝道光末年重新倡行"因其材质之所就"的育人理念，实际

---

[①] 李炳灵修，谢必铿纂：光绪《垫江县志》卷八《西沤先生传》，光绪二十六年刻本。

上是对孔子"因材施教"思想的具体化与实践化。他的重要贡献在于：在清朝廷提倡所谓的精英教育的大环境下，他却在"因材施教"理论的基础上，综合运用"揉之使化，道之使通，羽之仁义中正之途"等多种综合教育手段，尽量让受教育者不因自身才智的优劣而被剥夺接受教育的机会，最大限度地扩大受教育者的范围，尽可能多地培养人才。由此可见，他的确不愧是一位有远见卓识的教育家。

李惺在长期实践中认识到只要教育方法得当，即使才智在"中人"以下者，也能够通过教育以成才。他在《药言·三》中曾引用吕坤《呻吟语》说：

> 人定真足胜天，今人但委命于天，而不知人事之未定耳。……天下至精之理，至难之事，若以潜玩沉思求之，无厌无躁，虽中人以下，未有不得者。①

他认为即使才智处于"中人之下者"的"不可与语之者"，只要教育方法得当，加之受教育者自己不断勤奋努力，也不难掌握"至精之理，至难之事"。显然，这是对孔子在《论语·雍也》所提倡的"中人以上，可以语上也；中人以下，不可以语上也"等教育思想的深化和扩充，其扩大了一般受教育者的范围，甚至把受教育者扩大到了所有人。这对我们今天施行的全民义务教育、素质教育，是有一定的启迪作用的。由于李惺推行"因材施教"以及"有教无类"的普遍化教育理念，故教育人才甚众，以至于"蜀中学者，无论及门不及门，相语称其为西沤先生"。

其次，重学尚德，以德为先。教育培养书院诸生，使之成就科举功名无疑是李惺掌院的重要目标，而"使各有以自得"也是他掌院的育人目标之一。这也是他与其他书院山长在人才培养上最大的不同之处。在实践中，他不仅致力于培养诸生成就科举功名，还强调对诸生进行德行修养方面的教育，并认为这是书院教育中应有的重要内容。他认为："子弟不皆

---

① 李惺：《西沤外集》卷一《药言》，同治七年刻本。

上智，亦不尽下愚，大抵中人之质为多。"① 因此，在"千军万马过独木桥"般的科举考试制度下，无论老师如何督育训诲，能成秀才、举人、进士者毕竟只是少数。那么，对绝大多数的"中人"和"下愚"之人，作为教育者，又该怎样进行合理教育呢？李惺为此做了深入探讨，他在《药言·六》中云：

> ……正不妨以贤人君子期之。既教之读书以为文章根柢，随即于讲习时将书中伦常日用的道理，亲切指点，令其反而求之身心之际。功夫两边并用，一时兼到，顺而且易，则亦何所靳而不以此教之。②

根据诸生才智的差异，既授其根柢之学，又结合"书中伦常日用的道理"，对诸生进行敦品教育，学德并施。纵使诸生秀才、举人、进士不可得，但争取成为品性高洁的贤人君子也是可行的。在"一以科举功名为是"的教育环境下，李惺提出全面发展、重视德育的育才观点，的确称得上难能可贵。他的这些实践和观点，对我们现在中小学推行的全面素质教育、高等院校提倡的研究型教育，都有不小的启迪作用。

再次，提出尊师善教。韩愈在《师说》中说："师者，所以传道授业解惑也。"向来，人们认为老师在教学活动中兼有"传授学问的道统""教授安身立命的学业""解释学习中的疑难困惑"等三种职责。但是李惺认为，除此之外，在培育人才的教学过程中，老师还应对学生的"终身成败荣辱"负责。他在《药言·六》中说：

> 子弟不皆上智，亦不尽下愚，大抵中人之质为多，中人在可成可败之交。……使之成，勿使之败者，惟师是赖矣。师位何等尊重，后生既师事我，则终身成败荣辱俱在我主之。若糊涂苟且，误人终身，当与庸医杀人等罪。③

由上可知，李惺根据人才分布"大抵中人之质为多"的实际情况，认为老师不仅要起到使这些"可成可败之交"的大多数人"使之成，勿使之

---

① 李惺：《西沤外集》卷一《药言》，同治七年刻本。
② 李惺：《西沤外集》卷一《药言》，同治七年刻本。
③ 李惺：《西沤外集》卷一《药言》，同治七年刻本。

败"的关键作用,同时还担负着引导学生未来"终身成败荣辱"的重要职责,可谓将教育的功能提升至更高的高度。因此在他看来,在教学过程中,老师享有非常崇高的师者地位,也要承担非常关键的教者职责。

尽管现在没有关于李惺在锦江书院山长任上训育诸生的具体记载,但根据现在保留下来的有关他教育人才的观点和理论,以及他执掌锦江书院差不多二十年的事实,可以认为,他在锦江书院山长任上的贡献是突出的,对提振清代中期巴蜀人文是有重要贡献的。正如黄彭年所评价的那样:"师道不立久矣!蜀多君子,其风义有近古者,而先生之德与所以为教,于是益可见。"

总之,他在教育上的贡献在于重新提倡师道的尊严和职责,既继承了前人"因材施教""有教无类"等优秀教育思想,又结合时代的特点,进一步发展和实践了"普遍性的大众化教育""多重培养目标"等新的教育理论和观点,在丰富和发展我国教育理论方面,做了有益的探索和贡献。

## (三)采措众论,自成一家

李惺的生平著述,既有早年的才华丰赡、气魄沉雄之作,又有晚年道味平淡、一洗英华的古朴诗文,大率"戛戛独造,自成一家言,而觉世牖民之心即寄乎其中"[①]。而他仿照明代吕新吾《呻吟语》《小儿语》的内容和体例,编成《西沤外集》,则如《西沤外集·序》所言,是"前人觉世牖民之心所寄,而先生采之以寄其所寄者也"。

最能体现李惺学术成就的当数《西沤外集》,兹就此书主旨内涵做如下简介:

李惺天才风雅,学贯众流。其学识涵养,都堪称巴蜀学者中一流。在经历了二十余年的官宦浮沉后,又前后掌教巴蜀各大书院近三十余年,可谓于"人之立身之难,涉世之艰辛",不乏深刻的体会。因此他遍采儒家

---

① 李惺:《西沤外集》卷一《序》,同治七年刻本。

圣贤之言、诸子百家之语，编成对"修己接物、持家居官"等人生修养有重要借鉴作用的流行书。

李惺最初编选完此书后，并未刊行，也无书名。后经过他的门人童槭、宋宝槭多方收集整理，重新编辑后才命名为《西沤外集》。该书由三部分组成：

第一部分是《药言》《老学究语》《药言剩稿》各一卷。这一部分共有五百四十余条，分段不分门。以前三百余条为一大段，后分二百余条为三段，大致依照治学、修身、励志的顺序编排而成。

第二部分是《冰言》及《冰言补》各一卷。这部分是就《药言》未收录的格言，再次编缀，取《天禄阁外史》所谓"寤心之言，若冰也"以命名。这部分每一段为一门，共计十门，是对《药言》及《药言剩稿》没有收录内容的补充。

第三部分是《铜狍馆觏书》一卷，《觏书补》二卷。这部分着重选录有关前人修身、敦行、为人、为官得失的逸闻轶事片段。这三部分共分八卷，编成后经李惺另一门人刘鸿典与其养子李兹蠛校勘后，于同治七年刻行。

就此书的内容而言，虽然绝大多数观点都不是李惺的原创，但他在继承前人的理论、观点的基础上，经过再创作和加工，寄寓了新的思想与内涵，则是他对前人思想的创新型发挥与利用。如有关如何对待不同的教育对象的问题，孔子很早就提出并实践了"有教无类"的教育观点。李惺在孔子的基础上，对"有教无类"教育思想做了进一步的探究和完善。他在《药言·序》中提出"世无无病之人，亦无不可治之病"[①]的观点。他还提出了德艺并重的多重培养目标，提出了"教师的尊重地位与责任并存"等教育观点。

此书编纂体例，充分吸取了颜之推的《颜氏家训》、吕新吾的《呻吟语》和《小儿语》、郑板桥的《板桥家书》等书的体例优点，但也不乏自

---

① 李惺：《西沤外集》卷一《药言·序》，同治七年刻本。

身的创新与特点。如在语气方面,就没有《颜氏家训》《板桥家书》那样的严肃刻板,而具有亲切的意味、款款的深情,非常容易为人所接受。此书在选择内容时,既有严肃深奥的理论、观点,又有生动活泼的故事格言;既有雅训精凝之语,又有浅俗流畅之言。另外,在选辑了相对枯燥的理论、观点后,总是安排一些浅显生动的故事为之解说。因此就此书的内容选编和编排顺序而言,的确较《颜氏家训》等书更符合一般读者的认知过程,也更具可读性。

除学术成就外,李惺在诗文方面亦留下不少佳作。清人孙桐生对李惺的诗作颇为赞赏。他在《国朝全蜀诗钞》中评价李惺诗作时说:"古近体诗平实中自饶,淡逸时多见道语。"[①] 仅在《国朝全蜀诗钞》中,孙桐生就收录了李惺的古近体诗一百一十四首,可见孙桐生对他诗作的赞赏程度。

李惺的诗作主要有两个特点:一是内容丰富,题材广泛。如既有借古抒情的《北邙山》《八阵图》《潼关》等诗,又有感怀时世的《窳庐自赞》《贼来犹可》《放言》《世事》等诗;既有咏叹人生的《老生》《夜坐感怀》,也有寄情山水、适逸林泉的《出门行》《醉题黄家亭子》《田间草堂》《大武山观海》《过福林寺不入题寺外清晖亭》等诗。二是平实中蕴含深意,清高而不失雅致。《清史列传》本传在评价他在诗歌方面的成就时就说:"清高古澹,一洗秋纤之习。"[②] 他的《窳庐自赞》诗就体现了这一特点,兹录该诗如下:

> 炎炎者灭,隆隆者绝。
> 皎皎者污,峣峣者缺。
> 其卧徐徐,其觉于于。
> 其行填填,其视颠颠。
> 君平弃世,世弃君平。

---

[①] 孙桐生:《国朝全蜀诗钞》卷三十八《李惺传》,光绪五年刻本。
[②] 王钟翰点校:《清史列传》卷七十三《文苑传四·李惺》,中华书局,1987年,第6013页。

## 第四章 掌院者"实心教育"

渊明即我，我即渊明。[①]

此诗并没有雄壮激荡或者富丽浓艳的语言，也没有艰涩难懂的典故，仅运用简单平实的四言体，通过对"炎炎者""隆隆者"等追逐荣华富贵的人与甘心于平淡生活者的简单比较，赞扬了严君平、陶渊明等放弃世俗的荣华，在宁静平淡的山水林泉中修养自己性情的高尚品节。

---

① 孙桐生：《国朝全蜀诗钞》卷三十八，光绪五年刻本。

# 第五章

## 肄业者『追前贤懿轨』

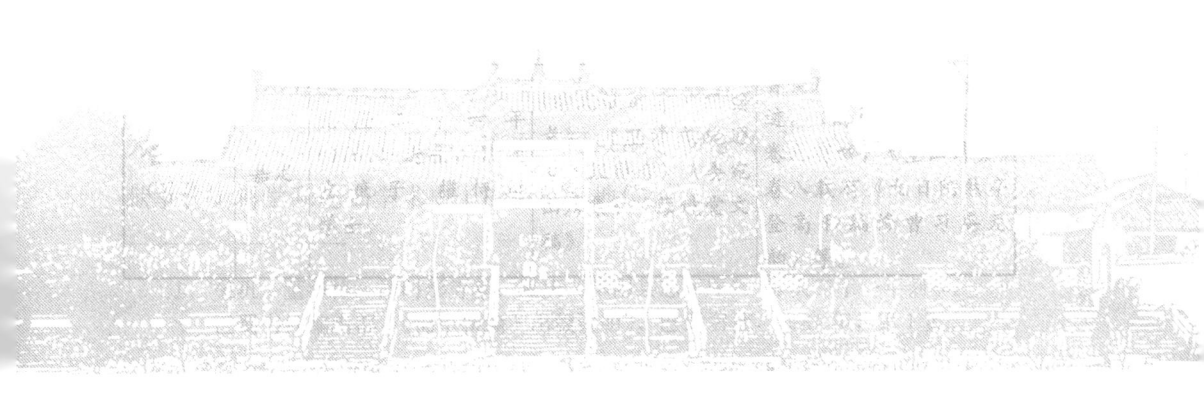

## 一、解元何明礼

何明礼（1714—1767），字希颜，号愚庐，别号化成山人，清四川崇庆州（今四川省成都市崇州市）人。何明礼曾先后师从锦江书院院长宜兴储掌文、金堂高辰，与李调元、张邦伸等同为高辰门生。何明礼在乾隆二十四年（1759）四川乡试中摘得了解元桂冠，这也是锦江书院历史上唯一一位获此殊荣的院生。何明礼与李调元都是乾嘉时期蜀中诗人的翘楚，彼此才气相近，志趣相投，诗酒唱酬，感情甚笃。何明礼博学多才，熟悉蜀中文献典故，人称"蜀中文献半贮腹笥"。修纂《浣花草堂志》，尽心尽力，一切缮写校雠，皆出己手。周世德在《浣花草堂志·跋》中云："先生勤撰述……不数月而草创已就，谨严详括，十倍于前。"[①] 后受聘参与新津、山东历城等地县志修纂，为清代地方史志的整理传存做出了贡献。乾隆二十六年（1761）会试落第，何明礼绝意仕途，愤然出京，遍游齐、梁、燕、赵之地。乾隆三十二年（1767），客死山东禹城周士孝县署，年54岁。后移柩回蜀，葬于大邑鹤鸣山中。乡人在王场场口书"希颜故里"四个大字，以示追慕。何明礼深得储氏古文之法，尤精于诗文，为时人所赞誉。储掌文在《浣花草堂志》卷首《序》中云："二子（指何明礼与郑天锦）并高才生，工诗文、古文辞，尤酷嗜史学……而兹编其嚆矢也。"[②] 著有《浣花草堂志》《江源文献录》《太平新春曲》。嘉庆《四川通志》、《锦里新编》、《蜀雅》和民国《崇庆县志》有传。

---

① 周世德：《浣花草堂志·跋》，何明礼：《浣花草堂志·跋》，道光七年刻本。
② 储掌文：《浣花草堂志》卷首《序》，何明礼：《浣花草堂志·自序》，道光七年刻本。

锦江书院与"石室流风"

## (一)《江源文献录》：广搜博采，传存乡梓文献

何明礼才广识博，工诗古文辞，尤酷嗜史学。孙桐生在《国朝全蜀诗钞》中评价云："希颜少游宜兴储氏之门，深得古文之法，才博而肆，蜀中文献半贮腹笥。困场屋者三十余年，举乡荐第一，年已五十余。……诗始学杜陵，既而仿太白。才气豪迈，亦蜀中不羁士也。"[①] 所著《江源文献录》《浣花草堂志》，为学林称颂。

受常璩所纂《华阳国志》的启发，何明礼著有《江源文献录》，以网罗江源历代文献掌故。是书分朝、野、人、文四部，自成一编。所谓"上以宣朝廷之德化，下以发草野之幽光，用是垂空文以自见耳"，旨在感念朝廷特躅崇庆之恩德，宣扬江源古往今来的人文与学术传统。该书虽早佚，但主要内容却保存在乾隆版《崇庆州志》中。有关该书的编纂旨趣目的、条例方式，在《江源文献录·自序》中还可以窥其大概。该《自序》云：

> 暇日辑江源文献为朝、野、人、文四部，共若干卷。友人王君上之见而诧曰："吾子生平著作，类多夏夏异人。今为此书，应遵志体也。而约其门汇，易其后先，改其面目，得无亦以立异见长乎？"
>
> 余笑而应之曰："君以礼为有好异癖欤？志家旧习，数见不鲜，余固厌之。然而是书之作，殆别有义例，非徒然也。
>
> "今夫普天之下，莫非王土。《春秋》之义，首重尊王，故朝郭居首。而朝廷之德，莫大于行庆施惠。矧圣朝特躅崇庆，尤属千古殊恩，爰以天恩特书。至圣者，万世之师表也；礼乐者，治世之大法也。故黉宫学校次之，祀典礼仪次之，社稷坛壝次之，宾兴乡饮次之。无曰牛刀小试，而可忽焉不讲矣。乃若入疆而按舆图，则必察其星野之度次，溯其建置之沿革，详其幅员之广狭，览其山川景物之胜

---

[①] 孙桐生：《国朝全蜀诗钞》卷十三，光绪五年刻本。

概，城郭关梁之严密。由是水利兴而田畴植，赋课平而公私足。化行俗美，官署肃然，祠宇焕然，陵冢巍然，物产蓄然，麦秀芝生，灾异不作，宁非经野之良规乎？有德有土，治贵得人，封建古矣。观忠孝节义之各尽也，勋业科名之灿陈也，隐逸仙释之高卓也，以至侨寓，经过生香，不皆闻焉而兴起，望焉而遐思者耶？而何犹有寇盗之警耶？至于文以载道，殿以艺文，尤见文物之盛，照耀今古，非无物者所得托焉，而文献以备。

"昔常璩撰《华阳国志》，详赡典雅，脍炙艺林。璩固吾邑人也，今且没其名矣。礼也樗栎弃材，虽未能继美常公，亦欲别具机杼，网罗故实，成一家之言。上以宣朝廷之德化，下以发草野之幽光，用是垂空文以自见耳！好异云乎哉！"

王子拍案叫曰："是诚异矣！"笑而书之。

——乾隆庚午嘉平识[①]

从何明礼《自序》所言可知，《江源文献录》有以下特点：

第一，体例新颖。该书本着"上以宣朝廷之德化，下以发草野之幽光"的编纂宗旨，把宣扬朝廷恩德与表彰地方人文结合在一起。故在体例上与一般志书有所不同。其朝、野、人、文四部，分别辑录江源历代的文献资料。"朝部"取《春秋》尊王大义，首列朝廷"特蠲崇庆"之恩，以彰显朝廷爱惜生民之念。遍列黉宫学校、祀典礼仪、社稷坛壝、宾兴乡饮等礼乐之教，以宣扬朝廷礼乐圣政。"野部"记载"山川景物之胜概，城郭关梁之严密"，反映礼乐圣政之下的社会自然环境。"赋课平而公私足"，展现人民安定幸福的生活状况。"人部"记载德治条件下的江源士风人文，反映江源的"忠孝节义之名"。"文部"以艺文为殿，以见江源文物"照耀今古"之盛，突出它作为人文荟萃之地的历史地位。该书并非"以立异见长"或哗众取宠之作，而是源于《春秋》之意，"殆有义例"，是以全新的

---

[①] 何明礼：《江源文献录·自序》，沈恩培修，胡麟等纂：光绪《崇庆州志》卷十《艺文·江源文献录·自序》，光绪三年刻本。

体例编排反映江源历代文献掌故的创新之作。

第二，网罗荟萃，资料丰富。江源本岷江之源，自汉代以来，人文荟萃，文献掌故极其丰富，但由于明末清初战乱，文献典籍毁灭殆尽。如官修康熙《崇庆州志》，因资料匮乏，总其书不过区区1.4万余字。所谓欲识"其山川户口土俗民风，以为从政"[①]之借鉴，犹不可得，何况其余？

康熙初至乾隆十五年（1750）间，已六十余年矣。山川田畴、政绩宦业、人文士风，更迭增益者实多。何明礼趁"口碑未远，心史犹存"之机，搜集保存地方文献，对蜀中文献的递新、传承，对避免乡邦政绩、人文、风纪"久而失其传，传而失其实"做出了贡献。

《江源文献录》弥补了康熙旧志的疏略，为官修乾隆《崇庆州志》、嘉庆《崇庆州志》、光绪《崇庆州志》、民国《崇庆县志》提供了重要参考。《江源文献录》资料翔实可靠，乾隆五十六年（1791）重修《崇庆州志》，修纂者遂"以吴氏旧志为大纲，以何氏《文献》为细目"，也就是说何明礼《江源文献录》乃是乾隆《崇庆州志》的主要参考资料之一。

第三，记载信实可征。《江源文献录》有关江源山川津梁、水利田畴的记载，何明礼除核对文献外，还对其做了细致的实地考察。故所载直接为乾隆《崇庆州志》、嘉庆《崇庆州志》的修志者所采信。

何明礼继承常璩《华阳国志》信实可征的修志精神，自觉承担起传承乡邦文化的职责，"别具机杼，网罗故事，成一家之言"，对保存巴蜀文献，促进巴蜀地方史志的发展做出了贡献。

## （二）《浣花草堂志》：载纪旧闻，表彰先贤

《浣花草堂志》是何明礼的代表作。该志首倡于瓯宁进士郑天锦（郑天锦，锦江书院院长郑方城之子，与何明礼同学于储掌文门下）。乾隆十

---

① 崇庆县新志编辑委员会：《崇庆县志》第32篇《人物》，四川大学出版社，1992年，第716页。

三年（1748）春，何明礼馆课于郑家，得修此志倡议，遂欣然自任。不久，被聘主讲广都书院，离开郑家数月。再来时，则已"发凡起例，部署秩然矣"[1]。乾隆十六年（1751）是书成。道光六年（1826），孙何峤得僧遇普、谭有第资助，将此书付梓刊行。《浣花草堂志》博采群书，内容宏富翔实，条分缕析，体例完善，具有较强的学术性和较高的史料价值，是后世研究杜甫及草堂历史的必备参考书。该书主要有以下四个方面的特点：

第一，资料搜集宏富。杜甫乃有唐诗人之冠冕，流寓成都时居家浣花溪侧的草堂。国破家亡的伤痛，激发了他忠君爱国、忧国忧民的热忱，他"发为诗歌，悲感时事，排遣性情，意远才高，光焰万丈"[2]，在我国诗歌史上享有崇高地位。"迄今千余年，凡言诗者必推公为首，举无异词。"[3]而杜甫所居之草堂则成为后世高人逸士盛赞之地，屡圮屡建，迄今岿然。正如储掌文所云："呜呼！有唐距今千年矣，今人知有工部者，无不知读其诗；读工部诗者，无不知成都草堂在浣溪之上。"[4] 所谓"人杰则地灵"，"地以人传"，浣花溪与草堂悉"征于杜甫"，而杜甫崇高的道德精神亦赋予其不朽灵魂。

该书分门别类，编辑旧闻，以追源溯流。自云："凡关溪与堂者，谨备而述焉。……而凡密近休光、咏歌大雅者，皆得因之以著。"[5] 不仅对浣花溪、草堂有关的源流、旧迹、胜概、碑记、轶事、物产做了详尽记述，而且对与之相关的各种诗作艺文、咏叹评说也做了系统梳理，内容相当丰富。其所征引书目除正经、正史所载外，还包括涉及杜甫及草堂的历代笔记、文集、诗话、传说。所引之书，覆盖经史子集四部，多达74种。正如

---

[1] 郑天锦：《浣花草堂志》卷首《序》，道光七年刻本，何明礼：《浣花草堂志·自序》，道光七年刻本。

[2] 彭端淑：《浣花草堂志序》，何明礼：《浣花草堂志·自序》，道光七年刻本。

[3] 彭端淑：《浣花草堂志序》，何明礼：《浣花草堂志·自序》，道光七年刻本。

[4] 储掌文：《浣花草堂志》卷首《序》，何明礼：《浣花草堂志·自序》，道光七年刻本。

[5] 何明礼：《浣花草堂志·自序》，道光七年刻本。

彭端淑在《浣花草堂志序》中评价："自地理源流及花鸟草木、传志碑铭，与夫一谈一咏，事涉浣溪草堂者，并蓄无遗。呜乎备矣"！① 该书旁征博引，汇集古今，足资参考。何明礼将杜甫研究与草堂、浣花溪的历史文献、掌故研究结合在一起，不仅扩大了杜甫研究的范围，而且有助于对成都城市历史和草堂历史的深入研究。

第二，"以蜀中人纪蜀之事，其闻见为较真。"② 杜甫生活的唐代距清初已有千年。因历时久远，加之四川屡遭兵祸战乱，而"邦人不好事，坐使古迹渐湮"③。到乾隆初年，有关杜甫及其草堂的文献记载已"名存而实亡"。正如储掌文在《浣花草堂志》卷首《序》中云："然而星霜屡换，陵谷变迁。或名存而实亡，或移彼以就此。异同缪辂，安所折衷？"④ 岁月流逝，陵谷变迁，有关浣花溪、草堂的记载，混淆讹诈，亟须辨正处实多。何明礼以光耀家邦，"备邦国外史"为己任，以《杜工部集》为蓝本，旁及他书，据所见闻，详加考辨，整理了反映杜甫、浣花溪与草堂历史的文献资料，对恢复被破坏的蜀中文献典藏、发扬巴蜀人文精神，以及促进巴蜀史志研究的新发展，均有一定意义。

杜甫流寓成都期间，潭水长流，秋高风怒。其所受长夜沾湿之苦，所怀万间广厦之忧与"涕泪衣裳"之感，给人留下忧国忧民的士大夫印象。何明礼自序云："庶几其地存，其诗存，其遗像存，其景物存，其每饭不忘君之心因之俱存；而凡密近休光、咏歌大雅者，皆得因之以著。"⑤ 可以说，流寓成都的经历，为后人了解这位"诗圣"提供了必需的资料。何明礼系统地考辨了杜甫在成都的事迹、诗作，旁及浣花溪、草堂遗迹等旧闻，为认识研究杜甫这段独特而重要的人生经历提供了重要参考。正如何

---

① 彭端淑：《浣花草堂志序》，何明礼：《浣花草堂志·自序》，道光七年刻本。
② 彭端淑：《浣花草堂志序》，何明礼：《浣花草堂志·自序》，道光七年刻本。
③ 郑天锦：《浣花草堂志》卷首《序》，何明礼：《浣花草堂志·自序》，道光七年刻本。
④ 储掌文：《浣花草堂志》卷首《序》，何明礼：《浣花草堂志·自序》，道光七年刻本。
⑤ 何明礼：《浣花草堂志序》，何明礼：《浣花草堂志·自序》，道光七年刻本。

明礼所自云:"斯即未至其地者,咸将于故纸堆中想见其人而呼之欲出者。"① 即使未曾到过成都浣花溪、草堂的人,靠此编亦可想见杜甫在草堂生活的情景,以使"彝好之攸同,而风流之不坠矣"。

何明礼博采群书,刊除谬误,时有增删,所言信实可征,反映了他对杜甫等先贤的不胜景仰之情。储掌文在《浣花草堂志》中序云:"《浣溪志》何为而作也?志草堂也。何志乎草堂?怀工部也。"② 该语道出了何明礼编著此书以怀念杜甫的根本目的。何明礼在《浣花草堂志》中自序云:"俎豆斯存。聊以此代守祠洒扫之役,所欣慕焉。"③ 充分表达了他对杜甫的景仰之情。

第三,体例分明、谨守志体。何明礼生性豪放,"才博而肆",所著之书,多"以立异见长"。好友王达评价《江源文献录》时云:"吾子生平著作,类多戛戛异人。今为此书,应遵志体也。而约其门汇,易其后先,改其面目,得无亦以立异见长乎?"④ 指出《江源文献录》自创朝、野、人、文四部结构,"约其门汇,易其后先,改其面目",打破传统地方史志体例,别开生面。但《浣花草堂志》却一改过去"立异求奇"的特点,谨遵史志旧例。

该书除序言跋语外,正文共分为八卷,十七类。全书分卷立类,类下分若干目,依次罗列与杜甫、浣花溪、草堂相关的人物、事迹、文献。脉络清楚,结构严整。如第二卷"群力"类,梳理了从唐至清千余年间诸家注释、题咏、辑录、征引杜诗的所有著作,内容丰富而不失严谨。在梳理历代著述时,提纲挈领,体例分明,颇遵志体之例,实非"戛戛异人"之作可比。

第四,较高的学术价值。大凡浣花溪、草堂的掌故逸闻,浣花溪、草

---

① 何明礼:《浣花草堂志序》,何明礼:《浣花草堂志·自序》,道光七年刻本。
② 储掌文:《浣花草堂志序》,何明礼:《浣花草堂志·自序》,道光七年刻本。
③ 何明礼:《浣花草堂志序》,何明礼:《浣花草堂志·自序》,道光七年刻本。
④ 沈恩培修,胡麟等纂:光绪《崇庆州志》卷十《艺文·江源文献录·自序》,光绪三年刻本。

堂、百花潭等名胜的历史源流，早已经引起了杜甫研究者的关注。但由于"时代既遥，好事者纷纷聚讼"①，加之"以异地之人传异代之迹，穿凿附会，往往失真"②。如有关浣花溪的得名、草堂与草堂寺到底孰先孰后、草堂是一个还是两个等问题，往往众说纷纭，莫衷一是。诚如郑天锦所言："今夫志浣花者，必征杜诗。而注家之牴牾，莫如《杜集》为甚。以至年谱之异同，诗谱之出入……种种传讹，不可枚数。"③为此，何明礼广征博引，结合自身的考察与见闻，"其于诸家论说，皆有以而疏通证明之"④，为辨析杜甫及其草堂源流做出了积极贡献。如《少陵草堂》云：

《广舆记》："杜甫祠，在浣花溪上。"

《杜诗辑注》："公草堂枕江，近百花潭。"

《杜工部年谱》："……上元元年庚子，公在成都，卜居浣花溪。是年，营草堂。……宝应元年壬寅，公居成都草堂。……"

陶开虞曰："子美草堂有四：其一在西枝村，未成；一在浣花；一在瀼西；一在东屯。"

《韵语阳秋》："老杜当干戈骚屑之际……自至蜀依裴冕，始有草堂之居。观其经营往来之劳，备载于诗，皆可考也。……永泰元年四月严武卒。是秋公寓夔州云安县。有此草堂者，终始只得四载。而其间居梓、阆三年，公诗所谓：'三年奔走空皮骨。'是也。则安草堂仅阅岁而已。"

《老学庵笔记》："杜少陵在成都有两草堂：一在万里桥西，一在浣花，皆见于诗中。"

《杜诗笺注》："然则草堂背成都郭，在西郊碧鸡坊外，万里桥南，百花潭北，浣花水西。历历可考。……然少陵在成都，实无二草堂也。"

---

① 彭端淑：《浣花草堂志序》，何明礼：《浣花草堂志·自序》，道光七年刻本。
② 储掌文：《浣花草堂志》，何明礼：《浣花草堂志·自序》，道光七年刻本。
③ 郑天锦：《浣花草堂志》，何明礼：《浣花草堂志·自序》，道光七年刻本。
④ 郑天锦：《浣花草堂志》，何明礼：《浣花草堂志·自序》，道光七年刻本。

按：杜公在蜀，羁旅穷愁。诗中亦无二草堂之说。自陆氏误解桥南宅、潭北庄为两地，而《四川通志》亦谓草堂有二，一在万里桥，一在浣花溪。万里桥者，今不可考，盖误信放翁之记，而未考钱氏所云也。然钱氏知草堂无二，而言在百花潭北，浣花水西，误分百花、浣花为二。惟《成华合志》谓浣花举近而言之，万里桥举远而言。此为得之。[1]

通过逐次梳理排比有关少陵草堂的建置时间、地点、数目，"钜细毕赅"，使人们对杜甫草堂的历史沿革及其研究情况一目了然。故清人胡淦评价云："《志》中引书宏富，钜细毕赅，非考据家不足以语此。"[2] 充分肯定了该书的文献与学术价值。本书还收录保存了一些罕见文献材料。如清人陈聂恒撰《边州闻见录》，现已极为罕见（国内仅国家图书馆有馆藏著录），而《浣花草堂志》在引文中就摘录了部分原文，以广其流传。

作者引述材料后，以按语的形式对材料的真伪做了分析判断，阐明了自己的观点。如《四川通志》有关"草堂有二"之说、钱氏（蒙叟）分百花潭、浣花溪为二，实多误谬。作者在充分占有材料的基础上，通过文献研究与实地考察，详核其事，去伪存真，使该书具有较高的学术价值。郑天锦评价云："今何君识精而心细，其于诸家论说，皆有以疏通而证明之，俾浣花老人称快千载之上，岂徒为彼都人士留美谈哉！"[3] 何明礼在博采诸家论说的基础上，经过悉心考证辨析，故能剔除谬误，正本清源，结论可靠可信。

何明礼《浣花草堂志》在清代蜀学发展史上占有一定地位。彭端淑曾云："吾以决此《志》之必传于后无疑也。"[4] 充分肯定了何明礼《浣花草堂志》在传续乡邦文献中的作用。他又说："余尝欲取蜀诗人自唐至今，

---

[1] 何明礼：《浣花草堂志》卷一《少陵草堂》，道光七年刻本。
[2] 胡淦：《浣花草堂志题识》，何明礼：《浣花草堂志·题识》，道光七年刻本。
[3] 郑天锦：《浣花草堂志序》，何明礼：《浣花草堂志·自序》，道光七年刻本。
[4] 彭端淑：《浣花草堂志序》，何明礼：《浣花草堂志·自序》，道光七年刻本。

纂集成编,为吾乡文献,而有志未逮。窃喜斯《志》之成,先得我心。"①肯定了《浣花草堂志》"补缺递新"的作用。今人王晓波在评价此《志》时亦说:"既是研究成都和草堂历史的必备参考书,它的编纂,又对历史文化和地方文化的传承和发扬具有积极的启示意义。"②

## (三)才气豪迈,情笃乡谊

何明礼一生著有大量诗文,分别编入《斯迈草正续集》《登岱草》中,后因儿媳怒焚尽毁。李调元《蜀雅》、乾隆《崇庆州志》、孙桐生《国朝全蜀诗钞》、民国《崇庆县志》中,还保留了数十首诗词。孙桐生评价何明礼诗歌时云:"诗始学杜陵,既而仿太白。才气豪迈,亦蜀中不羁士也。"③从中不难看出何明礼诗作的旨趣与特点:

一是居乡感兴诗文。现有《西江晚渡》《马嵬驿壁题诗》《观仲松岚明府蜀征日记为作长歌》《题卢伴樵百雁图》等四首,其中尤以《西江晚渡》最为著名。该《诗》云:

> 西郊渡口水浪浪,傍夜人争岁月忙。小艇常嫌艰广济,长绳何处系残阳?行歌过去风生棹,载酒归来月绕舡。鼓楫中流谁慷慨,还余秋兴满江乡。④

该诗以写实的手法,选择江水、小艇、残阳、过渡之人作为诗歌意象,勾勒出西郊渡口"傍夜人忙、小艇穿梭、行歌飞棹、载酒归航"的繁忙热闹景象。其"小艇常嫌艰广济,长绳何处系残阳"句,以小艇"广济"众人之景与长绳无处系留残阳做比,虚实结合,意味深长。而"鼓楫

---

① 彭端淑:《浣花草堂志序》,何明礼:《浣花草堂志·自序》,道光七年刻本。
② 何明礼原著,王小波校点:《浣花草堂志·提要》,李勇先主编:《成都旧志》"专志类",成都时代出版社,2007年,第1页。
③ 孙桐生:《国朝全蜀诗钞》卷十三,光绪五年刻本。
④ 崇庆县新志编辑委员会:《崇庆县志》第32篇《人物》,四川大学出版社,1992年,第839页。

中流谁慷慨，还余秋兴满江乡"，则将抒情与写景融为一体，为此诗增色不少。故《崇庆县志》评价此诗云："流传最广。"①

二是出蜀入峡吟诵之诗。现有《重庆府》《入峡》《新滩》《江口》等传世。何明礼乾隆二十四年（1759）中四川乡试解元，次年离川入京参加会试，可谓踌躇满志。在行经三峡时，雄伟神奇的三峡风光使他诗兴勃发，写下了脍炙人口的《入峡》诗，云：

> 夔门穿一线，怪石插流横。峰与天关接，舟从地窟行。乱猿昏月色，残叶冷江声。神女知何处，时时云雨生。②

首句以"穿""插"二字，将江水通过夔门的激越与雄壮刻画得特别生动贴切。以"一线"作比，形象地描述了三峡河道的陡狭、险峻。"峰与天关接，舟从地窟行"，两岸悬崖绝壁，高与天连，江水在乱石间奔流，行船像在地窟中穿行，让人触目惊心。作者以夸张、比喻手法，淋漓尽致地再现了作者舟过夔门险滩时的惊悸与恐惧。"乱猿昏月色，残叶冷江声"句，将"乱猿"与"残叶"，"月色"与"江声"两相对比，音律和谐工整，再现了夜过三峡时沿岸的风光与美景，凸显了穿越险滩，进入开阔江面之前特有的宁静。而"昏"字和"冷"字的运用，又赋予了船过三峡时"曲水通幽"的韵味。"神女知何处，时时云雨生"句，神女今在何处之问，则给雄峻的三峡披上一层神秘朦胧的面纱，引发人们的文化幽思。全诗创画精准，富有激情，反映了蜀中诗人"才博而肆"的诗风特点。

三峡沿岸夔门雄奇险峻，上悬下陡，如斧削而成，江水至此，水急涛吼，蔚为大观。古今诗人为之赞叹不已。如李白《早发白帝城》云："朝辞白帝彩云间，千里江陵一日还。两岸猿声啼不住，轻舟已过万重山。"杜甫亦云："众水会涪万，瞿塘争一门。"何明礼《入峡》虽然以"学古"为题，但并不拘泥于李、杜，而是独具风格，重视炼字，强调写意，为三峡这个旧题材注入了新诗意。李调元在《雨村诗话》中评价云："有《入

---

① 崇庆县新志编辑委员会：《崇庆县志》第32篇《人物》，四川大学出版社，1992年，第839页。

② 李调元：《蜀雅》卷十九，李调元：《函海》，嘉庆六年刻本。

峡》句云：'乱猿昏月色，残叶冷江声。'新城见之，必当击赏。"① 对何明礼此诗做了积极评价。

三是寓居感怀之诗。何明礼才情学问颇高，却长期潦倒科场。人生的失意挫折对他晚年的诗歌风格产生了重要影响。如《南天门》云："盘道扶云上，雾卷天门开。飘飘出世界，洒洒罡风来。……悬知天帝近，星汉共昭回。我欲蹑天宫，寒芒摘斗魁。灿烂云锦裳，天孙为我裁。只手扶瑶阙，长啸金银台……"② 该诗为登临泰山南天门而作，作为写景抒情诗，诗中却摘引了罡风、天宫、云锦裳、瑶阙等充满幻化神异色彩的字眼，与此前《西江晚渡》《入峡》善于选用灵动、写实的字句，追求真实、质朴的意境迥然不同，表现了晚年诸多不如意对他诗风的影响。

客居他乡带来的惆怅，还引发了何明礼对故友同年李调元等人的无限思念。如在《寄怀张太史鹤林年兄》《寄怀同年李羹堂》《寄怀同年张七臣》《初夏安化寺同人对雨得初字寄雨村》等诗中，把离群客处的苦闷心情发挥到了极致。何明礼年长李调元二十余岁，彼此才情相类，朝夕过从，感情交好。他在《寄怀同年李羹堂》中云：

> 别来诗兴近如何？不得羹堂一纸书。内翰文章曾欲试，年翁官职可新除。风清徐孺新书榻，月落黄公旧酒炉。嗟我离群千里外，梦中犹怪汝迁居。③

何明礼在诗后自注此诗缘由时云："京寓去羹堂（李调元，字羹堂）咫尺，朝夕过从。后羹堂移寓。而予亦来济南。梦中犹嗔其远也。觉而黯然，并志之。"虽然时过境迁，相隔甚远，但深厚的乡谊学友之情，绝非一时的离别就可以忘记的，故有"梦中犹怪汝迁居"之慨。何明礼曾作《调鼎图》一卷，大率"蓬莱山岛，不似人间也"。别人多讥笑之，李调元却为之题词，以李白、东方朔比况之。何明礼为此大喜过望，常常"每为

---

① 李调元原著，詹杭伦等校正：《雨村诗话校正》，巴蜀书社，2006年，第243页。按："新城"乃清代大诗人和著名诗歌评论家王士祯的代称，他是清代新城人。
② 李调元：《蜀雅》卷十九，李调元：《函海》，嘉庆六年刻本。
③ 李调元：《蜀雅》卷十九，李调元：《函海》，嘉庆六年刻本。

人诵之"①。

但科场命运的差别,却使二者的人生截然不同。李调元入翰林,跻身四品京官之列;何明礼客居他乡,替人做幕僚为生。身份地位造成的巨大反差,使何明礼免不了心生自卑。一句"别来诗兴近如何,不得羹堂一纸书",道出了多少对乡邦才子、忘年之交李调元的惦记与思念。"内翰文章曾欲试,年翁官职可新除"句,不仅关心李调元的文章德业,还心系其功名进取。"嗟我离群千里外,梦中犹怪汝迁居"句,直抒远离故乡、漂泊他乡的失意与惆怅。

何明礼在抒发对故友的思念之情时,还流露出对自身命运的不满与哀伤。如《寄怀张太史鹤林年兄》云:"丧家笑我真如狗,旧谑宁能忘骆驼。"称年龄小其一半的锦江学友张翯为兄,并自比为丧家之狗,自卑自贱之情可谓流露无遗。而《寄怀同年张七臣》开篇即云:"无缘富贵复何疑,命也天乎一听之。"则表现对自己无缘富贵、穷困不堪命运的无奈与心酸。

乾隆朝是清代诗坛的一大高峰,出现了以沈德潜"格调说"、翁方纲"肌理说"、王士禛"神韵说"、袁枚"性灵说"为代表的众多诗歌流派。在文字狱的淫威下,真正敢于面对现实,抒写性情,彰显个性的诗人寥寥无几。而明哲保身,拾人牙慧,抱残守缺,墨守"唐音宋调"的平庸之徒车载斗量。作为穷困潦倒,一介布衣的何明礼却勇于抒写真情实感,真实地反映社会与人生,在清代诗坛上可谓独树一帜。正如严迪昌在《清诗史》中所云:"(清代)诗艺高超的有识之士,以'学古'作为舟筏,登岸舍筏,学而不泥,不甘心匍匐老死在前人脚下。……诗正是有赖于他们的自谋生路而延续着强劲的命脉,中国史诗也终于得到灿若豹尾的结束之章。"②何明礼"才气豪迈",敢于展示诗人的个性,大胆开拓诗歌题材,为沉闷的清代诗坛带来了一缕清气,为蜀诗在清代诗史中争得了一席之地。

---

① 李调元:《蜀雅》卷十九,李调元:《函海》,嘉庆六年刻本。
② 严迪昌:《清诗史》,浙江古籍出版社,2002年,第9页。

锦江书院与"石室流风"

# 二、"蜀中三才"李调元

李调元（1734—1803），字羹堂、赞庵、鹤洲，号雨生，又号童山等，清四川罗江县（今四川省德阳市罗江县）人，肄业锦江书院。以学识才情出众，考课屡居案首，与何明礼、张翯、姜锡嘏、张邦伸、孟邵时称"锦江六杰"，李调元则被称作"锦江之魁"。乾隆二十八年（1763）癸未科二甲第十一名进士，曾官文选司、考工司主事，由广东学政改任畿辅通永道，以劾永平知府弓养正获罪发遣伊犁，后得赎归。李调元是我国著名的藏书家，所刻《函海》被誉为"海内宗"流布海内外，著有《童山诗集》《童山文集》，与彭端淑、张问陶并称"蜀中三才"，在清代文学史上占有重要地位。嘉庆《四川通志》、嘉庆《华阳县志》、《清史列传》等有传。

## （一）求学蜀浙

在乾嘉诸学人中，一般存在经师不善辞赋、善辞赋者不善经术的现象，如李调元般"有文才而兼治朴学"，博雅鸿通，兼具蜀学与江南之学精蕴者实属少见。这与李调元特殊的求学背景和师承关系是有密切联系的。李调元的才情与学术风格的养成，大致经历了"居家读书""游学江南""锦江就学"三个阶段。

1. 居家读书

乾隆三年（1738），李调元年满五岁，遂入家塾拜中江名师刘一飞为师。塾师所授《四书》《尔雅》之书，转瞬即能成诵。七岁，在父李化楠教导下，初读唐诗，即能属对。《童山自记》云："一日出对曰：'蜘蛛有网难罗雀。'当时微雨，蚯蚓出。余对曰：'蚯蚓无鳞欲变龙。'先君惊奇不已。"① 又《童山诗集》卷26《访彰明旧同学明经郭幹》下自注云："幹席间诵余七岁作《疏雨滴梧桐》诗，云：'浮云来万里，窗外雨霖霖。滴在梧桐上，高低各自吟。'"② 表现出过人的机敏与才智。刘一飞宽严相济，注重培养儿童时期的李调元的才智，为李调元日后才华横溢打下了牢固基础。乾隆五十三年（1788），刘一飞病故，李调元为之作挽诗《挽刘一飞先生》云："惟我刘夫子，当今第一流。大才屈庠序，小隐见谋猷。幼荷栽培笃，威宽夏楚收。勾余山水窟，名士陆潘俦。……何意衰归里，旋闻病不瘳。束脩何处献，涕泗迸双眸。"③ 表达了对蒙师刘一飞的无限感激与深切怀念。

李化楠（1713—1769），字廷节，号石亭，乾隆六年（1741）举人，乾隆七年（1742）进士。历官浙江余姚、秀水县令，授直隶沧州知州，补天津海防同知，任宣化府、顺天府北路厅同知等。在顺天府任上，委办平谷城工，兼密云县令，办理"张乙剪辫"案，尽心竭力，刚直不阿，乾隆帝笑谓，李化楠"可谓强项令矣"④。著作有《万善堂稿》《石亭诗文集》《醒园录》等传世。

李化楠初在本村龙神堂古刹设馆授徒。乾隆十一年（1746），李化楠又于县城内丰都庙设馆，遂携李调元自课。李化楠学识渊博，尤好经义，时称绵州名儒，罗江第一名贤。课育调元循循善诱，曾作《夜坐偶成示调元》诗云："一灯勤教子，诵读莫辞辛。书是传家宝，儒为席上珍。志高鶱碧汉，落笔动星辰。受得苦中苦，方为人上人。"⑤ 勉励李调元志存高远，

---

① 李调元原著，郑家治、尹文钱校正：《童山自记》，郑家治、尹文钱著：《李调元文化研究述论》，巴蜀书社，2011年，第326页。

② 李调元：《童山诗集》卷二十六《访彰明旧同学明经郭幹》，丛书集成初编本，中华书局，1991年，第343页。

③ 李调元：《童山诗集》卷二十六《挽刘一飞先生》，丛书集成初编本，中华书局，1991年，第354页。

④ 参见李调元：《童山文集》卷十八《石亭府君行述》，丛书集成初编本，中华书局，1991年，第202页。

⑤ 李化楠：《石亭诗集》卷一《夜坐偶成示调元》，李调元：《函海》，嘉庆六年刻本。

勤奋苦读，成为出类拔萃的"人上之人"。乾隆十二年（1747）至乾隆十四年（1749），李化楠在绵州高水井何宅设馆授徒，李调元随父攻读。并与蜀中才俊周光宇、唐乐宇、何人麟等结交，研习经史，讨论学问。在李化楠悉心训育及师友提点下，李调元的学业不断进步。他在《童山自记》中回忆居家就学时的情形时，云："遂日读明文数篇，略知大义。先君命作'天下有道则见'，题破用韩文'明天子在上，可以出而仕矣'。"[1] 表现出与众不同的眼界与才气。李化楠曾举李调元（课艺）示人曰："此乃吾儿也。"[2] 以示对调元的嘉奖。蜀中良师的训育、与学友的交流和家学的熏陶砥砺，为李调元打下了坚实的蜀学基础。

乾隆十六年（1751），李化楠进京参加谒选，分发浙江，历任浙江余姚、秀水、平湖等县知县。在浙江任官七年，李化楠勤政爱民，重视文教，政绩颇著。在姚江任上，重修姚江书院，延名师李祖惠、张羲年为掌院山长，拔置优秀生童肄业其中，并刻《姚江课士录》，培养出了邵晋涵等有清一代著名学者。李化楠曾两次充任乡试同考官，所考堪称得人，姚江名士李祖惠、俞经皆出其门下。

乾隆十七年（1752），李调元应童子试、州考、学考均列第一，入庠。李调元卓越的才情与学识，得到了绵州知州费云庄的赏识，并预言李调元"他日必为翰林"[3]，调选他入涪江书院肄业，师从归安名师张巨堂。费云庄、张巨堂二人都是浙江归安（今浙江省湖州市）以诗文著称的名士。李调元肄业涪江书院，首次接触江浙考据之学，这是李调元由蜀学转入浙学的开始，也是李调元治学旨趣的首次转变。

2. 游学江浙

乾隆十八年（1753），李调元年方 20 岁。他与弟谭元伺祖母赵氏、继

---

[1] 李调元原著，郑家治、尹文钱校正：《童山自记》，郑家治、尹文钱著：《李调元文化研究述论》，巴蜀书社，2011 年，第 326 页。
[2] 李调元原著，郑家治、尹文钱校正：《童山自记》，郑家治、尹文钱著：《李调元文化研究述论》，巴蜀书社，2011 年，第 326 页。
[3] 李调元：《淡墨录》卷十二《知人》，丛书集成初编本，中华书局，1991 年，第 175 页。

母吴氏由水路前往浙江余姚县署省父。在浙江期间，李调元分别从俞经、李祖惠、施瞻山、陈沄、查虞昌、钱陈群等浙中名师问学，并与邵晋涵、沈初等浙江才俊订交（后附详表）。李调元遍访名师，广交学友，系统学习了浙中诗法、文法、经术的精华以及科举制艺的技巧，为日后的科举仕途与学术研究打下了坚实基础。

余姚本为王阳明故里，是明清之际中国思想学术重镇，素有重视经史之学与强调事功之风的传统。茹棻在《重修姚江书院碑记》中就此介绍云："姚江阳明先生以致良知之学，接洙泗见闻之统，学术、事功炳于天壤，固其地之先师也。"① 到了清代，王学虽日渐衰微，但作为阳明故里的姚江书院却始终延续着阳明之学的传统。梁启超曾评价姚江书院派的地位与影响时云：

> 所以王学入到清代，各处都渐渐衰息，惟浙东的流风余韵，还传衍得很长。阳明同县（余姚）人著籍弟子最显者，曰徐曰仁（爱）、钱绪山（德洪）。明清之交名其学者，则梨洲与沈求如（国模）。②

沈国模（求如）与管宗圣、史孝咸、史孝复共同创建了姚江书院，人称姚江书院"四先生"。他们以王学核心——"致良知"作为书院的办院宗旨，主张"学术高于一切，主张辟佛"③，培养了韩遗韩（孔当）、邵鲁公（曾可）等著名院生。书院名师邵廷采等相继讲学其中，主张"致良知"，坚守阳明治学之道。姚江书院的治学流派也因此被世人称作姚江学院派。黄宗羲乃一代名儒，继承其师刘宗周的蕺山学派思想，主张"诚意说"，修正并发展了王学。王阳明和黄宗羲两派在思想学术观点上虽然有异，但一般说来，刘宗周、黄宗羲发展了阳明学说，是王学的修正派；姚江学院派则属于墨守阳明之学的一派。二者虽各有侧重，但属王学的不同

---

① 邵廷采：《姚江书院志略》卷下《重修姚江书院碑记》，乾隆增刻本。
② 梁启超原著：《中国近三百年学术史》，朱维铮校注：《梁启超论清学史二种》，复旦大学出版社，1985年，第150页。
③ 参见钱茂伟：《姚江书院派研究》，中国社会科学出版社、文化艺术出版社，2005年，第46—49页。

流派无疑。此外，黄宗羲与姚江书院也常有联系，他家毗连姚江书院，他曾两次参加姚江书院的崇祀活动，参与了一次会讲，而姚江书院派的著名人物邵廷采曾随黄宗羲问学。说姚江书院派与蕺山学派"始归于一"① 并不为过。

姚江书院兴起于明末，康熙、雍正间颇为兴盛，到乾隆中期，书院虽略显衰落，但王学尊经重道之风尚在，书院"学术至上，学以经世"的余韵犹存，不少名师耆旧仍在书院讲学课士。

李调元游学江南，肄业姚江书院六年。在众多良师益友的指点、全新的治学思路与方式引领下，开阔了学术视野，夯实了学术功底，为他日后的发展奠定了坚实基础。

乾隆十九年（1754），李调元师从鄞县人俞经（字醉六）问学。俞经，生卒年不详，工诗善文，才学为李化楠所器重。《雨村诗话》卷七云：

> 鄞县俞醉六先生经，先北路公壬申本房，余所受业也。诗工小乐府，多借题发挥，别抒心意。有《黄雀行》云："黄雀田间翔，田夫逐若狂。恶彼食稻粱。黄雀不肯去，步啄如故常。……黄雀虽有罪，有时能食蝗。"寓意深远。②

俞经是李化楠充任乾隆十七年（1752）浙江乡试主考官时所拔之士，其人精研经术，诗工小乐府。俞经作诗颇重视选题与立意，所作《黄雀行》素为李调元欣赏。俞经教李调元学习举子业的同时，亦授之以作诗之法，对李调元的诗文风格产生了较大影响，被李调元视为一生推重的业师。李调元离浙回川之前，曾作《将归剑南之鄞别俞醉六师经》诗以留别俞经，云："杖履春风坐有年，担囊行色又苍然。后堂此日辞张禹，前帐当时授郑玄。蜀道如天云渺渺，吴船连月雨绵绵。闻鸡起舞寻常事，肯让加鞭祖逖先。"③ 表达了对俞经教诲的感激之情。

---

① 梁启超原著：《中国近三百年学术史》，朱维铮校注：《梁启超论清学史二种》，复旦大学出版社，1985年，第151页。
② 李调元原著，詹杭伦等校正：《雨村诗话校正》，巴蜀书社，2006年，第168页。
③ 李调元：《童山诗集》卷四，丛书集成初编本，中华书局，1991年，第39页。

## 第五章 肄业者"追前贤懿轨"

乾隆十九年（1754），李调元再入姚江书院随李祖惠学习治经之术。李祖惠，生卒年不详，本姓沈，号虹舟，乾隆十七年浙江解元，连捷三甲进士，曾任清江西高安县（今江西省宜春市高安县）知县，亦为李化楠早年所取士也。李祖惠"以老名士驰声大江南北"，尤精于经学，著有《虹舟讲义》；亦能诗，而"醉后诗尤捷"①。李祖惠乃"两浙名宿"②，掌教姚江书院，主张研读经典，"以经学为制艺"③，书院一时士风兴盛，人才蔚起。如清代经学名家邵晋涵、诗人张羲年皆其门生。在李祖惠提点下，李调元"刻志读书，竟夜不寐"④，学业大进。《童山自记》云："是年，浙抚雅公观风余姚，余侧名诸生卷中，取第一。"⑤乾隆二十八年（1763），李祖惠由高安县知县改教授职来京，李调元与之再相见，曾作《送别沈虹舟先生李祖惠归吴江》云："……先生古文日星烂，气排山岳光氤缦。至今元气留肝脾，孔鼎汤盘无敢玩。……"⑥表达了他对恩师李祖惠的感激与崇敬。

乾隆二十年（1755），李调元与姚江茂才张羲年、邵晋涵订交，互相研习经术与学问，学习举业诗文，在经术、诗文方面均有较大进步。

张羲年曾与李调元"深相结纳"，互为知己。张羲年，生卒年不详，字淳初，浙江余姚（今浙江省宁波市余姚市）人。博学工文，才华横溢，以选贡任於潜县训导，奉命分校《四库全书》，出任国子监助教。掌教姚江书院，倡导"学以经世，反对朱、陆异同之辨，略存韩氏（孔当）宗风"⑦。张羲年坚持姚江书院治学传统，延续阳明之学，为时人所称颂。著

---

① 李调元原著，詹杭伦等校正：《雨村诗话校正》，巴蜀书社，2006年，第220页。
② 李调元原著，郑家治、尹文钱校正：《童山自记》，郑家治、尹文钱著：《李调元文化研究述论》，巴蜀书社，2011年，第327页。
③ 李调元原著，詹杭伦等校正：《雨村诗话校正》，巴蜀书社，2006年，第192页。
④ 李调元原著，郑家治、尹文钱校正：《童山自记》，郑家治、尹文钱著：《李调元文化研究述论》，巴蜀书社，2011年，第328页。
⑤ 李调元原著，郑家治、尹文钱校正：《童山自记》，郑家治、尹文钱著：《李调元文化研究述论》，巴蜀书社，2011年，第328页。
⑥ 李调元：《童山诗集》卷七，丛书集成初编本，中华书局，1991年，第74页。
⑦ 转引自季学原主编：《姚江文化史》，宁波出版社，1998年，第272页。

作有《丧礼详考》《周官随笔》等传世。李调元《雨村诗话》卷六记载他与张羲年的交谊时云："适先君试童子,题为《一卷石之多》,亦命余作。曰:'汝不及张羲年也。'取予为次。曾出其《睇筠轩集》示余,见《五人墓》起句云:'生不畏九千岁,死不愧六君子。'惊曰:'此诗人也!'遂深相结纳。"① 李调元与张羲年互相切磋学业,对增进李调元学问颇多益处。后张羲年奉命分校《四库全书》来京,与李调元相见,彼此吟诗作文,相与往还,情谊深厚。

邵晋涵(1743—1796),字二云,浙江余姚人,清代著名的朴学家。乾隆三十六年(1771)进士,翰林院庶吉士,授编修,曾充任《四库全书》《八旗通志》《三史》《三通》馆纂修官、国史馆提调。著有《尔雅正义》《孟子述义》《穀梁正义》《韩诗内传考》等。《清史稿》有传。

邵晋涵精于小学,尝谓"《尔雅》者六艺之津梁,而《邢疏》浅陋不称"②,是清代著名的经史名家。先后出任广西乡试正考官,侍读学士,日讲起居注官,是乾隆朝著名的"学者型官员"。邵晋涵是姚江学院派著名院长邵廷采的从孙。幼承家训,学有本原,素有神童之誉。李化楠县试生员,令其背《五经》,一字不失。再试以诗,即有"小鸟解依人"句,为李化楠所器重,谓其父曰:"此汝家千里驹也!"③ 命与李调元订交,共同研习经史,砥砺学业。邵晋涵是李调元的终生挚友。乾隆二十二年(1757)李调元将归蜀,邵晋涵屡次挽留。李调元曾作《鹁鸪寺夜多不寐怀余姚张淳初羲年、茂才邵二云晋涵平湖沈云椒初秀水钱受之受谷两中翰》答云:"丛林真是一枯丛,不尽寒山袅袅风。无故忽鸣惊腊鸟,有时高度云江鸟。南邦故友空相忆,西蜀人才孰与同。正在梦中鸡唤醒,起来无处寄诗筒。"④ 以示对邵晋涵的深切怀念。邵晋涵成进士,入四库馆修纂

---

① 李调元原著,詹杭伦等校正:《雨村诗话校正》,巴蜀书社,2006年,第151页。
② 王钟翰点校:《清史列传》卷六十八《儒林传》,中华书局,1987年,第5526页。
③ 李调元原著,詹杭伦等校正:《雨村诗话校正》,巴蜀书社,2006年,第220页。
④ 李调元:《童山诗集》卷四,丛书集成初编本,中华书局,1991年,第40页。

《四库全书》，复与李调元相见，彼此感情更笃。李调元纂辑《函海》，其中不少罕见典籍文献资料，实赖邵晋涵从四库馆中借抄而来。

邵晋涵学识渊博，于四部七略，靡不研究，是浙东学派著名的经学家、历史学家和姚江书院派的著名代表，乾隆三十六年（1771）会试第一名进士。李调元乃西蜀英才，清代蜀学的著名人物，乾隆二十八年（1763）会试第二名进士。二者分别是乾隆时期浙江、四川科举士子中的著名人物。他们问学时同在姚江书院，出仕后彼此关照，学术上互相支持，友情相当深厚，是清代蜀学与浙东学派互相交融影响的典型范例，成就了清代地域学术研究史上的又一段佳话。

在余姚问学期间，李调元主要研习的是科举制艺时文之学，其学术根柢并不深厚。乾隆二十一年（1756）归蜀应本省乡试下第后，又于乾隆二十二年（1757）复至浙江，随父任，先在平湖师从徐玮问学，续学诗于查虞昌，后再回秀水受业于钱陈群，并从陆宙冲学画。同时，与秀水钱受谷、平湖沈初订交，系统地研习根柢实学。在浙中名师查虞昌、钱陈群的亲自课育下，李调元广搜博采，吸取查、钱二师家法，作诗讲究格律；治经讲理法，贵经术，颇得浙学精髓，学识较前已有根本性的提升。

查虞昌，生卒年不详，字凤喈，号梧冈，浙江海宁（今浙江省嘉兴市海宁市）人，乾隆十九年（1754）二甲进士，以诗文名世。历官户部主事、户部郎中，后选任安徽池州知府，不就，携眷回浙江归籍，著有《梧冈诗钞》传世。乾隆二十一年（1756），李化楠由秀水调繁平湖，延请查虞昌到平湖执教李调元昆弟二人。乾隆二十二年（1757）查虞昌丁艰归籍，李调元随馆于其家。乾隆二十六年（1761），查虞昌补官在京，李调元以会试榜授中书，曾再馆于查虞昌大马神庙宅，向查氏请益学业。

李调元自入浙以来，分别师从俞经、李祖惠、陈沅等，但皆从学未久，所学主要是科举制艺等时文之法。唯师从查虞昌，"则诗古文辞，独得心传，穷究五经廿一史，旁涉百家"①，受益良多。查虞昌系统深入的指授，为李调元打下扎实的学术基础，拓宽了李调元的学术视野。故李调元曾自云："盖学自是始有根柢云。"②表达他对查虞昌悉心教授的感激之怀。查虞昌不仅强调经史的根柢作用，还注重从理论上提升李调元的诗歌创作水平。查虞昌本是清代著名的诗歌理论家，提倡"诗本家法，格律谨严，有批点元人《瀛奎律髓》，深恶诗眼之非"③。雍正四年的文字狱虽然对海宁查氏家族打击很大，但查氏以儒为业、耕读为务的家学传统未丢。查虞昌在诗学上见解独到，所作诗歌重家法，严守格律，以风韵、神韵为主，而气必雄浑，词必典丽。其诗《冬日田家》句云："橘槔悬远圃，碌碡卧斜阳。"④格调严整，韵味悠远，融合了清代格律派与神韵派二派之优长，李调元谓之"可入《豳风》图"⑤。查虞昌从理论上指导李调元作诗，对提升李调元的诗作水平影响较大，他曾就此自云："余诗得先生而益进。"⑥可见查虞昌是影响李调元诗文风格的终身业师。他在《雨村诗话》中云："余诗学授于海宁查梧冈先生，而科举实得力于钱塘陈学川先生沄。"⑦《淡墨录》卷十三亦云："回忆朝夕训迪苦心，不禁泪浡浡云。"⑧均表达了这一观点。

如果说李调元师从查虞昌重在接受经史、诗文等训导的话，那么钱陈群的提点则使李调元学识精进，成为他日后乡试、会试取得优异成绩的重要前提。

---

① 李调元：《淡墨录》卷十三《预定两魁》，丛书集成初编本，中华书局，1991年，第206页。
② 李调元：《淡墨录》卷十三《预定两魁》，丛书集成初编本，中华书局，1991年，第206页。
③ 李调元原著，詹杭伦等校正：《雨村诗话校正》，巴蜀书社，2006年，第122页。
④ 李调元原著，詹杭伦等校正：《雨村诗话校正》，巴蜀书社，2006年，第122页。
⑤ 李调元原著，詹杭伦等校正：《雨村诗话校正》，巴蜀书社，2006年，第122页。
⑥ 李调元原著，詹杭伦等校正：《雨村诗话校正》，巴蜀书社，2006年，第122页。
⑦ 李调元原著，詹杭伦等校正：《雨村诗话校正》，巴蜀书社，2006年，第235页。
⑧ 李调元：《淡墨录》卷十三《预定两魁》，丛书集成初编本，中华书局，1991年，第206页。

钱陈群（1686—1774），字主敬，号香树，浙江嘉兴（今浙江省嘉兴市）人，康熙六十年（1721）进士。历任授翰林院编修，侍读学士充日起居注讲官，提督顺天学政，刑部左侍郎，充大清会典馆副总裁，死后赐尚书衔，加太子太傅，入祀贤良祠。钱陈群学问渊醇，著有《香树斋集》。

钱陈群于诗尤精，是清代与沈德潜齐名的儒臣。乾隆皇帝曾为之"御制《怀旧诗》，列陈群于五词臣中"[①]。乾隆二十二年（1757），李化楠调繁秀水，李调元随父任回秀水读书。当时，奉谕在籍食俸的钱陈群正好居家秀水县金陀坊，李调元遂得以有机会请益于钱陈群。李调元入浙问学，师从俞经、李祖惠、查虞昌问学多年，谙熟浙学诗文技法，才学大进，故钱陈群一见其诗文，即惊曰："公子殆非蜀人，乃吾浙人也。可受业吾门，吾当教之。"[②] 从此，李调元在金陀坊受业于钱陈群。一日，钱陈群命以《春蚕作茧》为题作诗，李调元得句，云："不梭还自织，非弹却成圆。"[③] 为钱陈群所赞赏，并激励云："他年成进士，入翰林，声名鹊起，余企望之。"[④] 在名师钱陈群的教授与激励下，李调元在诗文和学业上大有进步。李调元在《雨村诗话》卷一中回忆时云："后予以己卯乡试第五名，癸未会试第二名，入翰林，报到。公笑曰：'余所赏识，固不谬也。'"[⑤] 钱陈群的教诲恩遇，李调元终生未尝敢忘。乾隆三十九年（1774）李调元典试广东，在北峡关见钱陈群所题壁诗，因和云："当年我师帷，诗题驻节后。……今亦持节来，不见泰山寿。犹忆昔时言，尔是峨眉秀。"[⑥] 表达了对恩师的怀念与感激。

---

[①] 王钟翰点校：《清史列传》卷十九《大臣画一传档正编》，第十六，中华书局，1987年，第1447页。
[②] 李调元：嘉庆《罗江县志》卷九《李调元自传》，嘉庆七年刻本。
[③] 李调元原著，詹杭伦等校正：《雨村诗话校正》，巴蜀书社，2006年，第27页。
[④] 李调元原著，詹杭伦等校正：《雨村诗话校正》，巴蜀书社，2006年，第27页。
[⑤] 李调元原著，詹杭伦等校正：《雨村诗话校正》，巴蜀书社，2006年，第27页。
[⑥] 李调元：《童山诗集》卷十五，丛书集成初编本，中华书局，1991年，第198页。

### 李调元浙学师承表

| 姓名 | 籍贯 | 科第仕宦 | 主要著作 | 备注 |
|---|---|---|---|---|
| 俞经（醉六） | 鄞县 | 乾隆十七年（1752）举人 | 《黄雀行》 | 俞经是李调元所谓受业之师，事迹载《雨村诗话》卷七。《童山诗集》卷三载李调元《题俞醉六夫子小照》。 |
| 李祖惠（虹舟） | 嘉兴 | 乾隆十七年（1752）浙江解元，连捷进士，瑞安县知县，改国子监教授。 | 《虹周四书讲义》《西征集》。 | 李祖惠事迹见《雨村诗话》卷五。《童山诗集》卷七，载《送别沈虹舟先生李祖惠归吴江》。 |
| 施沧涛（瞻山） | 诸暨 | 乾隆七年（1742）进士，国子监博士，绍兴府学教授。 | 《石云楼集》 | 施沧涛教李调元以诗法，《雨村诗话》卷二有载。 |
| 陈沄（学川） | 钱塘 | 乾隆三十七年（1772）进士，翰林院庶吉士。 | 《暨阳同山陈氏宗谱》 | 李调元师事陈沄于县署六不斋，事见《雨村诗话》卷十。 |
| 徐玮 | 不详 | 乾隆七年（1742）进士，官至编修。 | 不详 | 事迹见《童山自记》。 |
| 查虞昌（凤喈） | 海宁 | 乾隆十九年（1754）进士，安徽池州知府，户部郎中。 | 《梧冈诗钞》《凤喈自撰年谱》 | 查虞昌事迹，《淡墨录》卷十三有载，李调元师事查虞昌，见《雨村诗话》卷四、卷十。 |
| 钱陈群（香树） | 嘉兴 | 康熙六十年（1721）进士，直南书房，官至刑部左侍郎，卒谥文端。 | 《香树斋文集》《续钞》 | 李调元师事钱陈群事，《雨村诗话》卷一、嘉庆《罗江县志·李调元自传》《童山自记》等有载。 |
| 陆宙冲（渔六） | 秀水 | 不详 | 不详 | 李调元师事陆宙冲事，《雨村诗话》卷三有载，《童山自记》卷四载《新春苦雪次陆渔六韵赠天宁寺僧》《嘉禾留别渔六》。 |

说明：1. 籍贯指县级行政单位，以下各表同；2. 仕宦指清代官职。

**李调元浙学诸友表**

| 姓名 | 籍贯 | 科第、仕宦 | 主要著作 | 备注 |
|---|---|---|---|---|
| 张羲年（淳初） | 余姚 | 乾隆年间拔贡任教谕，国子监助教，为协勘《四库全书总目》官。 | 《噉蔗全集》《丧礼详考》《周官随笔》 | 张羲年与李调元订交事，《雨村诗话》卷六有载。 |
| 邵晋涵（二云） | 余姚 | 乾隆三十六年（1771）进士，分纂《四库全书》，擢侍讲学士。 | 《尔雅正义》《孟子述义》《南江诗文稿》 | 李调元与邵晋涵订交事，《雨村诗话》卷九、《童山自记》有载。 |
| 沈初（云椒） | 平湖 | 乾隆二十七年（1762）进士，曾任内阁中书，迁江西学政，吏部、户部尚书，谥号文恪。 | 《兰韵堂诗文集》 | 李调元与沈初订交事，《童山自记》有载。《雨村诗话》卷四载《……怀张羲年、邵晋涵、沈初、钱受谷》。 |
| 钱受谷（受之） | 秀水 | 乾隆二十五年（1760）进士，户部员外郎，官至云南迤东道。 | 不详 | 李调元与沈初订交事，《童山自记》有载。《雨村诗话》卷四载《……怀张羲年、邵晋涵、沈初、钱受谷》。 |
| 浦霖 | 嘉善 | 乾隆二十八年（1763）进士，福建、湖南巡抚。 | 不详 | 李调元与浦霖同在查虞昌门下问学，事迹载《淡墨录》卷十三。 |

3. 就学锦江书院

乾隆二十四年（1759）三月，李调元回蜀补岁、科试。李调元非凡的学识与才情，为学使史怿堂所赏识，被其破格从补考卷中提拔为一等。李调元在《童山自记》中回忆此事时云："三月至成都补岁试，又准附一等末，科考复第一。"[①] 史怿堂并谓教官云："吾考蜀三年，未尝见一秀才。此生文字皆佳，方可当'秀才'二字。"[②] 遂命给双红鼓乐送出，即日送省城大书院锦江书院肄业。

---

① 李调元原著，郑家治、尹文钱校正：《童山自记》，郑家治、尹文钱著：《李调元文化研究述论》，巴蜀书社，2011年，第330页。

② 李调元：《挽洗马史怿堂先生贻谟二首并序》，《童山诗集》卷十四，丛书集成初编本，中华书局，1991年，第184页。

## 锦江书院与"石室流风"

李调元肄业锦江书院期间,得到蜀中名师的指点,并与蜀中学友交流学问,学识得以再次提升。当年四月,总督开泰主持官课,月课复考,第一李调元,第二张翯,第三姜锡嘏,第四张邦伸,李调元夺得锦江书院月考之魁。是年七月,李调元与锦江书院诸生一道参加乡试,又获佳绩。《雨村诗话》卷十二载:"余以科考第一,学宪史怿堂先生送入锦江书院肄业。时掌教为金堂高白云先生。余与崇庆何希颜(明礼)、成都张鹤林(翯)、内江姜尔常(锡嘏)、中江孟鹭洲(邵)、汉州张云谷(邦伸),并在及门。"① 何明礼领衔解元,李调元中第五名,孟邵中第十二名。后张翯、姜锡嘏、孟邵连捷翰林,李调元迟一科亦入词馆成翰林。

问学两浙名师,与江南才俊邵晋涵、沈初等订交,提升了李调元的学识水平,并使他深得浙学的精髓。而肄业四川省城锦江书院,在高辰、顾汝修等蜀中名贤的指导下,与何明礼、孟邵、张邦伸等蜀中才俊探讨学问,使李调元得以领悟蜀学开放博杂、勇于创新、重史尚文的精华。李调元出蜀入浙,由浙返蜀,增强了他的学问功底,开阔了他的学术视野,提升了他的学术修养,在学、识、才、情等方面,均呈现出高人一等的态势,故史怿堂誉之为"此蜀中翘楚也"②。

从上述李调元二十一年的求学经历来看,居家读书期间,李调元从5岁启蒙到18岁应童子试成秀才之前,主要是随父在罗江县、绵州等地读书,熟悉经史文辞文本,接受蜀学重史、尚文等学术传统熏陶。同时与蜀中才俊周光宇、唐乐宇、何人麟等乡谊订交,为他熟识蜀学传统打下了基础。游学江南,在姚江问学于俞经、李祖惠、施瞻山等人,重点研习科举制艺时文之法;师从查虞昌,"穷究五经廿一史,旁涉百家",深入系统研读经史百家之学,拓宽了李调元的学术基础,为李调元日后在学术上的发展扎牢了根基。在查虞昌精心指导下研习作诗理论及技巧,使李调元诗歌打上江浙诗人的烙印。钱陈群纠正李调元"贪多为富"的毛病,使李调元

---

① 李调元原著,詹杭伦等校正:《雨村诗话校正》,巴蜀书社,2006年,第277页。
② 李调元原著,郑家治、尹文钱校正:《童山自记》,郑家治、尹文钱著:《李调元文化研究述论》,巴蜀书社,2011年,第331页。

掌握了诗文正法，提升了李调元的眼界。而与张羲年、邵晋涵、沈初、钱受谷等浙江俊才订交，互相砥砺学问，对他掌握两浙、江南学问之要领，提升学术识见，产生了重要影响。锦江问学，师从高辰、顾汝修等蜀中名师学诗古文辞、宋儒义理之学，并与何明礼、姜锡嘏等杰出院生订交，增见了他对蜀学的认识，丰富了他的蜀学基础。出蜀学入浙学，再复归蜀学的过程，对李调元形成宏博与精深的学风产生了重要影响。蜀学博杂多闻、崇尚经史文辞的学术特点，对李调元博雅鸿通、能诗善文的非凡才情影响深刻；而浙学精于经术、重视考据的朴学精神，则为李调元打上了乾嘉实学的深刻印记。

李调元学贯蜀学与浙学，融合诸家学问之精，为封闭故旧的蜀学注入了乾嘉实学的新气象，实现了蜀学与江南学问的兼并交融，有益蜀学的恢复与继续发展，对提振蜀中衰微的人文士气产生了积极作用。正如袁枚《奉和李雨村观察见寄元韵》所云："正想其人如白玉，高吟大作似黄钟。《童山》集著山中业，《函海》书为海内宗。西蜀多才君第一，鸡林合有绣图供。"[①] 反映了游学经历对李调元日后成为有清一代蜀学巨擘、西蜀文坛之领袖的重要作用。

## （二）宦海沉浮

乾隆二十六年（1761），李调元参加恩科会试。该科副总裁观补亭搜落卷，以其礼经《鸣鸠拂其羽》文、《贤不家食》诗冠场，意欲拟作前列，为房考官赵瑗反对，正科不第，遂取入中正榜赴内阁票签任办事。次年，补国子监崇志堂学录。国子监为礼乐诗书荟萃之地，学录为成均教官，乃天下诸贡监师，为李调元广结人缘（见附表），并得以温习举业提供了良好的环境。与有国士之称、以诗名于江浙间的丹徒诗人王文治，惜惜好

---

① 袁枚：《奉和李雨村观察见寄元韵》，李调元：《童山诗集》卷三十四，丛书集成初编本，中华书局，1991年，第470页。按：此诗袁枚《小仓山房诗文集》未予收录，仅载于《雨村诗话》和《童山诗集》中。

儒、以经史古文闻名江淮的歙县程晋芳，清代著名历史学家、诗人赵翼等订交，正是这一时期。李调元与他们为诗酒会，唱酬往返，堪称莫逆之交，对他今后的治学之路产生了重要影响。而时与海宁著名举人祝德麟，司礼监诸生、锦江书院同院生陈琮等同习举业，则增进了李调元与他们的学友感情。祝德麟是《童山诗集》中与李调元诗文唱酬最多的朋友。陈琮与李调元是儿女姻亲，李调元不朽之业《函海》正是依靠陈琮的资助才刊行面世的。

国子监新交诸友表（乾隆二十七年）

| 姓名 | 籍贯 | 科第、仕宦简介 | 主要著作 | 备注 |
|---|---|---|---|---|
| 王文治（禹卿） | 丹徒 | 乾隆二十五年（1760）一甲第三名进士，翰林院编修，侍读学士，曾官云南临安府知府。 | 《梦楼诗集》《赏雨轩题跋》 | 李调元癸未房师，所谓"平生恩师，受知最重"①，事迹《淡墨录》卷十五、与李调元诗文往来，《童山诗集》卷二、卷七、卷四十三等有载。 |
| 童凤三（梧冈） | 山阴 | 乾隆二十五年（1760）进士，翰林院庶吉士，曾任太常寺卿、江西学政，官至吏部侍郎。 | 《慎独斋吟剩》 | 李调元所谓"与余交最笃"者，事迹《雨村诗话》卷三有载。 |
| 宋铣（小岩） | 吴县 | 乾隆二十五年（1760）进士，庶吉士，官至衢州知府。 | 《静永堂诗稿》 | 《童山诗集》卷九载《送编修宋小岩（铣）回吴》。 |
| 赵翼（云崧） | 阳湖 | 乾隆二十六年（1761）进士，曾任广州府知府、贵州贵西道兵备道等职。 | 《瓯北诗话》《廿二史札记》《陔余丛考》 | 赵翼与李调元交厚，《童山诗集》卷十载《答赵云松观察书》、《童山诗集》卷四十一载《和赵云松观察见寄感赋四律元韵》等。 |

---

① 李调元原著，郑家治、尹文钱校正：《童山自记》，郑家治、尹文钱著：《李调元文化研究述论》，巴蜀书社，2011年，第334页。

续表

| 姓名 | 籍贯 | 科第、仕宦简介 | 主要著作 | 备注 |
|---|---|---|---|---|
| 程晋芳（鱼门） | 歙县 | 乾隆三十六年（1771）进士，翰林院编修，以吏部员外郎出任《四库全书》纂修官，后改编修。 | 《诸经答问》《群书题跋》《勉行堂集》 | 程晋芳与李调元最称莫逆，《雨村诗话》卷二载其事迹，《童山诗集》卷九载《忆中翰程鱼门晋芳》。 |
| 徐步云（蒸远） | 兴化 | 乾隆二十七年（1762）召试举人，授内阁中书，军机处行走，选徐州通判，官至广西巡抚。 | 《砚北花南吟草》《于役集》 | 李调元与徐蒸远交往事，《雨村诗话》卷九、《童山诗集》卷七有载。 |
| 祝德麟（芷塘） | 海宁 | 乾隆二十八年（1763）进士，翰林院庶吉士，官至御史，以言事不合，镌级归里。 | 《悦亲楼诗集》《离骚草木疏辨正》 | 与李调元交往至深，诗文往来最多，《淡墨录》卷十五、《童山自记》、《童山诗集》卷七、卷八、卷九等均有载。 |

乾隆二十八年（1763）三月，李调元第三次参加会试，位列第二名；四月殿试，中二甲第十一名；五月乾隆皇帝御试，钦取第五名，选翰林院庶吉士。李调元以西蜀偏僻之人，既成进士，又喜中高魁，入词馆成翰林，可谓为人文不振的四川士子争得了足够的脸面。李调元《蒙恩点翰林院庶吉士恭纪》感叹云："颔髭敢诩掇巍科，献策彤庭答拜歌。两载抽毫趋凤阁，一朝曳裾上鸾坡。散班玉笋青衫少，仙侣金华黑发多。盛代崇文真忝窃，小臣报称应如何。"[①] 多年的勤苦努力如愿以偿，脱去青衫布衣，进入"彤庭"，登上"鸾坡"，步入高层殿堂，心里充满了喜悦与自豪之情。李调元才华横溢，英气纵横，为乾隆皇帝所器重，为诸同年诸友所推重，自是欣喜不已。翰林院三年，与诸同年编修沈初、韦谦恒、褚廷璋、吴省钦、祝德麟、朱子颖等同作馆课，每月轮流作会，讨论学术，吟诗作文；并与馆阁前辈如工部侍郎刘星炜、兵部侍郎纪昀、内阁侍读学士汤先

---

① 李调元：《蒙恩点翰林院庶吉士恭纪》，《童山诗集》卷七，丛书集成初编本，中华书局，1991年，第74页。

甲、侍讲周升桓、给事中丁田澍，以及前任编修王大鹤、王燕绪、曹仁虎、彭元瑞、曹文埴、毕沅等晏游往来。馆阁之臣与翰林院编修乃一国俊才，其中不乏世代名贤，国家栋梁，学界巨子，以《清史列传》为例，彭元瑞、纪昀、沈初、吴省钦、毕沅、董诰六人等均属于后来的有清一代名臣，生平事迹入《清史列传·大臣传》；赵翼、曹仁虎、程晋芳、姚鼐四人乃清代著名的文人、学者，生平事迹入《清史列传·文苑传》。除国子监旧友外，翰林院新订交者共18人（详见下表），他在《读祝芷塘德麟诗稿》中云"一自游京师，名流交遍订"[①]。与馆阁之臣、翰林、编修等交往，为李调元建立起了广博的人脉，使李调元见闻日益广博，声名远扬，扩大了蜀中士人在全国的影响。而与这些人交往建立起的深厚友情，为他日后仕途发展和学术成就产生了积极作用。

**翰林院订交诸友表（乾隆二十九年至乾隆三十年）**

| 姓名 | 籍贯 | 科第、仕宦简介 | 主要著作 | 备注 |
|---|---|---|---|---|
| 韦谦恒（慎旃） | 芜湖 | 乾隆二十八年（1763）进士，官至贵州巡抚。 | 《传经堂诗钞》 | 《童山诗集》卷八，载《忆学士韦乐轩（谦恒）》。 |
| 褚廷璋（左莪） | 长洲 | 乾隆二十八年（1763）进士，官至翰林院侍读。 | 《筠心书屋诗钞》《西域图志》《西域同文志》 | 《童山诗集》卷八载《忆庶子褚左梧》。 |
| 吴省钦（冲之） | 南汇 | 乾隆二十八年（1763）进士，官至左都御史。 | 《白华草堂诗钞》《白华文集》 | 吴省钦曾任四川学政，重视人才培养和教育。与李调元交往事，《童山文集》卷十、《童山诗集》卷九等有载。 |
| 姚鼐（姬传） | 桐城 | 乾隆二十八年（1763）进士，曾任刑部郎中，充山东、湖南乡试考官，会试同考官等。 | 《九经说》《惜抱轩全集》 | 李调元、姚鼐诗文唱和，《童山文集》卷十三载《和同年比部姚姬传（鼐）见访元韵》《检讨侍路川（朝）见示和姚姬传韵再和》。 |

---

[①] 李调元：《读祝芷塘德麟诗稿》，《童山诗集》卷八，丛书集成初编本，中华书局，1991年，第87页。

第五章 肄业者"追前贤懿轨"

续表

| 姓名 | 籍贯 | 科第、仕宦简介 | 主要著作 | 备注 |
|---|---|---|---|---|
| 董诰（雅伦） | 富阳 | 乾隆二十八年（1763）进士，官至军机大臣、户部尚书、文华殿大学士兼刑部尚书。 | 《四库全书》馆副总裁，参与编撰《三通》《皇朝礼器图》《全书荟要》《满洲源流考》《高宗实录》等 | 董诰与李调元交好，曾为李父篆《墓志铭》。《童山诗集》卷十八载《八月朔日……即用司空董蔗林（诰）同年韵》。 |
| 纪昀（晓岚） | 献县 | 兵部侍郎，《四库全书》总纂官。 | 《四库全书总目》《阅微草堂笔记》《滦阳续录》等。 | 《童山文集》卷十，载《与纪晓岚先生书》。 |
| 汤先甲（荂南） | 宜兴 | 乾隆二十六年（1761）进士，官内阁侍读学士、广东学政。 | 手书《赵秋谷谈艺录》，著有《郁栖书话》 | 乾隆三十九年（1774）汤先甲与李调元同日出京，分别典试福建、广东。《童山诗集》卷十五有载。 |
| 周升桓（稚圭） | 嘉善 | 乾隆十九年（1754）进士，官内阁侍讲学士、官广西巡抚。 | 《皖游诗存》 | 《童山诗集》卷七，载李调元《六月初一日雨后偕侍讲周稚圭（升桓）分韵作歌得灯字）》。 |
| 丁田澍（芷裳） | 怀宁 | 乾隆二十六年（1761）进士，给事中，后改官巡城。 | 不详 | 李调元在京与丁田澍引为忘年交，《雨村诗话》卷八、《童山诗集》卷九有载。 |
| 王大鹤（子野） | 北通州 | 乾隆二十二年（1757）进士，官少詹事、河南省提督学政，拔任上书房师傅。 | 《瓯钵罗室书画过目考》《啸笠山房诗》《露仲诗文集》 | 不详 |
| 王燕绪（贻堂） | 福山 | 乾隆十六年（1751）进士，翰林院侍读，晋封通议大夫、福建按察使。 | 参与编修《四库全书考证》《京氏易传》 | 《童山诗集》卷八，载《雪后与王贻堂步陶然亭抵暮方归得上字》。 |
| 曹仁虎（习庵） | 嘉定 | 乾隆二十六年（1761）进士，累迁左庶子、擢侍讲学士。 | 《续文献通考·经籍考》《皇清文献通考·经籍考》《委宛山房集》《蓉镜堂文稿》 | 曹仁虎与李调元交往事迹，《雨村诗话》卷六、卷九有载，《童山诗集》卷八载有《九日陶然亭登高和编修曹习庵元韵》等。 |

163

续表

| 姓名 | 籍贯 | 科第、仕宦简介 | 主要著作 | 备注 |
|------|------|----------------|----------|------|
| 彭元瑞（掌仍） | 南昌 | 乾隆二十二年（1757）进士，由编修入直南书房，官至工部尚书，协办大学士，是与纪昀齐名的乾隆重臣。 | 《知圣道斋数目》《天禄琳琅书目后编》《五代记史注》《五代史记补注》《恩余堂稿》 | 《雨村诗话》卷四载："江西有两才子：南昌彭云楣冢宰，铅山蒋苕生编修也。皆丁丑进士。彭出廷尉崿峨周立崖先生本房，与余先后同年。" |
| 曹文埴（近薇） | 歙县 | 乾隆二十五年（1760）进士，历任左副都御史，刑部、兵部、工部、户部侍郎，卒后谥文敏。 | 《石鼓砚斋诗文集》《诗钞》《直庐集》《石鼓砚斋试帖》 | 不详 |
| 毕沅（秋帆） | 镇洋 | 乾隆二十五年（1760）状元，官至兵部尚书，湖广总督。 | 主编《续资治通鉴》《灵岩山人文集》《诗集》 | 李调元与毕沅交往，《淡墨录》卷十五有载。《童山诗集》卷十二载《呈陕西方伯毕秋帆二首》《方伯新署中丞毕秋帆（沅）留饮志别》《毕秋帆以红雨山房悼亡诗属题为赋四截》等三首。 |
| 朱孝纯（子颖） | 东海 | 乾隆二十七年（1762）举人，曾官四川简县知县，叙州同知，官至两淮盐运使。 | 画作《泰岱全图》，著有《泰山图志》《海愚诗钞》 | 李调元与朱子颖唱和之作颇多。《童山诗集》卷七、卷十二载有《送朱子颖孝纯之蜀作宰》《题子颖太守峨眉诗后二首》等六首诗。 |
| 赵文哲（损之） | 上海 | 乾隆二十七年（1762）南巡召试钦赐举人，授内阁中书，官至户部主事。 | 《毛诗辨论》《媕雅诗集》《诗续集娵隅集》 | 《童山诗集》卷十四载《哭金川死事赵损之吴鉴南诸人和程鱼门韵》。 |
| 诸重光（申之） | 余姚 | 乾隆二十五年（1760）进士，官军机中书，授翰林院编修，曾任辰州知府。 | 《二如亭诗集》《二研斋遗稿》 | 《童山诗集》卷八载《送编修诸桐屿（重光）出守辰州》。 |

乾隆三十一年（1766），庶吉士散馆考试，李调元考列二等第六，奉旨改任吏部文选司主事，专以办事为己任，步入仕途。李调元之父李化楠

为官以清廉正直闻名，被乾隆皇帝称为"强项令"。李调元刚任文选司主事时，李化楠告诫李调元云："此清华职也，古谓之冰镜。天下候选，皆出此门。职任甚重，慎以清白自矢。"① 在职任上，"须留心部务，和好同事，取重上官。精神自惜而才华收敛。"② 李化楠对李调元为人为官之道的告诫，对李调元勤于政事、刚正不阿的为官风格产生了重要影响。

李调元在文选司任上勤奋做事，廉洁行政。乾隆三十二年（1767），李调元选授考工司主事，仍兼文选司事。考工司主事的职责是掌管进呈交查簿。交查簿又名循环簿，记载着朝廷内外文官提升、降调、参罚、丁忧、告病等具体详情。遇内、外官何年月日除授出缺，该管司官俱注簿上、贴签加注，送皇帝查验保存，是皇帝掌管、选用、补放官员的重要依据。外设司官，内设太监专职掌管，每季度一换，有严密的交接程序。由于交查簿事涉皇帝对内外文官的选任，朝廷内外均非常重视，即《童山自记》所谓"诚用人之要也"③。每遇换司官送交查簿时，有向内廷掌管太监送钱物即所谓"送人情"的旧习。是年夏季，吏部奉派李调元送交查簿。李调元以此系公事，本不该向太监"送人情"，而且私谒内廷掌管太监，也触犯朝官交结近侍的禁律。因未"送人情"，遭到内廷太监高云从的刁难、辱骂。《童山自记》载云："内掌管太监高云从，以余无贿，唧之，故掯余……久之始出，谓余玩误时刻，怒甚，詈余为'混账诳子'。……扭其衣，欲面甚，声甚厉。"④ 李调元以朝廷清正命官自相期许，敢于挑战官场行贿太监的陋习，并据理质问内侍太监高云从，表现了蜀士特有的刚直不阿与凛然正气。因此得到同官赞许和上官的赏识。《石亭府君行述》载

---

① 李调元原著，郑家治、尹文钱校正：《童山自记》，郑家治、尹文钱著：《李调元文化研究述论》，巴蜀书社，2011年，第334页。
② 李调元：《石亭府君行述》，《童山文集》卷十八，丛书集成初编本，中华书局，1991年，第202页。
③ 李调元原著，郑家治、尹文钱校正：《童山自记》，郑家治、尹文钱著：《李调元文化研究述论》，巴蜀书社，2011年，第334页。
④ 李调元原著，郑家治、尹文钱校正：《童山自记》，郑家治、尹文钱著：《李调元文化研究述论》，巴蜀书社，2011年，第334页。

云："十二月十九日到京之时，不孝调元先为本部堂官保举，堪胜直隶州知府。"①

乾隆三十三年（1768），李化楠升任北路厅同知，因提参所属密云县知县任宝坊贪腐案，反为同僚、上官所污，含恨自杀，亡于公署。于是，李调元还乡守制，课弟谭元、鼎元、骥元以及长子朝础、侄朝杰读书。好友祝德麟、邓文泮来川典试，前往罗江醒园，拜访李调元。是年，从弟李鼎元乡试中举。

乾隆三十七年（1772），李调元服阕回京。第二年冬，补授考工司主事，仍兼文选司事。乾隆三十九年（1774）四月正值乡试年，朝廷考差，钦命诗题《善为人宝》。通场皆做的是"所宝惟贤"，独李调元别出心裁，以"南国人堪忆，东平语为忘"，切定"善"字做，其诗才学识为本次考差读卷官，协办大学士程景伊所器重，选为考差官。是年五月，作为广东乡试副考官，与主考王懿修典试广东。八月初六日入闱，首题《与下大夫言，侃侃如也；与上大夫言，訚訚如也》，次题《同偷三人，有鸡犬放，则知求之》，诗题《百川学海》。李调元与主考尽心搜阅考卷五千余，共取中70人，所取解元为番禺岁贡郭雄图。回京具折复命，曰称旨意。根据在广东的见闻，李调元著有《粤东皇华集》10卷、《使粤程记》1卷。

乾隆四十年（1775），李调元仍回考工司任职，与吏部员外郎顾星桥、吏部郎中铁保论诗作文，互为知己。乾隆四十一年（1776），以考工司主事扈从乾隆皇帝谒东陵。扈驾沿途，李调元有诗纪行，所作《登泰山》等诗为乾隆皇帝称许。当时，山东巡抚杨景素趁机奏请改济宁、临清二州为直隶州，现任二州官李涛、蓝应桂拟随请升任。李调元查明二州官俱不合例，且二人随行营办差颇有谄谀探询嫌疑。李调元从杨景素的奏请中看出其欲借面见皇帝之机，趁势贪缘攀附等不正当动机，于是与人连夜具驳稿，"以二州准改，二牧不准坐升，并议处不加声明之该抚，照违令公罪。

---

① 李调元：《石亭府君行述》，《童山文集》卷十八，丛书集成初编本，中华书局，1991年，第203页。

罚俸九个月"①。李调元敏锐的政治观察力为乾隆皇帝所赞许，令着照李调元所奏办理。回京后不久，李调元即升任考工司员外郎。

同僚的称赞，乾隆皇帝的重视，进一步激发李调元勤奋有为、秉公办理政务的信心。乾隆四十一年（1776）末，有湖北巡抚陈祖辉奏请刘培章预补湖北监利县典史缺咨请部示一案。当时，同司二十四人以刘培章未回楚，不应预补，皆议驳，李调元亦同画押准议。后李调元查出因公滞留未回本省的官员，前有奉旨遇缺先行补用之例，故据此认为，刘培章案与此相同，自应照此议准。但文选司掌印郎中永保以"彼系特奏，此系咨请"为由反对议准。李调元遂销去前押以示抗议。永保慊李调元故意阻议，遂以袒护同乡为名向大学士舒赫德、阿桂诬陷李调元。李调元仍然坚持己意，遂又激怒了堂官舒赫德、阿桂。二人于是拟具折参奏李调元徇私，请旨交刑部治罪。在刑部左侍郎迈拉逊劝解下，二堂官方才息怒，于是李调元降为验封清吏司，以示惩戒。事实上，李调元与刘培章并非同乡（刘培章乃江西人），亦无徇私舞弊、贿赂、请托等问题，销去前押纯属秉公办理，而且按例"司官原准两议，是与否，惟中堂决之"②。但是，永保与舒、阿等人却认为李调元自以为是，哗众取宠，是故意忤逆上官意志。乾隆四十二年（1777）京察，舒、阿借机报复李调元，将其定为"浮躁"③。李调元京察被核定为浮躁，即意味着堂官对其考核不合格，很有可能仕途到此终结。遭受如此打击，李调元决意退出官场，归隐林下。于是"归家倣装，买书十五车，尽变衣物，得银三百两……决计归矣！"④ 这是李调元

---

① 李调元原著，郑家治、尹文钱校正：《童山自记》，郑家治、尹文钱著：《李调元文化研究述论》，巴蜀书社，2011年，第341页。

② 李调元原著，郑家治、尹文钱校正：《童山自记》，郑家治、尹文钱著：《李调元文化研究述论》，巴蜀书社，2011年，第342页。

③ 按：清廷考核官员原有"六法"之说。"六法"即罢黜官员的六种处理法则，分别为浮躁、疲软、不谨、庸劣、年老、有疾。凡是京察中存在"六法"之一者，即予革除。而浮躁乃"六法"之首，是官员考核惩罚中最严厉的一种。

④ 李调元原著，郑家治、尹文钱校正：《童山自记》，郑家治、尹文钱著：《李调元文化研究述论》，巴蜀书社，2011年，第343页。

仕途中遭受的第一次严重打击。

李调元议刘培章案，本不存在所谓的徇私舞弊。尽管舒、阿在京察时利用权柄把李调元定了"浮躁"，但事件很快出现了转机。刑部尚书陈景伊认为："李司官虽不应销押，但办事才情颇好，尚属勇往，且人学问甚好。"[①] 他从怜惜人才的角度，指出把李调元降为司官已足够惩戒，不该填置"六法"，使其终身废弃。乾隆皇帝素知李调元的才情学识、官声人品，于是特别"着部查案回覆"。军机大臣据实查明："李调元因议驳刘培章一案，意欲两议，尚无情弊，且据该堂官称办事尚属勇往，着仍以吏部员外郎用。降级之案，带于新任。"[②] 李调元不畏权臣舒、阿气焰的勇气，为乾隆皇帝所赏识，称赞他"尚有骨气"[③]，于是格外加恩，以候补未得缺司官，破例外放提督广东学政。

李调元承蒙乾隆皇帝的特殊恩遇，感激不已。他在《奏差广东学政折子》中云："叠荷天恩，如回再造。方期痛改前非，矢图后效。"[④] 因此，在广东学政任上，李调元"一秉至公"，铲除科场积弊，尽心竭力实心考校，奖掖后进，敦行教化，对各州府士习文风的改观做出了重要贡献。

第一，端正考风，严禁科场舞弊。李调元考校所属州县"一秉至公"，不徇私情，整肃考场诸弊，颇见成效。按试嘉应州，极力整饬健讼刁悍之习。对廉州不安本分者，当堂严加处治，以为众戒。阳江县文童陈肇光雇请枪手，嘉应州生员钟庆华顶替代作文章，当即将文童、枪手俱行拿下，交提调官按律惩处。针对粤东生员岁、科试向有抄袭旧文之弊，李调元每考必于复试时严加考核，对文理与原卷不符者，即予废置清除，以杜绝侥幸冒滥之弊。经过李调元一系列严肃整饬，粤东等地雇请枪手、抄袭冒滥

---

① 李调元原著，郑家治、尹文钱校正：《童山自记》，郑家治、尹文钱著：《李调元文化研究述论》，巴蜀书社，2011年，第343页。

② 李调元原著，郑家治、尹文钱校正：《童山自记》，郑家治、尹文钱著：《李调元文化研究述论》，巴蜀书社，2011年，第344页。

③ 李调元原著，郑家治、尹文钱校正：《童山自记》，郑家治、尹文钱著：《李调元文化研究述论》，巴蜀书社，2011年，第344页。

④ 李调元：《童山文集》卷二，丛书集成初编本，中华书局，1991年，第29页。

等科场积弊,"自后稍知敛戢,俱各安宁"①,各州府文风也日渐昌盛。

第二,敦伦立品,以促教化。"敦伦立品"是李调元考校各州府生员的重要标准。他在《顶湖示诸生二首》之二中云:"我本岷山一腐寒,读书酷爱品行端。荆公文章蔡京帖,高阁从来未一看。"② 虽然王安石文章、蔡京的书法均属上乘,但因其品行不端,故"从来未一看",表明了李调元品性重于学术的人才选拔观。因此,每于诸生庭见时,特别注重训育诸生,加意德品修养。他在《奏考竣岁试情形折子》中奏云:每于士子庭见时,"严切教戒,以敦伦立品,谨守学规,不许干预外事,为谆嘱"③。对学行兼优的李琦、符家麟等优秀生员,则大加奖赏。他曾作诗《琼山试学毕示李琦符家麟二生》赠二人云:"海南得二士,李琦符家麟。"④ 以鼓励后进,提倡士风。李调元还通过凭吊先贤来宣扬文教风化。琼州洞酌泉立有苏文忠公祠,李调元与诸生讲礼习射于中,并作《谒洞酌泉苏文忠公祠与诸生分韵得发字》云:"谁谓双泉甘,论自苏公发。味泉兼哜诗,万古两清溧。我忝蜀石进,奉使遍百粤。于惠复于琼,遗踪幸未殁。……"⑤以示对东坡诗才人品的怀念,对乡贤的推重。考校潮州结束,李调元率诸生谒见韩公祠,并作《率诸生谒韩文公祠》云:"先生教泽至今闻,济济英才尽不群。官吏尚镌鹦鹉字,儿童能诵鳄鱼文。天留砥柱山长仰,地历回澜水弥分。吏部遗风谁似续,还看满壁走烟云。"⑥ 表达了对韩愈教泽之恩的怀念。

第三,恪尽职守,实心政务。广东岁、科考试涉及的幅员相当广阔。

---

① 李调元:《童山文集》卷二,丛书集成初编本,中华书局,1991年,第31页。
② 李调元:《顶湖示诸生二首》,《童山诗集》卷二十一,丛书集成初编本,中华书局,1991年,第273页。
③ 李调元:《童山文集》卷二,丛书集成初编本,中华书局,1991年,第31页。
④ 李调元:《童山诗集》卷二十二,丛书集成初编本,中华书局,1991年,第286页。
⑤ 李调元:《童山诗集》卷二十二,丛书集成初编本,中华书局,1991年,第286页。
⑥ 李调元:《童山诗集》卷二十一,丛书集成初编本,中华书局,1991年,第280、281页。

其间不乏渡船过海、跋山涉水之艰辛。如遭遇风浪，轻则晕眩呕吐不止，重则有翻船落水的生命危险，相当辛苦。李调元不畏辛劳，巡考示学广东各州府学生员，未曾有过懈怠。如乾隆四十三年（1778）六月在韶州岁考，继母吴太夫人，妻胡氏、曹大妹、弟谭元、子朝础皆由蜀至粤省亲。与亲人已数年未曾谋面，本可团聚共享天伦之乐，但为了不耽搁岁试行程，李调元仅在韶州渡口与亲人短暂相聚，即将其遣送至广东学署。乾隆四十四年（1779）考岁试，仅用五个月时间即考毕了惠州、高州、廉州、雷州、琼州五个州，行程往返多达数千里。每月考校任务相当繁重，几无闲暇。以五月为例，十日到达琼州府开考，十二日考毕簪花，结束文武生童岁试后，十三日接科考，十四日考生员，十六日、十八日、二十日、二十二日、二十四日考文童，连续考毕五场，其辛劳不言自明。李调元岁、科两试，每试一处，"所有士习文风，悉心察考"。[①] 如惠州、高州、廉州、雷州四郡，士子大概半耕半读，较为质朴，文字率多规仿墨裁，则"臣谨恭宣圣训，限以七百字为率，不使趋于冗长。又令熟读经书，讲求义理，以归醇雅"[②]。至于琼州，由于孤悬海外，人文底蕴薄弱，于经解诗赋不及广州、潮州等地，但士子皆以读书为荣，则加以倡导鼓励，以望文风堪与内郡相埒。李调元针对各州府人文风气的具体情形，因地制宜，区别对待，实心考校，对倡导粤省人文风气贡献颇大。如所考广州府优贡之首张晋芳，在乾隆四十五年（1780）的乡试中摘得解元。会同督抚所考优贡黄丹书、陈如璐、刘世馨、莫景随等人，经乾隆皇帝考验后均曰称旨。

李调元在广东学政任上，剔恶除弊，极力整饬。岁、科两试，不畏辛劳，巡考示学广东各州府学生员三年，至是全省学风为之一新，人文兴起，政绩显著。在粤三年，李调元公务之余亦笔耕不辍，先后辑刊《袁枚诗选》供广东学子参阅，自著作6种，计166卷，分别是《岭南视学册》

---

[①] 李调元：《奏考竣岁试情形折子》，《童山文集》卷二，丛书集成初编本，中华书局，1991年，第30页。

[②] 李调元：《奏考竣岁试情形折子》，《童山文集》卷二，丛书集成初编本，中华书局，1991年，第31页。

26卷、《观海集》10卷、《粤东试牍》2卷、《全五代诗》100卷、《南越笔记》16卷、《赋话》12卷，学术成就亦相当显著。

乾隆四十六年（1781）正月，李调元三年学政任满，回京述职。在广东任上取得的不俗业绩和表现出来的非凡才干，使乾隆皇帝对李调元格外信重。首先，从政治上提拔重用他。李调元回京述职未及三日，即被委以重任，破格擢补"直隶通永道缺"。他在《奏谢直隶通永道折子》中云："随奉命简，畀广东学政。兹三年任满，回京未及三日，复荷恩纶，擢授今职。恩逾常格，感实难名。"[1] 如此恩宠，在清代官吏选任史上实属罕有。乾隆皇帝曾题其名谓直隶总督袁守侗云："朕为汝放一好道台矣！"上又云："李调元甚好，只是气性不好，汝当玉成之。"[2] 谕示袁守侗除在政治上要提携李调元外，还应当帮助其修养气性，以期"玉成"。皇帝与总督的特殊恩遇，为李调元的仕进升迁提供了良好的政治发展环境。其次，钦授为政之要。李调元在司官任上，因议驳典史刘培章案与永保积怨，乃至于"与永保相遇差次，一见颜赤"[3]。为此，乾隆皇帝亲自诏谕二人，云："内而司官、外而司道，皆同一理。若堂官、督、抚所见非，则必争；若所见是，则不可故（固）执偏见，以顶撞堂官、督、抚。事惟得其平而已，不在乎各执己见也。"[4] 这就是说，在"是"与"非"的问题上，应该把握好"度"。在"是""非"对立的情况下，与堂官、督、抚相争是必需的；如果所见皆"是"，则不可固执己见，任性使气，得罪上官、同僚。指出为政之要，在于"事惟得其平而已"，处理好职场人际关系。乾隆皇帝的诏谕，不仅为李调元指示了修养气性、和好同僚的一般为政准则，而且还对消除他与永保之间的积怨，改善李调元在官场的人际关系颇具启发

---

[1] 李调元：《童山文集》卷二，丛书集成初编本，中华书局，1991年，第33页。
[2] 李调元原著，郑家治、尹文钱校正：《童山自记》，郑家治、尹文钱著：《李调元文化研究述论》，巴蜀书社，2011年，第350页。
[3] 李调元原著，郑家治、尹文钱校正：《童山自记》，郑家治、尹文钱著：《李调元文化研究述论》，巴蜀书社，2011年，第350页。
[4] 李调元原著，郑家治、尹文钱校正：《童山自记》，郑家治、尹文钱著：《李调元文化研究述论》，巴蜀书社，2011年，第351页。

意义。最后，从生活上关心李调元。李调元曾患有目疾，久治不愈。乾隆皇帝示以治疾良方，并云："用鸡子煮熟去壳，黎明擂目，数遍即愈。"①政治上破格提拔重用，行政上关照提点，生活上关怀呵护，使李调元对乾隆皇帝感激不已。他在《奏谢直隶通永道折子》中云："膺兹宠渥，惟有实力实心，矢慎矢勤，以图仰报高厚。"② 在通永道任上，李调元不遗余力，"矢慎矢勤"，时刻"以图仰报高厚"为念。直隶通永道台除负责一般政务外，还兼及河防、海防、屯田等要务。时有筐儿港河防工程，工期颇为紧急，李调元即速前往指挥调停。有务关厅刘某以谒谈为名，馈贿银票一千两，以期预先支取工料银，其意在冒领浮开。李调元当即"拒之不纳，并禁革之。即出严示十条，凡一切陋规皆革"③，这对整肃河防工程中的贪弊行为，保证工程质量，具有一定积极作用。监督工程之余，还不时单车就道，视察承德六州县当年秋谳案犯。由于李调元秉公办理，人犯"多所平反"。通州古无书院，士子既无师承亦无训育栖身之所。李调元捐七百金购民宅，在通州道署建潞河书院，延请名宿为师，培育人才，"文风一时称盛"④，对改进通州人文之风贡献很大。李调元官署驻地在通州，去京咫尺。当时，正值朝廷编纂《四库全书》，遍采遗书，不少未见之书得以露面。四库馆中翰林诸公多为李调元昔日好友，李调元因得以借观内府藏书之副本。每见善本，李调元均雇人抄录，阅年余，裒然成帙，洋洋大观，为他后来纂成《函海》做了充分准备。

乾隆四十七年（1782），钦定《四库全书》修成并送往盛京收藏，朝廷委派李调元押送。《童山自记》载云：

> 七月，军机大臣尚书和公坤面奉谕旨："此次送盛京《四库全书》

---

① 李调元原著，郑家治、尹文钱校正：《童山自记》，郑家治、尹文钱著：《李调元文化研究述论》，巴蜀书社，2011年，第351页。
② 李调元：《童山文集》卷二，丛书集成初编本，中华书局，1991年，第33页。
③ 李调元原著，郑家治、尹文钱校正：《童山自记》，郑家治、尹文钱著：《李调元文化研究述论》，巴蜀书社，2011年，第350页。
④ 李调元原著，郑家治、尹文钱校正：《童山自记》，郑家治、尹文钱著：《李调元文化研究述论》，巴蜀书社，2011年，第350页。

第五章　肄业者"追前贤懿轨"

一份。凡一切抬夫，山海关外，着奉天府尹伯兴办理；关内，即着李调元办理。"余以本道奉钦差，前此未有也。①

李调元以道员之职奉钦差，实前此未有之特例，可见朝廷对李调元的极度恩信。在李调元的仕途达到巅峰时，危机也随之悄然而至。《童山自记》载云：

> 自十一月二十一日运头拨，沿途无误。二十七日行至卢龙县，知县郭棣泰，山西人，不备雨具，以至沾湿黄箱，书役亦无一人押解，以至沿途夫逃，随交知府查参。该府弓养正，亦山西人，竟置不覆。遂将郭令禀请调简。

> 十一月，又运第二拨，时有玉田匪僧实宽邪教一案。总督郑公病故，署任者，大学士英廉也。命余送书之便，赴玉田查办，严拿余党。余奉文即委永平弓守至滦州榛子镇代运，而弓又不听调。以予参伊同乡郭令之嫌也。余送至榛子镇，即另委滦州牧蔡薰代运，即回玉田审案。②

李调元负责关内《四库全书》的押运，沿途知县不备雨具，以至雨水沾湿黄箱，加之没有委派书役随行专门监管，导致夫众逃散。应该说，李调元作为钦命负责押运《四库全书》的第一责任人，出现上述问题本身难辞其咎，但李调元却把失职责任推到郭棣泰身上，设法题参郭棣泰，禀请调简，而非主动承担责任，加剧了事态的恶化，最终导致了厄运的到来。李调元将郭棣泰交知府弓养正查参，而弓养正与郭棣泰本属同乡，遂对此事置之不理。总督英廉据此质询，李调元又以"知府徇庇同乡，容俟补参"③回应，导致了英廉对李调元的不满。当时，已升任直隶藩司的永保

---

① 李调元原著，郑家治、尹文钱校正：《童山自记》，郑家治、尹文钱著：《李调元文化研究述论》，巴蜀书社，2011年，第351页。
② 李调元原著，郑家治、尹文钱校正：《童山自记》，郑家治、尹文钱著：《李调元文化研究述论》，巴蜀书社，2011年，第351页。
③ 李调元原著，郑家治、尹文钱校正：《童山自记》，郑家治、尹文钱著：《李调元文化研究述论》，巴蜀书社，2011年，第352页。

假意面劝李调元"应补参（弓养正）为是"①，背地里却挑唆弓养正、郭棣泰联合臬司朗若伊，媒孽李调元家人衙役需索门包，沿途地方官备大班小唱，并骑马四十匹、烧炭八百斛等短处十余条，于十四日由弓养正构陷攻讦。永保趁机向英廉进言诬陷李调元，英廉"遂以道府对揭，而重责余失察需索"②奏闻。乾隆皇帝震怒，下旨："……李调元革职拿问，弓养正、郭棣泰俱着照所请，分别解任革职。交英廉提同案内人证严审定。"③（十二月）二十日，部文到，逮捕李调元交按察司监狱。除夕，李调元在狱中作《除夕狱中寄墨庄·用东坡寄子由韵二首》云："……愧悔三更双涕泪，伶仃四海一孤身。已成旧事何须说，见换新符益怆神。万物向阳余向壁，参禅静夜悟前因。"④表达其获罪后的失意与悲怆。李调元的仕途至此悲剧性地结束。

从乾隆三十一年（1766）李调元散馆改吏部文选司主事至乾隆四十七年（1782）革职，其间，起起落落，大致经历了"三起两落"：

乾隆三十九年（1774）乡试考差为上官程景伊所赏识，开始崭露头角。乾隆四十一年（1776）春议驳山东巡抚杨景素案，引起乾隆皇帝的特别关注，仕途开始变得通达。

乾隆四十一年（1776）冬议驳刘培章一案，销去前押，失职降调，次年正月京察，为舒赫德、阿桂填置"浮躁"，仕途第一次遭遇挫折。

乾隆四十二年（1777）春，乾隆皇帝以李调元年富力强，敢与堂官执持，颇有骨气，格外加恩，以候补未得缺司官简放广东学政，第二次步入仕宦通途。

---

① 李调元原著，郑家治、尹文钱校正：《童山自记》，郑家治、尹文钱著：《李调元文化研究述论》，巴蜀书社，2011年，第352页。
② 李调元原著，郑家治、尹文钱校正：《童山自记》，郑家治、尹文钱著：《李调元文化研究述论》，巴蜀书社，2011年，第352页。
③ 李调元原著，郑家治、尹文钱校正：《童山自记》，郑家治、尹文钱著：《李调元文化研究述论》，巴蜀书社，2011年，第352—353页。
④ 李调元：《除夕狱中寄墨庄·用东坡寄子由韵二首》，《童山诗集》卷二十三，丛书集成初编本，中华书局，1991年，第318页。

## 第五章 肄业者"追前贤懿轨"

乾隆四十七年（1782）至四十八年（1783），擢升通永道，督办筐儿港工程，查办御道营盘，以司道身份押运《四库全书》，李调元达到其仕途的巅峰。

乾隆四十八年（1783）冬押运《四库全书》，黄箱沾湿，与弓养正等对揭攻讦，遭革职查办入狱，仕途就此终止。

李调元在仕途中两创辉煌，笔者认为主要有两方面的原因：一是李调元才情俱佳，年富力强，"办事勇往"，得到清廷重臣福隆安、程景伊、袁守侗等人的赏识。如程景伊曾评价云："办事才情颇好，尚属勇往。"袁守侗"久知其能"，谓其"蜀中名士也"①。官长的关照提携，使李调元声名大振，从而引起了乾隆皇帝的特别注意，为他的升迁提供了良好的政治基础。二是乾隆皇帝出于振兴四川人文的政治考量。清代四川屡遭战乱，教育落后，人文不振，人才极其匮乏。如至乾隆时，川籍京官中官至正三品的仅有张鹏翮、顾汝修等区区数人，这显然与四川重要的政治、经济、军事地位是不相称的。为了达到稳定西南的政治意图，乾隆皇帝在四川积极推行以儒化蜀的治蜀政策，非常注重提拔任用四川籍官员以显示皇恩浩荡。李调元作为蜀中俊秀，川籍京官中富有才干的年轻官吏，得到乾隆皇帝的特殊恩宠，进而破格提拔重用也就比较自然了。

导致李调元屡次遭受挫折，甚至革职查办，被判罪流放伊犁的原因，从他晚年写给姚鼐《答姚姬传同年书》的信中，颇能窥见其原委：

其一，一生赋性至蠢，过于刚正，不惯外任，诚恐再遭倾跌，不知何处又觅万金也。

其二，多与宰相为忤，画稿则得罪于舒、阿二公，揭员则得罪于英公。虽冤结前生，事由同官酿成。而内而同部，外而同省，事皆由永姓一人怂恿。《诗》曰："永言配命。"当安命也。

其三，一生以清廉居官，本无赃累，原可捐还。而首相当关，非贿不准。若一入其门，便为其党，诚恐冰山见日，遗臭万年。此则宁

---

① 李调元原著，詹杭伦等校正：《雨村诗话校正》，巴蜀书社，2006年，第211页。

终身废弃，而不肯为也。①

从李调元对造成自己屡遭挫折的原因分析来看，主要有为官作吏不善圆通，气性刚直不愿攀附权相，轻易与人结怨得罪朝中满族群僚三点。

第一，气性刚正，缺乏圆通。蜀处偏远之地，自古以来其民性多忠直。在清代乾隆一朝，因不善圆通而丢官或遭贬斥的蜀人，就有顾汝修、李漱芳等多人。李调元即是其中之一。迈拉逊在谈到李调元屡遭罢免原因时云："彼（李调元）边省之人，素粗直，不圆通。若竟参革，反不足服其心。"② 乾隆皇帝曾云："敢与堂官执持，似有骨气。"指出了李调元虽"勇于任事"，但不善圆通，性情过于刚直的做官缺点。故乾隆皇帝曾面谕李调元，云："汝气性不好，当诫之。"③ 直指其性格中的弱点。李调元"直由天性难更改，清畏人知易中伤"④ 的性格特点，在和珅当道的清廷官场，往往给自己带来麻烦。李调元议稿得罪舒、阿，"揭员则得罪于英公"，正是他这种性格弱点在官场不顺的反映。第二，议稿与永保结怨，是李调元仕途遇挫的重要原因。永保是满洲镶红旗人，大学士温福之子，清代名将勒保之弟。其父、兄与舒赫德、阿桂、英廉等同为大学士，朝廷重臣。作为旗人贵族，他们之间的关系盘根错节。永保党附权臣和珅，和珅早年曾依附永保之父温福，李调元为议稿得罪永保，无异于得罪了和珅。与弓养正对讦又得罪英廉，而英廉是和珅妻子外祖父，也形同与和珅作对。在乾隆朝，满族权臣向有党同伐异、合伙打击报复汉臣的作派，李调元得罪一个永保，无异于得罪满族群僚。当时，李调元在考工办事，虽不与永保同司，而难免为其同党所忌恨，他于官场进退两难，如坐针毡，实属难免。故杨世明认为："故调元失官虽缘与弓对讦，归根则在英廉有

---

① 李调元：《答姚姬传同年书》，《童山文集》卷十，丛书集成初编本，中华书局，1991年，第126页。

② 李调元原著，郑家治、尹文钱校正：《童山自记》，郑家治、尹文钱著：《李调元文化研究述论》，巴蜀书社，2011年，第342页。

③ 詹杭伦：《李调元学谱》，天地出版社，1997年，第53页。

④ 李调元：《除夕寄唐尧春》，《童山诗集》卷二十三，丛书集成初编本，中华书局，1991年，第319页。

党同异伐之隙也。"① 第三，清廉自守，不愿攀结豪门权贵。和珅是乾隆朝声势显赫、炙手可热的第一权臣，其亲信吴省钦兄弟素与李调元交好，李调元本可以借此机会，寻求仕进的捷径。但素重名节的李调元，唯恐"一入其门，便为其党，诚恐冰山见日，遗臭万年"②，主动放弃了这一升迁的捷径。加之李调元作为"边省之人，在朝孤立"③，没有人脉资源，没有政治靠山，因此仕进中屡遭挫折，甚至被人打击报复，就不足为奇了。

## （三）归隐罗江，宣桑梓之邦

李调元赎归离京后，返回故里绵州罗江定居，绝意仕途。潜心著述，漫游四川名胜古迹，与川中名贤、故友诗文酬唱，是他晚年生活的主要内容。

乾隆四十八年（1783），刑部以李调元"家人吕福等需索门包，不能察觉，与故纵无异"，遂"问发伊犁，充当苦差"。经袁守侗向乾隆皇帝面奏保举，以母老需赡养为由，变卖家产捐银二万两得以赎罪归籍。李调元旧在通永道时，曾辑刻《函海》20集，150部。后遭事去官，因欠刻版者林某工事前银300两，导致版片大半被扣在林家。后因永定河观察陈琮出银代偿，《函海》版片才得以赎回。李调元利用滞留通州之际，修订谬误，再次增补刊行了《函海》。寓居潞河书院时，李调元潜心学术，对《易》《尚书》和"三传""三礼"等经典进行了系统的整理研究，辑注《易古文》2卷、《古文尚书辨异》1卷、《古文尚书证讹》10卷、《春秋三传比》2卷、《春秋职官考》1卷、《礼记补注》4卷、《仪礼古今考》1卷、《周礼辑要》5卷、《十三经注疏绵字》2卷，成果非常显著。李调元文才卓越，经术亦有较高造诣，实不愧"西蜀多才君第一"之誉。

---

① 杨世明：《李调元年谱略稿》，《南充师范学院学报》，1980年第2期。
② 李调元：《答姚姬传同年书》，《童山文集》卷十，丛书集成初编本，中华书局，1991年，第127页。
③ 詹杭伦：《李调元学谱》，天地出版社，1997年，第63页。

## 锦江书院与"石室流风"

李调元出狱后,已是心灰意冷,家贫如洗,加之母老,故不得不做归家之计。一路与故友留别,李调元心中充满了无尽的悲悯与怅惘,"古人所谓黯然魂销者惟别。殆非诬也"①,颇能代表他此时此刻的离愁别绪。先是与以老告归的生平挚友程晋芳道别。自进京以来,李调元与祝德麟、程晋芳二人彼此作诗吟赋,诗酒往还,感情最为笃厚。如今李调元罢官即将回乡,程晋芳老贫无依,也欲远走,前往投奔陕西巡抚毕沅。落寞如此,彼此怜惜之情自当别有一番滋味。程晋芳云:"古人云:'便教从此休官去,犹有闲居二十年。'况先生已为传人,竟作名山不朽业(《函海》),可也。"② 程晋芳以李调元青春尚存,术有所传,《函海》已成不朽之业劝慰李调元,希望他重整旗鼓以东山再起,可谓情真意切。临别又口占云:"此时犹共一杯酒,别后俱为万里人。"③ 知己故友只能以酒作别,更显二人的无奈与凄凉。后来李调元去汴梁,于唐芝田处始闻程晋芳客死陕西,悲从中来,遂作诗云:"三春两汴水,四海一芝田。"④ 表达了他对故友程晋芳的深切怀念。

乾隆五十年(1785)春,李调元告别京中诸友,带上《函海》版片及五车书籍,从通州启程返回蜀中。道经河南固安县城,与锦江书院故友陈琮留别,各指两子女为婚。临别作《道出固安永定陈韫山琮观察留署中三日各指两子女为婚临别留诗二首》,其二云:"少同肄业老同官,臭味原来共胆肝。百世朱陈互婚娶,两家子弟尽芝兰。不须痛饮心先醉,欲话分离鼻已酸。自古激流须勇退,上滩容易下滩难。"⑤ 再次表达了惜别故友时依依不舍的惆怅之情。

乾隆五十一年(1786),建楼五楹名之万卷楼,以贮父子二人历经数十年购买、抄录得来的典籍文献。这些书籍,"分经史子集四十橱,内多

---

① 李调元:《童山文集》卷十,丛书集成初编本,中华书局,1991年,第127页。
② 李调元原著,詹杭伦等校正:《雨村诗话校正》,巴蜀书社,2006年,第61页。
③ 李调元原著,詹杭伦等校正:《雨村诗话校正》,巴蜀书社,2006年,第61页。
④ 李调元原著,詹杭伦等校正:《雨村诗话校正》,巴蜀书社,2006年,第61页。
⑤ 李调元:《道出固安永定陈韫山琮观察留署中三日各指两子女为婚临别留诗二首》,《童山诗集》卷二十五,丛书集成初编本,中华书局,1991年,第334页。

宋椠，抄本尤夥"[1]，除宋元珍本等罕见之书外，还有不少珍贵金石碑录，均具有极大的文献与学术价值。楼虽名曰万卷楼，藏书实不下10万卷，加之后不断添置，藏书愈富，被誉为"西川第一藏书家"。万卷楼藏书的来源：一是李化楠任职浙江余姚等地时购买的数万卷古今图书；二是李调元画稿议驳，京察被填置"浮躁"后，变卖家产在京购置的15车书。两浙、京城多藏书之家，文献典籍保存较多且不乏精善之书。李调元父子购归的这些图书，对解决四川士子无书可读的困窘，促进四川文化教育事业、藏书事业的发展，具有重要作用。万卷楼藏书分经史子集四部，每部10橱，共40橱，每橱皆贴签以记书名，编书目30卷以便翻检借阅。李调元在《万卷楼藏书目录序》中，述说这些藏书得来的不易与艰辛，并告诫子孙一定要看护好这些藏书。万卷楼前曾悬有一副楹联，云："科第冠三巴，是祖父忠厚留贻，已经数世；书香流百世，愿子孙谨严扃鐍，无失一编。"[2] "扃鐍"原指关闭门户用的门环和锁箱子用的纽，这里借指藏书楼须随时关门上锁，意在提醒子孙谨守藏书。《西川李氏万卷楼藏书约》制定了比较详细的藏书、护书规约：一是规定后世子孙田宅可分，书不可析；二是命四人分掌书楼钥匙，同开同闭，不得私自开楼借书；三是阅看者自备纸张，就楼写读，不得擅自携书离楼，以保护好藏书不被损坏；四是严禁风雨侵蚀，虫蠹鼠啮，小心烟火，定期晒书等。这些约定对保存家族藏书的完整性，避免人为散佚有一定指导作用，对其他藏书家保存藏书也有一定的借鉴意义。

李调元自归乡后，大多时候居住在醒园，闭门不出，与世无争。曾作《醒园遣兴二首》，其一云："笑对青山曲未终，倚栏闲看打鱼翁。归来只在梨园坐，看破繁华总是空。"其二云："生涯酷似李崆峒，投老闲居杜鄠

---

[1] 李调元：《闻万卷楼火和潘东庵三十韵并序》《童山诗集》卷四十，丛书集成初编本，中华书局，1991年，第537页。

[2] 转引自任继愈主编：《中国藏书楼》，辽宁人民出版社，2001年，第1464页。

中。习气未除身尚健，自敲檀板课歌童。"[①] 李调元每日课教歌童，致力于戏曲研究和剧本创作，正好表现了他不问官场事务，决心归隐林泉的晚年生活态度。他先后著有《雨村曲话》《雨村剧话》，编写了《春秋配》《花田错》等川剧剧本，组织家班，搬演昆剧剧目《比目鱼》《十五贯》等，这对昆曲在巴蜀的传播发展、川剧的形成和发展都起到了推动作用。

但是，隐居醒园的五年，李调元并非完全不问世事。如乾隆五十三年（1788），有鉴于绵州"啯噜子"猖獗，他作有《寄严署州论啯噜》三书，请立守望防范之法，严防啯噜之乱。西藏骚乱，他有志从军，曾作《西域图志》30卷以献。除课教歌童外，他还设教授徒，奖掖后进，从学诸生董睿昌、夏之时等五人，阅年皆入庠，蔡晓声、李泽，阅年得补为廪生。可见，李调元虽然远离了社会政治中心，但造福桑梓之心并未熄灭。李调元多次前往金堂、绵州、汉州、成都、中江等地，与李鼎元、姜锡嘏、张邦伸、何人鹤等相约出游，先后游历了峨眉山、华蓥山、杜甫草堂、武侯祠、薛涛井等蜀中名胜，作有《峨眉赋》《答何云峰》《谒杜少陵草堂祠》等诗文。与外界的广泛接触，拓展了李调元的诗作内容的范围，增加了诗作数量。据《童山诗集》卷29和卷30载，仅乾隆五十六年（1791），就作有游历唱酬诗64首。乾隆五十八年（1793），将与四女婿张怀湉之间的唱酬诗，编成《冰清玉润集》；乾隆五十九年（1794），根据与乡贤故友交流的诗学心得，著成《雨村诗话》16卷。此外，与姚鼐、赵翼、祝德麟、王懿修等宦游挚友尺牍往来，互通音讯，重续嘉谊，亦为李调元晚年定居囷园的生活增添了新的快乐气息。

乾隆朝用兵金川，一应夫马差役，皆按粮加派，两粮国税其一，经胥吏加征，往往税一费十。沿途之民苦不堪言，导致达州之民王三槐等白莲教民的反抗。乾隆六十年（1795），起义民众迅速扩散到秦、楚、豫等地。清廷虽派重兵征剿，但效果一直不佳。嘉庆五年（1800），冉天元等成功

---

[①] 李调元：《童山诗集》卷二十六，丛书集成初编本，中华书局，1991年，第346页。

渡过嘉陵江,直抵绵州涪江,李调元携带家口至成都故友张邦伸处避祸。4月6日,罗江土贼宋士义兄弟伙同何士选、丁娃子等借白莲教起义之机偷抢打劫,放火焚烧万卷楼以报复李调元。熊熊大火无情地吞噬了楼内的全部藏书,李调元以毕生精力购置的典藏瑰宝顷刻化为灰烬。李调元闻讯后,痛不欲生,悲愤地写下《闻万卷楼火和潘东庵三十韵》,表达了李调元对书的痴情,对烧书者的强烈谴责。其《闻万卷楼火和潘东庵三十韵并序》诗云:

  烧书犹烧我,我存书不在。譬如良友没,一恸百事废。我欲临其穴,其奈寇未退。不如招魂来,梦寐相晤对。

  ……胡不止燔庐?无庐犬可吠。胡不焚我身?我身有玉佩。胡不燔妻孥?其家本卖菜。胡不伤我嗣?有孙堪负耒。如何火吾书?一炬似一刈。无数古圣贤,飞升引成队。亦有群仙姝,腾空犹绿黛。

  ……问天我何辜?天高不闻哦。问地我安居?地默言难代。恨不排云汉,早决天河溃。击之以雷霆,沐之以沆瀣。剜出祖龙心,祭起羲皇辈。……哭罢天亦愁,白日变阴晦。[①]

起句"烧书犹烧我,我存书不在",烧书等于烧我自己,书灭等于我的生命结束,表达了李调元视书为生命,与书灵魂相同、浑然一体的特别感情。书被焚毁,仍可以为之招魂,与之梦中晤面,表达了李调元对书的无限思恋。"胡不止燔庐"等句,连用四个设问,谴责烧书人的罪恶,抒发了无与伦比的愤怒。"如何火吾书?"用反诘的语气,表达了对烧书者的严厉谴责。"一炬似一刈",形象地表达了烧书给自己身心带来的巨大伤痛。"问天天不闻""问地地默言",极度的悲愤使李调元发出了"排云汉,决天河"般的呐喊。祖龙,指焚书坑儒的秦始皇。羲皇,指上古帝王伏羲。"剜出祖龙心,祭起羲皇辈",表达了李调元希望严惩烧书者,以还圣贤公道的诉求。但李调元自省赶回"乞追火贼"时,遇到的却是"乞师终不出"。李调元悲痛中建书冢,将凝聚着毕生心血的万卷书籍灰烬收集起

---

[①] 李调元:《童山诗集》卷四十,丛书集成初编本,中华书局,1991年,第537页。

锦江书院与"石室流风"

来，葬埋于地下，竖立碑石，亲自手书"书冢"两字，写下《书冢二首》诗以表无尽的哀思，其一云："不使坟埋骨，偏教冢葬书。……不如竟烧我，留我代如何？"其二云："……半身经手写，一旦遂心灰。……读书无种子，一任化飞埃。"①

万卷楼的焚毁，既是李调元自身的不幸，也是四川文教事业的不幸。自此以后，李调元终日郁郁寡欢，因万卷楼被焚而痛苦哀伤。遭此重创，李调元身心俱损，因此悲愤成疾，于嘉庆七年（1802）冬在幽愤苦痛中辞世，终年69岁。

李调元少时聪明好学，游学蜀浙，师出名门，贯通蜀浙二学，群经小学，稗官野乘，诗词曲赋，靡不博览，"鸿才博雅，覃心撰述"②，生平著书至少73种，于经史百家、小学、诗古文辞、小说、戏曲以及方言、民俗、歌谣、杂技均有涉猎。《清史列传》本传为此评价云："蜀中撰述之富，费密而后，厥推调元云。"③ 肯定了李调元在清代四川文化学术史上的地位。

李调元是清代乾嘉时期朴学兼文学的重要代表人物。他治经宗主郑玄，治学取向惠东、戴震。仅据嘉庆《四川通志·经籍志》载录，就有经部13种39卷，史部1种10卷，子部14种92卷，集部8种107卷等著作，内容几乎涵盖了所有儒家经典。《周礼摘笺》《仪礼古今考》《礼记补注》诸书，发明郑学，勘定后来诸家之说，在"三礼"研究上取得了不俗成就。李调元"天才横逸"，作诗为文率性而成，"不假修饰"。诗文感情真挚，宗祖性情。诗歌创作尤长于七古，与清代著名诗人袁枚、赵翼、王文治齐名，时称"林下四老"。朝鲜徐浩修见其诗，评价云："以为超脱沿袭之陋，而合于山谷、放翁，极为敬服。因作启求其他著述而去。"④ "又

---

① 李调元：《童山诗集》卷四十二，丛书集成初编本，中华书局，1991年，第562页。
② 陈融：《颙园诗话》，转引自詹杭伦：《李调元学谱》，天地出版社，1997年，第188页。
③ 王钟翰点校：《清史列传》卷七十二《儒林传》，中华书局，1993年，第5917页。
④ 王钟翰点校：《清史列传》卷七十二《儒林传》，中华书局，1993年，第5917页。

尝作《南宋宫词》百首，论者谓不亚于厉鹗。"① 四川学使吴树萱有诗云：
"江山风月作主人，诗名独占千古后。"② 礼部尚书王懿修云："以西蜀之渊
云，为南宫之冠冕。"③ 太史姜锡嘏称赞他"高踞吟坛作主盟"④。

李调元学有本原，非空疏不学者所易为，"且素以诗文名世"⑤。其女
婿张怀湜在评价其学术成就时云："西川才子吾推岳，东粤文章众所师。"⑥
张舜徽在总结评价李调元的诗文成就时亦云："乾嘉中四川士大夫有文才
而兼治朴学者，固未能或之先也。"⑦ 可见，李调元乃"蜀中三才"之第一
才，所言不虚。

李调元还非常热爱民间艺术，常常在家课教歌童，组织家班演出《十
五贯》《比目鱼》等剧目，对川剧的发展做出了贡献。他的《雨村剧话》
《雨村曲话》，在中国戏曲理论批评史上占有一定的地位。

李调元在四川地方文献的传承中也作出了卓越贡献。他抄录购买大量
宋元旧版图书资料10万余卷归蜀，筑万卷楼以贮，供学人抄录传阅，对解
决蜀中之人无书可读的困窘，发展巴蜀文化可谓功不可没。而他汇刻大型
丛书《函海》，广搜晋唐宋元明之未刊之书，刻意搜讨锦里诸耆旧著作，
凡所见杨慎已刻未刻足本之书，尽行刊布；对《四库全书》中流行不广之
文献，亦大肆宣传，以弥补《四库全书》遗珠之憾。《清史列传》李调元
本传评价其所纂《函海》云："其表彰先哲，嘉惠来学，甚为海内所称。"⑧

---

① 王钟翰点校：《清史列传》卷七十二《儒林传》，中华书局，1993年，第5917页。
② 吴树萱：《绵州馆驿寄怀雨村观察》，引自詹杭伦：《李调元学谱》，天地出版社，1997年，第242页。
③ 王懿修：《用前韵寄怀李雨村观察四首并序》，李调元：《童山诗集》卷三十七，丛书集成初编本，中华书局，1991年，第506页。
④ 姜锡嘏：《寄怀李雨村同年》，孙桐生：《国朝全蜀诗钞》卷13，光绪五年刻本。
⑤ 程晋芳：《粤东皇华集序》，李调元：《函海》，嘉庆六年刻本。
⑥ 张怀湜：《十二月初五日玉溪余祝寿……以志别》，李调元：《童山诗集》卷三十三《附录》，丛书集成初编本，中华书局，1991年，第45页。
⑦ 张舜徽：《童山文集别录》，《清人文集别录》卷七，中华书局，1963年，第193页。
⑧ 王钟翰点校：《清史列传》卷七十二《文苑传》，中华书局，1993年，第5917页。

故今人屈守元称"其有大功于文献（特别是蜀中文献）之传存，决无可非议之处"①。

可见，李调元是清代著名的学者、诗人、戏曲理论家和藏书家，清代蜀学的标志性人物。

李调元是继康熙重臣张鹏翮之后的又一著名川籍京官，在四川籍仕宦同僚中影响颇大。他生性耿介廉洁，任职吏部期间，拒绝向内侍太监高云从行贿"送人情"；据实"销押"，不畏权贵舒赫德、阿桂气焰，乾隆皇帝赞扬他"有骨气"②，被同僚称为"铁汉子"③，表现了蜀中名士非凡的胆识和气节。在政治上勇于作为，"办事亦优且能"：提学广东，剔除科场弊端，重视文教风化，考校选拔人才均系"称旨"；在直隶通永道任上，兼监管河务、海防、屯田，办理筐儿港工程政绩卓著，乾隆皇帝称其乃"一好道（员）"④，侍郎程景伊亦评价其"办事才情颇好，尚属勇往，且人学问甚好"⑤，甚至反感他的朝廷大员阿桂也承认"不但学问优，办事亦能"⑥。

---

① 屈守元：《李调元学谱·题辞》，詹杭伦：《李调元学谱》，天地出版社，1997年，第1页。

② 李调元原著，郑家治、尹文钱校正：《童山自记》，郑家治、尹文钱著：《李调元文化研究述论》，巴蜀书社，2011年，第344页。

③ 李调元原著，郑家治、尹文钱校正：《童山自记》，郑家治、尹文钱著：《李调元文化研究述论》，巴蜀书社，2011年，第344页。

④ 李调元原著，郑家治、尹文钱校正：《童山自记》，郑家治、尹文钱著：《李调元文化研究述论》，巴蜀书社，2011年，第350页。

⑤ 李调元原著，郑家治、尹文钱校正：《童山自记》，郑家治、尹文钱著：《李调元文化研究述论》，巴蜀书社，2011年，第343页。

⑥ 李调元原著，郑家治、尹文钱校正：《童山自记》，郑家治、尹文钱著：《李调元文化研究述论》，巴蜀书社，2011年，第345页。

# 三、"地学名家"张邦伸

张邦伸(1737—1803),字石臣,号云谷,别号鏊华山人,清汉州张家后营(今四川省德阳市广汉市新平镇)人。早年肄业锦江书院,问学于院长高辰。张邦伸工诗善文,官师考课,五次名列书院第一,为学使史怀堂所器重。他与何明礼、张翯、李调元、姜锡嘏、孟邵同中乾隆二十四年(1759)乡试举人,人称"锦江六杰"。张邦伸之子张怀溎娶李调元之女为妻,李调元与张邦伸结成儿女亲家,李调元获罪,贫病交加之际,曾多次得到张邦伸的资助。张邦伸先后任河南光州州判、固始县令、襄城县令总计15年,勤政善事,倡行文教,政绩显著,屡次卓荐"循良"第一。后以母老辞官归里,以教育乡里子弟、著述为乐。张邦伸是清代四川著名的地理学家和诗人,著有《汉州志》《固始县志》《锦里新编》《云栈纪程》《云谷诗钞》传世,嘉庆《四川通志》、嘉庆《汉州志》有传。

## (一)勤政善事,惠及民生

按康乾间朝廷选官外任例,三科会试不中的举人,挑取一等者以知县用。乾隆三十一年(1766),张邦伸第三次会试下第,参与大挑,得选一等,遂签掣河南拟用。乾隆三十二年(1767)至乾隆四十六年(1781),历任河南辉县、光州州判,固始县令、襄城县令。在任上体恤民生疾苦,疏浚淤塞河道,兴修水利,捕灭蝗灾,赈济灾民,勤政善事,多有惠政,大计卓荐循良屡次第一,政绩事功为乾隆皇帝所赏识,是乾隆朝川籍外任官吏中的著名代表。

乾隆三十二年（1767）任辉县县令。辉县乃河南漕运要冲之地，漕粮征收积弊颇多，特别是胥吏虚报损耗、中饱私囊，不时激起民愤。张邦伸治吏甚严，节省县署开支用度，延请名僚王翼庭专职收漕，统一器量规格，标示样米，亲临收漕地点监督，颇见实效。钱栻在《张云谷太翁传》评价云："辉县为通省财赋区，劣衿蠹吏时或趁隙滋事。君至，力治之。船载途歌，民甚踊跃，其治漕如此。"①《云谷年谱》中亦云："收漕平斛响挡，民甚踊跃，甫一月交兑。"②张邦伸整治收漕弊端，为官民称道，显示了较强的行政才能。

乾隆三十三年（1768）借补光州州判。适逢光州所属息县、商城县、固始县等地遭受严重旱灾。庄稼几近绝收，人畜饮水极度困难，灾民遍布四乡。张邦伸亲临受灾现场，调查了解实际灾情。采用按户分等赈济之法救灾，成效显著。《云谷年谱》云：

> 余分查东北乡，按户口人数生理，何为极贫，何为次贫，何为不应赈，或直入其家，向童稚查问。间有踰堡求赈者，立指里居、姓氏示之，皆帖服。然查核虽严，收入极、次贫者较宽。竣事，无一人之讪议。③

在了解旱灾原因、实情基础上，张邦伸根据户口人数多寡，按贫困、次贫困、不应赈济，分类赈济钱米，有助于杜绝冒滥多领现象，也有效地赈济了受灾者，整个赈灾过程无滥无遗，"竣事，无一人讪议"④。

乾隆三十四年（1769），受光州知府高兆煌委任，专职审理全州各类讼案。光州州判驻地在息县乌龙集。离光州、息县治所各一百二十里，地

---

① 张邦伸：《云谷年谱》，北京图书馆编：《北京图书馆藏珍本年谱丛刊》，北京图书馆出版社，1999年，第108册，第578页。

② 钱栻：《张云谷太翁传》，北京图书馆编：《北京图书馆藏珍本年谱丛刊》，北京图书馆出版社，1999年，第108册，第538页。

③ 张邦伸：《云谷年谱》，北京图书馆编：《北京图书馆藏珍本年谱丛刊》，北京图书馆出版社，1999年，第108册，第539页。

④ 张邦伸：《云谷年谱》，北京图书馆编：《北京图书馆藏珍本年谱丛刊》，北京图书馆出版社，1999年，第108册，第539页。

势偏远，民俗剽悍。不法之徒往往因缘恫喝，以为劫夺，诉、控之案经年不息。张邦伸到任，"捕渠魁治以法"，以稳定社会秩序。又积极组织审结积案，用时一年，了结各类讼案3800余件。其决断公正、执法严明，无一翻控者。

乾隆三十四年（1769）九月，调任光州正阳县令。前任县令抱病年久，积案甚多。张邦伸亲为安排筹划，仅一月余，400余件积案全结。正阳县胥吏枉法渔利，张邦伸力主革除胥吏代办讼案陋习，亲自据实审结、调停诸案。对呈不实之词以讼者，即"面讯劝息"；对必须审结之案，即传讯审结，并允许民众听讯，以示公正。张邦伸审案，务求"准情酌理，立案以垂永久耳"[①]。胥吏人等无从插手，案牍日渐清明，争讼之风始息，民俗日淳质朴。《云谷年谱》云："光州多上控之案，至是始息。"[②]

乾隆三十六年（1771）三月，光州久旱无雨，蝗灾频现。初，县民隐匿不报，遂至灾情蔓延，几成不可控制之势。张邦伸当机立断，带领夫役民众设法灭蝗。白天，选地势宽阔处挖出长沟，于沟外牵布为城，令数百人列队持拍笆，拍打驱赶蝗虫。蝗虫奔腾跳跃，触布后拥落沟中。数百人遂于岸上以杵击打灭蝗，"甲处尽净，再扑乙处，亦如前法"。夜则燃火数十处，引蝗虫扑火烧之。此外，还专门定点设价，收购"余蝗之不及逐者"。由于采取措施及时得当，用时不到一月，光州蝗灾得到了有效控制。河南布政使何煟上奏朝廷各员灭蝗业绩，乾隆皇帝批示说："此次捕蝗，出力以该员为第一，深堪嘉尚。着纪大功七次，以示鼓励。"[③] 充分肯定了张邦伸在光州灭蝗中的功绩。

由于在光州灭蝗政绩显著，乾隆三十六年（1771）十月，调补襄城县令。襄城地处南北交通要道，当时，正值朝廷平定缅甸之乱之际。兵车夫

---

[①] 张邦伸：《云谷年谱》，北京图书馆编：《北京图书馆藏珍本年谱丛刊》，北京图书馆出版社，1999年，第108册，第549、550页。

[②] 张邦伸：《云谷年谱》，北京图书馆编：《北京图书馆藏珍本年谱丛刊》，北京图书馆出版社，1999年，第108册，第540页。

[③] 上引均见张邦伸：《云谷年谱》，北京图书馆编：《北京图书馆藏珍本年谱丛刊》，北京图书馆出版社，1999年，第108册，第542页。

役，往来频繁，县民车马劳役，极为繁重。张邦伸根据全县所需车马数量以及县民需负担的差役份额，据实合理调配，不但减轻了贫民劳役之苦，还有效提高了服役的效率。《云谷年谱》云："县中骡马车辆，挨次轮换，增减以时。添注署内外，各置一簿，计十三月始轮一次。官民便之。至今垂为令甲。"① 张邦伸采用轮换法以代替均劳役，妥善处理了夫役不均、县民消极应差的问题，故官民俱得方便，"至今垂为令甲"，展示了较强的行政能力。

襄城原设有常平义仓，春发秋敛，向例每石取息一斗。但书役、粮差人等常借鼠耗糜烂为由，暗加一斗，交验时又"零尖踢斗"，变相加征，盘剥百姓。以至每石多得三四斗，民甚苦之。张邦伸到任，依朝廷惯例，每石租谷仅取息一斗，严禁收仓者作弊渔利。其法深得民户好评。每有羡余，民户皆相率以余谷倾入仓中，以至每年倾入仓者竟多达二千余石。李元在《张公墓志铭》中云："公怪，问之。曰：往者，倍数而来，谷不足，今如数而来，尚有余。民受其赐多矣！顾惜此戋戋也？"② 张邦伸整治秋征弊端，给被征民户带来了实惠，亦融洽了官民之间的关系，显示出较强的执政能力。

张邦伸在襄城任上，体恤民生疾苦，兴利除弊，改善民生，官声甚好。《云谷年谱》评价云："是时官民相依，有水、乳交融气象。"③ 李元亦评价云："政理民和，案牍清简。明年，遂无系狱者。囹圄虚无人，独递解流囚宿焉。父老来观，指为解囚传舍也。"④ 再次肯定了张邦伸治理襄城所取得的突出成绩。

---

① 张邦伸：《云谷年谱》，北京图书馆编：《北京图书馆藏珍本年谱丛刊》，北京图书馆出版社，1999年，第108册，第543页。
② 李元：《张公墓志铭》，北京图书馆编：《北京图书馆藏珍本年谱丛刊》，北京图书馆出版社，1999年，第108册，第585页。
③ 张邦伸：《云谷年谱》，北京图书馆编：《北京图书馆藏珍本年谱丛刊》，北京图书馆出版社，1999年，第108册，第546页。
④ 李元：《张公墓志铭》，北京图书馆编：《北京图书馆藏珍本年谱丛刊》，北京图书馆出版社，1999年，第108册，第585页。

## 第五章 肄业者"追前贤懿轨"

乾隆三十九年（1774），固始县遭受旱灾，前任隐匿不报，激起民愤。《云谷年谱》载云："及归，妇女登堂击鼓，市集俱罢。四乡之民入城，填街溢巷，汹汹哗甚。"[1] 在民变即将爆发的关键时刻，光州知府立刻委派张邦伸代任固始县令，前往平息哗变。张邦伸到任后，晓民以大义，据实处置，迅速平息民变。《张公墓志铭》云：

> 公下车，先晓以大义，使各定厥居。然后请帑银五万两，按极贫、次贫例，分别给口粮籽种。计赈五十余万口，其漏册者，又万六千余人。爰设粥厂，男女异所，俾学官司之。公日巡其处，至则尝粥而后分给。使书役不敢窃米杂灰滋弊。时孕妇多产育，有日产五男子者，别赁庑居之，厚其养，使不及于病。凡捐仓谷六千余石，而全活众矣。[2]

张邦伸深入灾民哗变现场，深入了解民变情由，临机应变，成功处置了此次哗变事件。

第一，他不辞辛苦，遍历乡村，晓民以大义，消除"省中大人动兵"欲剿杀饥民等误传，防止事态进一步恶化，避免导致更大的民变。

第二，募捐谷六千余石，从士绅富户处得捐米三百石。开设粥厂，亲自参与救赈。"每日卯刻即入厂遍查，令司厂者同食厂粥"[3]，使书役人等无所用其弊，并重点照顾好孕妇，"厚其养使不及于病"，以安抚民心。《云谷年谱》载云："故是年虽大荒，无一死者。至春间，麦豆盈野，民得聊生矣。"[4]

第三，采用"先拨用后筹补"之法，开仓放赈，并按照贫困程度不

---

[1] 张邦伸：《云谷年谱》，北京图书馆编：《北京图书馆藏珍本年谱丛刊》，北京图书馆出版社，1999年，第108册，第547页。

[2] 李元：《张公墓志铭》，北京图书馆编：《北京图书馆藏珍本年谱丛刊》，北京图书馆出版社，1999年，第108册，第586页。

[3] 张邦伸：《云谷年谱》，北京图书馆编：《北京图书馆藏珍本年谱丛刊》，北京图书馆出版社，1999年，第108册，第549页。

[4] 张邦伸：《云谷年谱》，北京图书馆编：《北京图书馆藏珍本年谱丛刊》，北京图书馆出版社，1999年，第108册，第549页。

同，分类赈济，使受赈济人数多达五十余万，有效减少了大饥荒带来的严重社会后果。许诺赈济饥民银钱，散给籽种口粮，解决生计无着落的灾民的后顾之忧。他还全面搜罗漏载饥民，给他们活下去的希望，进一步收拾人心。

张邦伸审时度势，灵活决策，善于抓住问题的关键。在处理固始县民变事件中，关心饥民生活，照顾病危人群，查禁舞弊，对稳定饥民人心，维护社会稳定颇有实效。张邦伸处置固始饥民哗变表现出了非凡才干，计典列入卓荐。乾隆四十一年（1776）八月，赴热河引见，奉旨加一级。

张邦伸历官河南15年，历任辉县、正阳、襄城、固始、南阳等县县令，政绩卓著，恩信流布四方，屡次大计卓荐循良第一。其原因在于：一是以仁孝为本，体恤民生疾苦。如"平斛响挡"整治收漕弊端，带领夫役民众灭蝗救灾，赈济灾民"无滥无遗"，疏浚河流，修建水利设施，改善百姓的生产、生活条件，表现了他以仁为本的行政思想。二是随机应变，善于处理各种社会危机。如固始县民哗变，大有一触即发之势。张邦伸深入现场，当机立断，从原因着手解决实际问题，对解除哗变带来的危机、维护中原地区的稳定做出了积极贡献，表现了蜀士才多智广、善政任事的特点。三是淡定自若，不贪慕官阶爵位。张邦伸在河南辗转任职六地县令。每到一处，他都体恤民生疾苦、兴利除弊，有效解决棘手的社会民生问题，维护了社会稳定，但对升官晋爵之事，却并不在意。

张邦伸久在宦海沉浮，深知其中的劳苦与险恶，遂绝意仕进。乾隆四十六年（1781），以母老亟需奉养为由，辞官归里。张邦伸以仁孝为行政之本，体恤民生疾苦、爱惜民力；为官勤勤恳恳，勇于任事，善于处理繁杂的社会矛盾与事务，造福一方百姓；为人不追逐名利权势，孝亲养老，勤于著述，乐于培养乡梓后贤等诸多表现，较好地诠释了乾隆中前期蜀中外任官员的政绩观与人生观。

## (二)"备纪蜀事",辉耀家邦

张邦伸是清代四川外任官吏中的代表人物,也是清代四川著名的地理学家和诗人,被视作汉代以来广汉著述最多的学者。张邦伸生平著作共有20部,192卷,分属经、史、集三部。其中,专著类12部147卷,纂辑类8部45卷。在现存的史部著作中,尤以地方志《固始县志》、杂史类《锦里新编》、地理旅游类的《云栈纪程》为代表。

《锦里新编》初名《锦里新闻》,因与唐代段成式所作《锦里新闻》同名,故易"闻"为"编"。该书记载从清初至嘉庆之际有关四川名宦循吏、文治武功、乡贤节烈、边防戍卫、奇闻逸事等历史掌故。仿照雍正《四川通志》体例,经损益节略而成,共计14类16卷。所记载蜀中山川、人物与历史,或经作者亲自明验,或是史有明载,具有较高的文献与史料价值,是研究四川人物、历史和文化不可或缺的参考资料。是书成于嘉庆五年(1800),有成都敦彝堂刻本传世,巴蜀书社曾将此本影印发行。

### 1. 体例结构

为修纂《大清一统志》,康熙、雍正朝都非常重视各省《通志》的修纂,尤其雍正朝对各省督抚重新修订本省《通志》提出了严格要求。雍正曾下旨云:"务期考据详明,采摭精当,既无缺略,亦无冒滥,已成完善之书。"[①] 在朝廷督促下,雍正七年(1729),四川总督黄廷桂聘请锦江书院院长张晋生任总纂,在康熙《四川通志》基础上重修《四川通志》。该志共分49类44卷,内容上较康熙《四川通志》更加精详,体例编排也更合理,达到了朝廷所要求的"完善之书"的标准。

《锦里新编》作为私人著作,其著作目的、功用显然不能与官修政体志书相比。该书无图考、星野、建置、沿革、州郡、封略、道里、厄塞、

---

① 清世宗:《雍正六年十一月二十八日上谕》,佚名:《清实录·世宗实录》卷七十五(第八册),中华书局,1986年,第1123页。

土田、户口、蠲政、盐茶法等内容,却广收博采,以纪六十余年来"蜀中人物时事"①,增益雍正《四川通志》中省略的名宦、儒林、文秩、武功、孝友、流寓等有关人文学术、世俗民风方面的内容。是书与官修志书意趣有别,重点反映了雍正以来四川"山川风俗之美,官师人物之盛,与夫艺文物产之繁"②等自然、人文与学术方面的情况。

该书前有序言,专门介绍编纂此书的目的;其凡例重点介绍全书的编纂体例、选材标准、选材范围和主要内容;文后附每卷类目及其相关内容。具体编次如下:

卷一名宦,以褒扬蜀中循吏;卷二文秩;卷三武功;卷四儒林,以志乡贤;卷五忠义;卷六孝友;卷七节烈,以重敦伦;卷八流寓;卷九异人;卷十方技;卷十一高僧,以表异行;卷十二贼祲;卷十三边防,以慎戍守;卷十四、十五、十六为异闻,以见山海大荒,以广见闻。《锦里新编》体例分明,结构完整,编排合理,体现了张邦伸较高的修志水平。

2. 内容特点

《锦里新编》记载清初以来四川的人文、伦理、道德、山川、边防、治安、灾异、见闻及古今逸事。目的在于"倘不登诸简册,以为异日考证之资"③,则用不了多久,这些蜀中掌故就会湮没无闻,无以彰显蜀中"人物时事"之盛。故该书与雍正《四川通志》等官修志书在内容取舍上有较大差异。作为官修志书的补充,它与扬雄《蜀王本纪》、谯周《三巴记》、李克《益州记》、曹学佺《蜀中广记》以及何宇度《益部谈资》等方物杂记之书极为相似。其主要功能在于:"亦多杂载事迹,取备掌故。……则掇拾搜罗,正考订者所不废。"④《锦里新编》主要有以下三个方面的特点:

第一,取材严格。该书选择的人物事迹,上断自清初,下止于嘉庆初年;所采录人事,完全限制在清代。所载人物,"断于国初,其已见《明

---

① 张邦伸:《锦里新编·自序》,嘉庆庚申嶍峨周氏敦彝堂刻本。
② 吴巩、董淳修,潘时彤等纂:嘉庆《华阳县志·序》,嘉庆二十一年刻本。
③ 张邦伸:《锦里新编·自序》,嘉庆庚申嶍峨周氏敦彝堂刻本。
④ 李克:《益部谈资》,影印文渊阁四库全书本,上海古籍出版社,1987年。

史》或科第系前明者，概不收录"①。该书断代时间准确，时代特色鲜明。所选人事物完全限于四川范围之内，与《锦里新闻》所载"不尽蜀事"相比，具有鲜明的地域性。该书以固定的时空来记述清初四川乡土的人文掌故，具有鲜明的四川特色与时代印记。

第二，坚持信史标准。其所载内容，均注明出处，信实可靠。该书遵照志书"发潜德之光，书善不书恶"②的"志铭体"立传原则，传记内所载人事，"必盖棺论定，始可立传"③，坚持不为生者立传的著史之例。所采录人物生平材料，或众所周知，或懋绩循声、脍炙人口，或是作者亲历亲见的人和事。对于只有政绩传闻而籍贯、科名以及升迁经历不清楚者，概不载录，确保内容的真实性。

第三，广搜博求。该书以纪事为主。对于真实可信者一概照录，即使是离奇怪诞者亦做了记载，不过，态度比较审慎。如在《凡例》中明确指出："兹编以纪事为主，其全属子虚者，概从删削，惟共闻共见而世所不常有者，始书之，以志不忘。……非徒夸花样之新也。"④最大限度地保存那个时代的社会历史面貌。

3. 独特的价值意义

《锦里新编》有助于补正载纪缺略与谬失：第一，据史传记载，订正了文人传记中的失误。如袁枚《威信公岳大将军传》曾云："（岳钟琪）父升龙，以百夫长从征吴三桂立功，累迁至四川提督，因家焉。"⑤威信公，即雍正三年（1725）任川陕总督的岳钟琪，父名升龙。张邦伸据雍正《四川通志》所载："岳升龙，字见之。任天津卫总兵，扈从圣祖北征，平定

---

① 张邦伸：《锦里新编》卷首"凡例"，嘉庆庚申嶍峨周氏敦彝堂刻本。
② 张邦伸：《锦里新编》卷首"凡例"，嘉庆庚申嶍峨周氏敦彝堂刻本。
③ 张邦伸：《锦里新编》卷首"凡例"，嘉庆庚申嶍峨周氏敦彝堂刻本。
④ 张邦伸：《锦里新编》卷首"凡例"，嘉庆庚申嶍峨周氏敦彝堂刻本。
⑤ 袁枚原著，王英志点校：《袁枚全集》，《小仓山房文集》卷六，江苏古籍出版社，1993年，第1页。

噶尔旦，录功晋秩。康熙三十七年授四川提督。"① 考以查访所得，更正了袁枚文中有关岳升龙随征吴三桂有功升任四川提督等史实错误。又如彭乐斋《玉吾公传》"贼党赫成裔寇川南"②条。玉吾公乃彭端淑之父。该书据《八旗通志》所载，考订指出："李国英平定沉雅贼系郝承裔。彭讹'郝承'为'赫成'，亦误。"③ 张邦伸的这一考订是正确的。这从雍正《四川通志》卷二十二中"兵制"中有关李国英《题全川经制官兵疏》的记载可以得到印证。《题全川经制官兵疏》云："如数年之间，郝承裔复叛于雅黎。朱奉铨等作乱于叙马。"④ 李国英所言复叛之人，实为"郝承裔"，而非彭端淑所言"赫成裔"。虽改一字之谬，却反映了张邦伸以史载纠正文人传写失误的著史精神。

第二，据时人亲历，辨疑史传之误。《锦里新编》体现出较强的怀疑和开拓精神。如《明史》云："献忠遂僭号大西国王，改元大顺。冬十一月庚寅，即伪位。"⑤ 这里的冬十一月，即明朝崇祯甲申的冬十一月。该书据身经张献忠之乱的向陆海所著《史咏》、彭丹溪（彭遵泗）所著《蜀碧》等书的记载，综合考订张献忠"僭位"建大西政权的具体时间当在甲申年八月，这一说法比《明史》所载提前了三个月。并加按云："向、彭皆蜀人。彭玉吾身经离乱，御寇有功，其子孙俱能言之。陆海犹亲见十三家贼党谈及乱蜀时事。则八月十六日僭位之说，必有可据。"⑥ 张献忠于甲申冬十一月"僭位"建立大西政权，今史学界已有定论，但张邦伸能据亲身经历者提供的资料质疑官修《明史》的记载，反映了作者信实求真、勇于怀疑的治史精神。

---

① 黄廷桂修，张晋生等纂：雍正《四川通志》卷七下《总部》，影印文渊阁四库全书本，上海古籍出版社，1987年。
② 张邦伸：《锦里新编》卷首"凡例"，嘉庆庚申峰峨周氏敦彝堂刻本。
③ 张邦伸：《锦里新编》卷首"凡例"，嘉庆庚申峰峨周氏敦彝堂刻本。
④ 李国英：《题全川经制官兵疏》，影印文渊阁四库全书本，上海古籍出版社，1987年。
⑤ 张廷玉：《明史》卷三〇九《列传》，中华书局，1977年，第7976页。
⑥ 张邦伸：《锦里新编》卷首"凡例"，嘉庆庚申峰峨周氏敦彝堂刻本。

第三，坚持地方志书记事的连续性特点，对保存嘉庆以来四川的人文历史资料做出了贡献。《锦里新编》成书于嘉庆五年（1800），距雍正《四川通志》成书的雍正十一年（1733）相隔67年。这段时间，正是四川政治、经济、文化、学术、教育从兵燹战乱中开始恢复，逐步走向发展的时期，但一直没有一部记录这段历史的史志类著作，不能不说是史学界的一大缺憾。故董淳在嘉庆《华阳县志》卷首《序》中云："雍正七年纂修《四川通志》，各郡县类皆有志，而成都与华阳独无，迄今已八十余载矣。"[①]《锦里新编》的修撰，弥补了四川各郡县都"类皆有志"而华阳、成都二县独无的遗憾。该书记载雍正至嘉庆间发生在四川的重要事件、掌故与见闻，保存了大量的史料。如该书有关乾隆五十一年（1786）五月初六日发生在清溪县（今四川省雅安市汉源县）的地震资料、有关岳钟琪在川所建立的武功，以及蜀中士林佼佼者如易简、李漱芳、彭端淑、李调元、张翯等人的生平事迹，为重修嘉庆《四川通志》、嘉庆《华阳县志》提供了重要参考资料。特别是关于汉源县地震造成泸河（大渡河）壅塞崩决，叙、泸以下各地居民财物漂没，涪州、黔江山崩川塞方面的详细记载，为研究了解此次地震灾害发生的过程、造成的灾害损失以及灾后重建的方法，提供了重要资料。

《锦里新编》有关蜀中人文学术发展变化方面的资料，在一定程度上反映了蜀中学人在清代考据之风的影响下，主动吸纳人文发达之地的学术优长，继承汉宋以来蜀学精神传统的文化自觉，有助于我们今天探究清代蜀学的历史演变，深入理解晚清蜀学兴盛的历史原因。为此，巴蜀书社在评价《锦里新编》的价值时，说："于史志不实不足之处，拾遗补缺，匡正谬误。……有学术研究参考价值，为县志编纂者必不可少之参考书，亦为研究四川文学、历史及其它方面不可或缺之参考书。"[②] 肯定了该书在文献学、史料学和巴蜀学术史上的价值和地位。

---

① 吴巩、董淳修，潘时彤等纂：嘉庆《华阳县志·序》，嘉庆二十一年刻本。
② 巴蜀书社编辑部：《锦里新编·出版说明》，巴蜀书社，1984年，第1页。

## (三) 考巴蜀山水，纪云栈胜迹

《云栈纪程》是张邦伸从陕西归蜀途中，根据沿途所见山川胜迹、风物异闻写成的一部游记。他在《云栈纪程·序》中云：

> 云栈为秦蜀咽喉。山川险阻，昔人比之上青天入石穴。然胜迹异闻，所在多有。……国初，渔洋山人著《蜀道驿程记》及《陇蜀余闻》等集，士大夫往来是路者，多取资焉。余自秦返蜀，爰就所闻汇而辑之。以便异日卧游且使履其地者，知为某山某水，遇目骋怀，可以忘登顿之苦。①

古蜀道作为由陕入蜀的咽喉要道，山川险阻，河川交错，李白称"蜀道难，难于上青天"。王士禛《蜀道驿程记》虽对蜀道云栈情形有所记载，但"中多辩证古事"②，对沿途府县建置、历史沿革、关隘津渡、山脉水系走向记载比较简略。为展现巴山蜀水之雄奇、人文历史之富盛，便于往来行路者取资借鉴，解决其"登顿之苦"，该书在《水经注》《蜀道驿程记》基础上，搜览考辨历代史载传闻，翔实记载沿途山水形势、城镇道里、名胜古迹、人文风俗，保存了由陕入蜀古栈道沿途遗迹、风土人情等大量史料，是研究古蜀道历史文化、地理环境的重要参考资料。

该书记载了从陕西西安出发，经由古栈道返回四川成都的全部游历见闻。作者采用"以日纪程"的游记体写法，把二十五天的行程分为八个阶段，每阶段一卷。全书除去篇首序言外，共分八卷：

卷一自西安至武功；卷二自武功至宝鸡；卷三自宝鸡至褒城；卷四自褒城至宁羌州；卷五自宁羌州至广元；卷六自广元至陈香铺；卷七自陈香铺至汉州；卷八自汉州至成都。

根据沿途见闻多寡，每卷记载二至五天不等的行程与见闻。各卷内容

---

① 张邦伸：《云栈纪程·序》，光绪辛卯虽园校刊本。
② 永瑢等：《四库全书总目》卷六十四，中华书局，1965年，第575页。

在时间上首尾连贯，在行程上彼此衔接。其时间、空间和行程融为一体。就每一日行程而言，都始于起点，沿行程路线的前进方向推进，直到住宿地结束。并根据沿途城镇、河流、风俗不断变换叙述视角，立体地反映沿途山川名胜、风物掌故等情况。兹以卷二初三日"自武功至宝鸡"的记载为例，作如下说明：

> 初三日，由武功西行三十里，至杏林铺，高岸深谷，屡有登顿，即三畤原也……又三十里，次扶风县。县隶属凤翔府，本岐周故地，汉三辅之一。汉右扶风领县二十余，此其一隅尔。后周于此置湋州，唐初析置湋川县，后改扶风县。城东门外湋水，一名围川水，与凤泉水合，至武功县南入漆水，注于渭。《蜀道驿程记》谓：扶风东门外，漆、湋二水合流，误矣。
>
> 城西有伏波村，即马援故居。援字文渊，少有大志。……尝曰："丈夫立志，穷当益坚，老当益壮。"建武中，拜伏波将军，击交趾，奏捷而还。……是翁后封新息侯。
>
> 又有班家砦。汉班彪字叔皮，沉重好古。汉光武初举茂才，援徐令，所著《王命论》及赋、论、奏事凡九篇。……长子固，字孟坚……作《两都赋》，续成父《前汉书》。……次子超，字仲升，使鄯善有功，复以司马使于滇、西域诸国，皆遣子入侍……封定远侯。彪女昭，字惠姬，……作《女诫七章》，续成其兄固《汉书》……
>
> 城北有织锦巷，即若兰织锦处。又东南有绛帐村，本马季长传经处。《马融传》：融字季长，扶风茂陵人。……常坐高堂施绛帐。前授生徒，后列女乐，弟子以次相传，鲜有入其室者……
>
> 县北二十里，汉美阳县故城，有法门寺，唐元和十四年迎佛骨于此，士人建祠祀韩文公。又三十里过马伏波墓，至义店镇。北有五将山，苻坚为姚苌所困处……又二十里至马洞沟……十里至龙尾沟……十里至砚瓦沟……十里至岐县，本岐周故城……

## 锦江书院与"石室流风"

初四日,由岐山西行五里,渡左阳水……。①

作者把初三日的行程分成武功县—杏林铺—扶风县—义店镇—马洞沟—龙尾沟—砚瓦沟—岐县共七段,分别从时空和历史的角度对沿途及周围的城镇道里、山川形势、河流的源头和流向以及名胜古迹做了详细的考察。如对扶风县城的考证,首先指出它现在的归属地——陕西行省凤翔府;接着考察它的历史沿革:最初属于西岐周之故地;汉代是三辅之一的右扶风中的一部分;后周于此置燕;唐初析置湋川县,后再改为扶风县。对其行政沿革变迁做了详细的梳理。其次考察县城东门外湋水的流向,指出它与凤泉水汇合后,流至武功县南后注入漆水,再注入渭水。并根据作者实地考察与目验,纠正了《蜀道驿程记》关于湋水"扶风东门外,漆、湋二水合流"的错误。最后分城西、城北、城西南、县北等几个方向,从空间角度考察扶风县城周围重要历史人物及其生平事迹。其中,重点对伏波将军马援的生平功绩、班彪父子的史学文学成就、东汉马融设绛帐讲学的史实做了考辨,再现了扶风县的历史人文旧况。

在由陕入蜀的2000余里行程中,张邦伸对沿途府县城市、关隘津渡、山脉水系、名胜古迹、风土人情均做了特别详细的考证,为后人了解这条栈道的具体情况提供了必要参考。如他在"自沉香铺至汉州"中云:

计自宝鸡至此,行千六百里,所历水之最著者十:曰渭,曰褒,曰沔,曰潜,曰嘉陵江,曰强,曰潼,曰涪,曰罗江,曰锦;岭之最著者八:曰煎茶岭,曰凤岭,曰柴关岭,曰马鞍岭,曰七盘岭,曰新开岭,曰黄荆屐,曰白卫岭;关之最著者十五:曰二里关,曰石关,曰画眉关……曰剑关,曰鹿头关;山三……;坡七……;堨三……;阁三……。②

《云栈纪程》记载川陕秦巴之间的自然水系、关隘、山岭、城镇的分布情形,并对其进行全面系统的考证,展示了作者作为地理学家较高的学

---

① 张邦伸:《云栈纪程》卷二《自武功至宝鸡》,光绪辛卯虽园校刊本。
② 张邦伸:《云栈纪程》卷七《自沉香铺至汉州》,光绪辛卯虽园校刊本。

术与研究水平。

《云栈纪程》对古蜀道的考证之法，主要体现在以下三个方面：

第一，立体考察沿途各府县名城的历史沿革及其变迁。古栈道作为秦、蜀两地的重要通道，沿途府县名城较多。据笔者统计，当时计有长安、咸宁、武功、扶风、宝鸡、褒城、宁羌、广元、剑阁、汉州等古今历史名城50余座。张邦伸《云栈纪程》之法，以历史变迁为线索，既重视考察其历史沿革，也注重从空间角度考察其街道、河渠、池苑的结构布局，挖掘其历史文化内涵，增进人们对褒斜道的认识和了解。作者以时间为经，以沿途不断变换的空间为纬，构建了一个在时间上前后连贯，在空间上纵横交错，不断运动变换的立体图景。

一是从时间上考察它们在各个历史时期的建置形态，梳理其历史变迁过程，如对长安城、武功县城、雒城历史变迁的梳理与考辨；

二是从空间角度对城镇布局、建筑形态、地理位置等进行研究，突出城市规模、布局与建筑特点，如对长安城、咸宁县城的考察；

三是梳理总结当地历史文化名人，评价其历史地位，如对武功县历史名人马援、马融、班彪父子等历史人物事迹的分析评价；

四是总结这些城镇在军事地理学上的重要作用与地位，如对陈仓城、涪城、雒城等的评价。

此外，《云栈纪程》还对古蜀道沿途的历史故城如战国西虢故城、汉美阳县、汉故道县、沮县、阳平县故城、沔阳县故城等二十余座古城旧址及其变迁源流做了考辨。这些古城或因战争破坏而消逝，或因洪水、地震等自然灾害而毁灭，有的仅存些许遗址，有的甚至连废墟都找不到，故知之者甚少。

这种立体化的网状结构编排方式，既有助于展示每日行进的路线、沿途城镇的建置布局沿革以及山川河流形势等具体情况，也为人们研究了解古蜀道的历史提供了丰富的资料。相比《徐霞客游记》的记载，内容更加准确明白，相比同时代王士禛（1634—1711）《蜀道纪行》所记山水河川情形、城镇道里、人物掌故更加全面翔实。如在考察沮县故城时，他加按云：

> 沮县故城，在今汉中府略阳县界，晋永嘉后没于氐羌。县废，后魏改置武兴县，又侨置略阳……宋复改归顺政，曰略阳。今在宁羌州北二百二十里。①

对湮灭在历史尘埃中的沮县故城古、今地址的考证，毁灭原因的探索，历史变迁的梳理，为人们探索沮县故城历史提供了难得的材料，颇具学术参考价值。

第二，详细记载了古蜀道的结构特点。由秦入蜀，沿途山川险阻，河流纵横交错。千百年来，从宝鸡至绵竹县孟家店的2000余里，人们几乎都在悬崖峭壁、湍流险滩间借助栈道或栈桥通行。从长安西南出发，穿越秦岭的古栈道在汉中境内自西而东，分别有故道、褒斜道、傥骆道、子午道四条路。此外，还有将故道与褒斜道连接在一起的连云道。其中，最著名、留存遗迹最多的是褒斜道。该道从今眉县南越秦岭，经太白，沿褒河，过石门，达于汉中，史称"五百里栈道"。此即张邦伸归蜀所走之道。

古栈道大多依山傍阻，架木为桥。其修建形式，据统计主要有标准式、斜坡搭架式、斜撑式、无柱式、千梁无柱式、凹槽式、隧道式等七种。平梁立柱是其最基本的修筑模式。《水经注》云：

> 前赵子龙退军，烧坏赤崖以北阁道，缘谷百余里，其阁梁一头入山腹，其一头立柱于水中。今水大而急，不得安柱，此其穷极，不可强也。②

这种栈道的修建之法是：先在绝壁上凿孔穿梁，然后架横梁于其上。梁柱一头入山腹，一头与水中立柱相接。于梁上铺木板，旁树栏杆，有的还建有遮挡雨雪棚盖的"栈阁"。这种栈道固定较好，行走起来比较平稳。诸葛亮死于五丈原，魏延先退，烧毁了这些栈道，古栈道至此不复存在。

---

① 张邦伸：《云栈纪程》卷四《自褒城至宁羌州》第十，光绪辛卯虽园校刊本。
② 郦道元原著，陈桥驿校释：《水经注校释》卷二十七《沔水》，杭州大学出版社，1999年，第488页。

此后"按旧修路者,悉无复水中柱。径涉者,浮梁振动,无不摇心眩目也"[①]。此即《水经注》所谓"历故栈道下谷,俗谓千梁无柱"型。这种"千梁无柱型"栈道,人行走在上面"无不摇心眩目",比较困难。张邦伸描述通过栈道口的感受时云:"石壁峭绝,往往瀑水成川,声若奔霆,一径如发。明灭乱峰中,为入栈之始。"[②]在"石壁峭绝"之间穿行,瀑水湍流雷霆般轰响,这只不过是刚入栈道时的感受。

自画眉关以下到马道百里间,俗谓"二十四马鞍岭",充分体现了"千梁无柱型"栈道的险绝。《云栈纪程》云:"自青羊铺至马道,缘崖涉险,中历马鞍,大岭二十四,高低曲折,半挂山腰。……二十四马鞍岭,岭险峭特绝,上下登顿辄数里。上如猱升,下如鳖行。外俯迅流,内依绝壁。石磴连卷,其中山谷呈露,不受寸土……"[③] 缘崖涉险、半挂山腰、蜿蜒盘旋的栈道,望之使人目眩,行之使人战栗。这些身临其境的感受与详细记载,为人们了解古栈道的结构形制提供了可靠的资料。

古栈道在数千年的历史中承担着军事、政治、经济交流方面的重要任务。到底始于何时,已不可详考。《战国策·秦策》云:范雎相秦,"栈道千里通于蜀汉"[④]。可知,最迟在秦昭王时已有栈道存在。此后,人们于栈道递有毁、建。毁灭之事,如张良劝刘邦烧栈道、赵云退军烧栈道、魏延阻杨仪烧栈道和张鲁断栈道等。修建者,如张卯、李寿、郚君、杨涣、归融、诸葛亮、羊祉、贾三德、郑涯、贾汉复等。这些栈道是古代连通中原与四川的重要纽带,做出过重要的历史贡献。如张仪、司马错伐蜀,全靠栈道输送兵源和物资,为秦灭巴蜀统一全国做出了一定贡献。司马迁云:"汉之兴,自蜀汉。"[⑤] 指出栈道在汉兴过程中的重要作用。一直到1936年

---

[①] 张邦伸:《云栈纪程》卷三《自宝鸡至褒城》第十六,光绪辛卯虽园校刊本。
[②] 张邦伸:《云栈纪程》卷三《自宝鸡至褒城》第二,光绪辛卯虽园校刊本。
[③] 张邦伸:《云栈纪程》卷三《自宝鸡至褒城》第十六至十七,光绪辛卯虽园校刊本。
[④] 刘向原著,何建章注释:《战国策》卷五《秦》,第三,中华书局,1990年,第206页。
[⑤] 司马迁:《史记》卷十五《六国志》,中华书局,1997年,第177页。

川陕公路修通，栈道才完成了它作为交通道路的历史使命。《云栈纪程》对古蜀栈道的历史形态、政治军事价值、历史贡献方面的记载，增进了人们对古蜀栈道历史价值的认识，表现了一位具有浓烈乡梓情怀的学者的赤诚。

第三，详察由秦入川途中河流水脉的分布与流向。据郦道元《水经注》记载，秦巴之间共有渭水、沔水、嘉陵江、强水、罗江、锦水等河流24条。郦道元曾对这些主要河流的流向、流程、分布状态有过详细记载，但对较小者却没有记载。加之他并没有亲临现场对每条河流作实地考察，因此《水经注》对秦巴水系的记载并不完整且存在不少谬误。《云栈纪程》在参考历代文献的基础上，结合实地考察，对沿途72条古今江流做了介绍。并对《水经注》中的误注、失载做了补正。如郦道元《漾水》条下注云："汉水又西南径通谷，通谷水出东北通溪，上承漾水，西南流，为西汉水。"[①] 张邦伸据文献记载和实地考察，订正云："（郦道元）未尝按脉查理，而牵强合桑氏之说，以成其误。不知漾水实东南流，无由西南流，与嘉陵江、白水相合也。"[②] 不仅从方法上指出了导致郦道元误注的原因，而且纠正了错载的内容。他还援引《黄氏日钞》中的记载来验证自己的判断，云："汉水二源，一出秦州天水县，谓之西汉水，至恭州巴中县入江；一出大安军三泉县，谓之东汉水，至汉阳军流入江。观此，则二水流了然矣。"[③] 以证实郦道元所载之误。张邦伸不迷信《水经注》等权威之说，根据文献记载和实际考察，订正了郦道元沿袭桑钦之说造成的失误，表现了求真务实的治学态度。《云栈纪程》还根据作者亲历亲闻，对那些不著名的小河的源头、流向和流布情况逐一做了介绍，弥补了《水经注》记载中的缺失，为人们了解秦巴水系提供了详细资料。

作者坚持广征博引的原则，对有关《诗》《书》和史传等经典文献参

---

① 郦道元原著，陈桥驿校释：《水经注校释》卷二十《漾水》《丹水》，杭州大学出版社，1999年，第365页。
② 张邦伸：《云栈纪程》卷五《自宁羌州至广元》，光绪辛卯虽园校刊本。
③ 张邦伸：《云栈纪程》卷五《自宁羌州至广元》，光绪辛卯虽园校刊本。

考引证自不待言，即使杂著、文集、传闻、故事中的有关记载亦参考引用，故是书内容极为丰富。据笔者统计，全书引书多达 106 部 350 余处。其中，仅引用《诗经》《尚书》《左传》《史记》《汉书》《宋史》《文献通考》等经史类著作就多达 25 部 70 余处；引用《水经》《水经注》《括地志》《元和郡县志》《寰宇记》《方舆胜览》等方志、地理类专著 19 部 120 余处；引用传说、笔记、文集共 32 部 100 余处。该书征引大量诗文，其中，尤以引用四川乡贤的诗文为多。如全书引用苏轼的诗有 12 首，杨慎的诗有 8 首，李化楠诗文 10 首（篇），李调元诗文 11 首（篇），表现了张邦伸对巴蜀乡贤的推崇。作为一部只有 7.2 万余言的游记，作者大量引用正史记载，还引用不少方志、笔记和文集，甚至包括民间故事、神仙传说，为我们研究古蜀道沿线的城镇沿革、历史文化、自然地理、人文风俗提供了丰富的资料，是其他同类地理书如《蜀道驿程记》《陇蜀余闻》《流沙纪略》《东还纪程》无法比拟的。

　　《云栈纪程》对沿途名胜古迹、河流流向的考证较为精详，大多辅以实地勘验。如对嶓冢山汉水源流的考察，作者首先引用《禹贡》《后魏地形志》《括地志》《地理今释》《元和郡县志》《禹贡锥指》、易氏说、黄氏说和《汉书·地理志》中的有关记载，占有丰富的文献资料。其次，在文献记载基础上，结合实地考察，辨析郦道元《水经注》记载之误。郦道元《水经注》引《华阳国志》云："汉水有二源：东源出武都氐道县漾山，为漾水。《禹贡》道（导）漾东流为汉，是也。西源出陇西县嶓冢山，会白水径葭萌入汉。始源曰沔。"[①] 郦道元加按语云："沔水出东狼谷，径沮县入汉。汉水自武遂川南入蔓葛谷，越野牛径至关城，合西汉水。"[②] 在郦道元看来，汉水所经之地，只有一座嶓冢山。实际上，汉水有东、西两个源头。西源就是西汉水。张邦伸经过考证后认为，郦道元误两座嶓冢山为一

---

[①] 郦道元原著，陈桥驿校释：《水经注校释》卷二十《漾水》《丹水》，杭州大学出版社，1999 年，第 360 页。

[②] 郦道元原著，陈桥驿校释：《水经注校释》卷二十《漾水》《丹水》，杭州大学出版社，1999 年，第 360 页。

座,并混淆汉水西源与西汉水,导致桑钦误以"氐道漾水为西汉水之源"①。

张邦伸认为:郦道元的上述记载,"委屈迁就,通之以潜伏之流证之以难验之论"②不足为信。为了证实郦道元记载之误,张邦伸首先是援引杜佑《通典》中的有关记载以证其误,云:"秦州上邽县嶓冢山,西汉水所出。……汉中金牛县嶓冢山,禹导漾水,东流为汉,亦曰沔水。"③据此,张邦伸认为,上邽县嶓冢山为汉水西源,漾水东流为西汉水。汉水西源与西汉水实为两条不同的河流。其次,张邦伸还从文献中找证据,以证明郦道元记载之误。他在《云栈纪程》中云:"……嶓冢山故城,在今沔县白马城东南五里,上邽故城在今巩昌府秦州西南,金牛旧县在今汉中府宁羌州西北,其嶓冢山在今沔县西南接宁羌州界。"④以证明嶓冢山确非其一,实有其二。最后,张邦伸亲临考察,逐一标明汉水西源与西汉水的具体位置与不同流向,以证明郦道元记载之误。张邦伸关于西汉水与汉水西源的观点,为今人陈桥驿所肯定。他在《水经注校释》中说:"由于《禹贡》'东流为汉'之讹,郦氏误以西汉水为汉水西源。其实,西汉水与汉水是两条完全不同的河流,漾水即是西汉水。而西汉水今仍称西汉水,是今嘉陵江的上游。"⑤进一步肯定了张邦伸"漾水东流为西汉水"的说法。

张邦伸将地理文献记载与野外考察相结合的研究方式,对促进地理学理论和研究方法的成熟与完善具有一定的积极意义。由此所得出的结论,远比仅凭文献考证要可靠。如结合征引文献资料和实地考察,他还考证出二里关即史载中的大散关;《水经注》中的三交城并不存在于三水交汇之处,而是在马道驿、二十里铺等处;河池水、献水之源均在嶓冢山之北,

---

① 张邦伸:《云栈纪程》卷四《白褒城至宁羌州》,光绪辛卯虽园校刊本。
② 张邦伸:《云栈纪程》卷四《白褒城至宁羌州》,光绪辛卯虽园校刊本。
③ 杜佑:《通典》卷一七五《州郡》,中华书局,1988年。
④ 张邦伸:《云栈纪程》卷四《白褒城至宁羌州》,光绪辛卯虽园校刊本。
⑤ 郦道元原著,陈桥驿校释:《水经注校释》卷二十《漾水》《丹水》,杭州大学出版社,1999年,第365页。

其西入嘉陵江，与汉水无涉，等等。纠正了《水经注》《蜀道驿程记》中关于沿途河流流向方面的错误。

## 四、"德教文行"姜锡嘏

姜锡嘏（1726—1809），字尔常，号松亭，清代四川内江人。乾隆二十四年（1759）四川乡试举人，乾隆二十五年（1760）进士，翰林院庶吉士，散馆改礼部精膳司主事，选差送苏噜国监督仓场，官至礼部员外郎。姜锡嘏淡泊仕进，"以天爵自重，淡于荣名"，辞官归里，以翰墨著述、教授诸生终老锦江书院。乾隆五十四年（1789），受四川当政者重金礼聘，掌教省城锦江书院，直到嘉庆九年（1804）年迈体衰，目昏手僵，才辞职离任。姜锡嘏执掌锦江书院十六年，训课有方，熏陶有术，尤以考课严厉著称，造就人才甚众。道光《内江县志要》本传云："出门下者，千数百人。"[1] 姜锡嘏平日廉于取与，足不入城市，口不谈论时务，喜读圣贤之书。居家则独坐斗室，焚香煮茗，手自抄书数十纸，潜心理学。尝曰："理不细腻则浮，词无含蓄则粗，终难语于入道也。"[2] 著有《四书解义》若干卷、《姜氏家谱》《皇华诗钞》《松亭诗集》等。部分诗选入孙桐生《国朝全蜀诗钞》[3]、徐世昌《晚晴簃诗汇》。嘉庆《四川通志》、嘉庆《华阳县志》、道光《内江县志要》有传。

---

[1] 王果纂：道光《内江县志要》卷二下《遗彦》，光绪十三年补刻本。
[2] 王果纂：道光《内江县志要》卷二下《遗彦》，第四，光绪十三年补刻本。
[3] 按：孙桐生注云："先生以理学名，著有《皇华诗钞》四卷，多可诵之作。"

锦江书院与"石室流风"

## (一) 文行忠信，造士多方

读书治学，教育培养人才，占据了姜锡嘏生平大半时日。辞官归里之后，他先后主讲顺庆书院、天池书院、锦江书院，共计三十余年，培养造就大批蜀中人才。如《祝姜太史松亭山长寿序》云："昔主天池之席，地比鹅湖；今谈石室之经，人称鹿洞。闻风负笈，朋从尽西北东南；雅意作人，德教惟文行忠信。"① 认为他管理下的锦江书院，在培养造就人才方面可与鹅湖书院、白鹿洞书院相媲美，肯定了他在清代四川教育史上的显著地位。

作为锦江书院肄业的优秀院生之一，姜锡嘏对锦江书院的办院模式、教学内容、组织管理方法非常熟悉。他主动继承文翁石室的育人传统，以《诗》《礼》为根柢，坚持"实学课士"，一改此前书院院长只考课不讲授的做法，不"吝金针之度"，亲为诸生讲授，形成了一套行之有效的育人之法。有人在总结其育人经验时云："求根柢于文林天府名材储石室，富波浪于学海源头活水出岷江。"② 肯定了他在促进诸生学习积极性、主动性，提升诸生学业方面的积极贡献。

经过数年的不懈努力，锦江书院继高辰之后，在学术研究、人才培养方面再创佳绩。乾隆五十五年（1792）四川乡试，有五十余名院生中举，又有数人连捷，高中进士。《祝姜太史松亭山长寿序》云：

……惟老夫子大人玉垒钟英，瀍山毓秀。绍箕裘于前叶，桂萼联芳；敦《诗》《礼》于趋庭，槐阴世德。探金环而颖异，才分文曲之奇；随木铎以居稽，笔绕锦屏之隽。……虽少长殊年，或先后异学，要皆以玉尺之裁，曷尝吝夫金针之度？……时乾隆壬子秋，诸生三百

---

① 彭泰士修，朱襄虞等纂：光绪《内江县志》卷十三《艺文志》，光绪三十一年刻本。
② 李承熙：《锦江书院纪略》卷中"匾联"，咸丰八年刻本。

八十人，合登乡荐者五十余人，捷南宫入词馆者亦数人。①

这是锦江书院在乾隆五十五年（1792）乡试科考中取得佳绩后，诸生为姜锡嘏写的寿序。文中虽不乏溢美之词，但却反映了姜锡嘏掌锦江书院之时，书院蓬勃发展的繁荣景象。

姜锡嘏在锦江书院多年，见证了锦江书院从复兴到繁荣的发展历程，明白锦江书院在培养四川所需人才中的重要地位。他对锦江书院怀有极其深厚的感情，在《石室即事》中云：

么凤飞何处，桐花几度新。②谈经思往事，扶杖笑陈人。月朗蓉城夜，风和锦水春。吾侪二三子，载酒莫辞频。③

诗中通过"么凤"征兆之事，回忆了在锦江书院求学时的美好时光。虽然这一切都成了陈年往事，但蓉城之月、锦水之风依然在，追昔抚今，的确值得庆幸一番。

在锦江书院院长任上，姜锡嘏兢兢业业，以"死而不已"之精神，为锦江书院的发展倾注了大量心血。由于长期操劳，晚年姜锡嘏常常目昏手僵，以至于行走困难。但他仍然心系锦江书院的发展，曾致信挚友李调元，希望他前来接任锦江书院院长之位。他在《寄怀李雨村同年》诗中云：

三年奚不到蓉城？高踞吟坛作主盟。一席锦江君就否？歌声听罢又书声。④

诗一起句，就以三年为何不到蓉城相询，接着以"一席锦江君就否"相请，希望李调元能接替自己掌教锦江书院。在即将离任之际，还在为锦江书院院长的人选问题考虑，体现了姜锡嘏对锦江书院的深厚感情。但

---

① 彭泰士修，朱襄虞等纂：光绪《内江县志》卷十三《艺文志》，光绪三十一年刻本。

② 按：姜锡嘏自注曰："己卯岁，有么凤数只飞集院桐，是秋，予偕李雨村诸君获隽。"此诗可证高辰掌教锦江书院时，的确一次考中举人的数量有十余人之说。

③ 吴巩、董淳修，潘时彤等纂：嘉庆《华阳县志》卷三十九《艺文志·诗·五律》，嘉庆二十一年刻本。

④ 孙桐生：《国朝全蜀诗钞》卷十三，光绪五年刻本。

是，对屡遭人生打击的李调元而言，再也无精力与心思过问"时世"了。他回信云：

> 野鹤山猿不易收，只宜林下任优游。少年从未居函丈，老命何堪换束脩。况有笙歌蛙两部，难离奴婢橘千头。函诗寄与姜夫子，病马如今不受鞦。①

李调元以老病优游林下，不堪重任，加之还要照顾家班，谢绝了姜锡嘏的邀约。在没有更合适的接替人选情况下，姜锡嘏只得拖着病体继续执掌锦江书院，直到嘉庆九年（1804）七十九岁辞任。以病体独掌锦江书院有年，姜锡嘏可谓"鞠躬尽瘁，死而后已"。

## （二）明乎理学，咏古抒怀

姜锡嘏不仅致力于教育与培养人才，而且在学术研究方面也有一定成就。其家世以经史翰墨为业，于宋儒理学尤著。祖父姜毓奇沉潜史籍，专意德业文章，为川中名士。父亲姜察，早岁入庠，屡试不第，遂潜心理学，于理学道统多所发明。姜锡嘏幼承家学，在理学研究上也有相当的造诣。所著《四书解义》发前人所未发，颇有他人"不易到者"之处。道光《内江县志要》加"按"评价云：

> 论曰：《邑志》人物，明乎理学、列是科者，如两明肃公之明体达用，嗣响为难。兹窃取《明史·儒林》，以文哲、松亭二先生列之。就所亲炙，见其有不易到者故也。考明代《儒林》，正、附将百人，而吾蜀仅载来矣鲜先生。两先生之于来子，未敢言如骖之靳也。惟度尔时大旨，略事功而主讲习，后文采而尚清修。孔门之论士也，递求难副，期于守有余而已矣。②

尽管姜锡嘏的理学成就比不上来知德（字矣鲜），但其确有他人"不

---

① 吴巩、董淳修，潘时彤等纂：嘉庆《华阳县志》卷四十四《杂识》，嘉庆二十一年刻本。
② 王果纂：道光《内江县志要》卷二下《遗彦》，道光七年刻本。

易到者"之处。因此，《志要》纂修者按照《明史》"儒林"之法，把姜锡嘏置于明代四川理学名家来知德之后，编入《邑志人物》之"儒林"内，充分肯定了姜锡嘏在四川理学史上的地位。

姜锡嘏研究理学，常常通宵达旦，以致无分"梦"与"醒"。道光《内江县志要·外纪》云：

……一日，李枫圃语余，曰："昨谒见松亭师。师云：'前夕守炉独坐，将半夜矣。忽一童子近侧，俊且异众。问之，云姓杨。问何处？杨曰：'家父杨子云。'先生曰：'是童乌乎？'曰：'然。'叩以《易解》，议论新奇。"间数日，余谒先生。请曰："日前闻李生云老师曾夜见童乌，果有是否？"先生默然，良久曰："古人原未死的。甚有道理，甚有道理！"①

姜锡嘏与古人梦中谈《易解》，显然是姜锡嘏昼夜苦思冥想产生的幻觉。但却从另一个侧面反映了姜锡嘏日夜研思易学的事实。在锦江书院历任院长中，姜锡嘏是继顾汝修之后潜心理学研究，并在书院积极推广理学研究的院长。他们对传承巴蜀自扬雄、"三苏"、张栻、魏了翁和来知德以来重视易学的学术传统做出了贡献，在清代四川义理学史上占有一定的地位。

姜锡嘏的诗文创作立足现实、咏古抒怀，在清代四川诗人中有一定的影响力。孙桐生《国朝全蜀诗钞》收录了姜锡嘏的《五人墓怀古》《水口驿登舟》《沂州道上》《过峡口》《过仙峡岭》《行建宁山中》《晚泊胥口》《古北口》《登雷峰山亭》《钱塘江口登舟》《山行》《寄怀李雨村同年》②等十二首诗。在《国朝全蜀诗钞》所收录的蜀人诗歌中，姜锡嘏诗歌的占比较大，表现了孙桐生对姜锡嘏诗歌成就的肯定。姜锡嘏所著诗集《松亭诗钞》，至今尚有传本。

姜锡嘏宗祖唐人之诗，所作大多内容质实，用语简洁，格律严整。如

---

① 王果纂：道光《内江县志要》卷四《外纪》，道光七年刻本。
② 孙桐生：《国朝全蜀诗钞》卷十三，光绪五年刻本。

《水口驿登舟》《行建宁山中》《晚泊胥口》《古北口》等，无论是题材选择还是在表现立意方面，均带有唐诗的显著特点。如《沂州道上》云：

> 高云瞻泰岱，万古郁嵯峨。野旷居人少，山空积雪多。风声鸣远树，日色冷长河。驿路年华速，真同电影过。①

作者以平实简洁的语言，描绘了沂州道宽广空灵、清新雅质的晚景。并借景抒情，融情入景，让人产生如临其境的真实感觉，体现了姜锡嘏之诗简洁质实的特点。诗中以"野旷"对"山空"，"人少"对"雪多"；以"风声"对"日色"，"远树"对"长河"，具有唐诗讲求格律对仗等特点。在构思和意境塑造上，也存在借鉴唐诗的迹象。如"野旷居人少，山空积雪多"句，即直接化用孟浩然"野旷天低树，江清月近人"句而来。"风声鸣远树，日色冷长河"，则与王维"大漠孤烟直，长河落日圆"如出一辙。可见，姜锡嘏的诗歌受唐诗影响较为明显。

姜锡嘏爱憎分明，崇尚气节，这在他的诗作中也有较多表现。如《五人墓怀古》云：

> 阉臣坚太阿，乾纲归僭窃。逆竖付锦衣，神庙党祸烈。锻炼一朝成，大狱起朝烈。小人气焰张，君子树奇节。正声既沦亡，元气亦消歇。叹彼东林贤，汉宋同一辙。冤哉吏部微，槛车逮仓卒。缇骑狠如狼，众怨丛而结。迹或类称乱，义愤何能遏？五人出自承，骈首膏斧锧。一死全者多，正气百不折。浮生瞥若电，草木同枯灭。奸谀骨已寒，卓哉称豪杰。飒飒钦英风，抔土留高碣。万古照丹心，夜夜愁江月。②

姜锡嘏性格沉稳，本不喜欢论人是非。但在此诗中，他却对阉臣、奸谀之徒大加鞭笞，对其爪牙祸害百姓、践踏忠良的行为深恶痛绝，推崇"东林五臣"刚直不屈、舍生取义的凛然气节，充分体现了他崇尚德格节品、蔑视邪恶的蜀士精神与气节。

---

① 孙桐生：《国朝全蜀诗钞》卷十三，光绪五年刻本。
② 孙桐生：《国朝全蜀诗钞》卷十三，光绪五年刻本。

## 五、"台湾巡按"孟邵

孟邵（1735—1815），字少逸，号鹭洲，晚年又自号蝶叟，原系中江县人，晚年入汉州籍。乾隆二十四年（1759）举人，二十五年（1760）庚辰进士，选翰林院庶吉士，散馆后授刑部山西司主事，历任安徽司员外郎、贵州省乡试副主考，改御史，擢给事中，钦派校理《四库全书》，受御命巡按台湾，累官至都察院左副都御史。孟邵多才善政，多次上疏兴利除弊，均被朝廷所采纳，尤其巡按台湾，开垦屯田，驱逐海盗，防止海盗侵害，对维护台湾社会的稳定发展贡献颇大。他从山西司主事、安徽司员外郎等小京官做起，累官至正三品部院大臣都察院左副都御使，表现了非凡的行政才能。孟邵为官四十年，不依附权贵，廉洁正直，颇有气节。道光《中江新志》评价云："至遇事有不韪，亦不苟且徇人，虽权贵弗之顾也。"[①] 肯定了孟邵不卑不亢、正直廉洁的可贵品质。孟邵与李调元均擅长书法，作为锦江书院杰出院生，彼此相从甚密，李调元病逝，孟邵十分伤感，并亲自为之撰写墓碑志文。著有《蝶叟集》存于家。嘉庆《四川通志》、道光《中江县新志》、民国《中江县志》有传。

### （一）勤勉善政，勇于作为

孟邵早年入锦江书院肄业，乾隆二十五年（1760）与姜锡嘏、张嚚连捷进士，选翰林院庶吉士。散馆选授刑部山西司主事、安徽司员外郎，旋

---

① 杨需修，李福源纂：道光《中江县新志》卷五《选举·制科》，道光十九年刻本。

升山东道监察御史。在御史任上，孟邵勇于作为，针对"各省佐杂印信，听本官自制"所引发的监督不力等弊端，上疏请敕统一颁给印信，云："佐杂与州县官均有地方之责，假手坊人，恐不足昭信守，且易开诈伪之门。请敕下部臣一体颁给，以肃官方。"① 孟邵关于统一颁发官方印信凭据的建议，有助于防止官吏假手他人从中渔利，并有助于提高官方信守。这一建议为朝廷所采纳，显示出孟邵能政善事之才。

乾隆三十三年（1768），孟邵调充贵州乡试副主考官。在任上悉心校阅，唯才是举，打破科场陈规，据实取定解元贵阳名士萧凤翔。嘉庆《中江县志》云：

> 戊子，充贵州乡试副考官。悉心校阅，不轻弃取。久之，元犹未定。……邵疑本房有佳卷屈抑，相率公阅，计少原发之数一，籍箱获卷。缘本房见为佳构，遂细批密圈，不自知其欣赏之至也。继乃悔，匿不敢荐。邵谓足冠通场，同考皆以为然。惟正考官不可。邵问曰："佳乎？"曰："佳则佳矣，但房官不应若是耳！"邵曰："奇文共欣赏，同考例有荐条，岂可加评独不可加圈乎？例无明文，某将奏请圣训矣。"监临闻其事，徐以解释，始定为元。揭晓，果贵阳名士萧凤翔也。②

作为副考官，孟邵不轻易去取，严格复查，最终从落卷箱中发现被房官隐匿"足冠通场"的佳卷。按清代乡试例，先分房阅卷，由房官推荐本房优秀者给主考官，再由主考官决定去取名单。在本次乡试中，因房官违规隐匿佳卷不报，造成科场佳卷落选的问题。按朝廷关于科场"例无明文"即可不作为的惯例，主考官不取萧凤翔虽然违背情理，但其做法按制并不违规。孟邵据实情办理，打破去取须房官推荐的陈规，以"唯才是取"力争，最终取定被房官隐匿的贵阳名士萧凤翔为本科解元，体现了孟邵勇于任事的胆略与气魄，故"论者皆以为邵能得人"。

---

① 杨霈修，李福源纂：道光《中江县新志》卷五《选举·制科》，道光十九年刻本。
② 杨霈修，李福源纂：道光《中江县新志》卷五《选举·制科》，道光十九年刻本。

贵州乡试办差亲身经历，使孟邵认识到科场积弊，遂疏言废除"拨房分中""经头雇觅誊录"等科场陈规。该《疏》云：

  一谓拨房分中，难保无通融嘱荐情事，请各房尽数呈荐佳卷，多寡随中。一谓旧有经头承揽雇觅誊录。士子贿嘱者，书写精工；否则潦草讹落，甚至朋比为奸，虽有弥封，不难潜通红号。请永行革除。①

孟邵的上述建议，对杜绝科场弊端具有一定的作用，后为朝廷所采信。

贵州乡试回京，因勇于任事，办差得力，乾隆四十一年（1776），孟邵以御史职出巡天津漕务。清制漕船过境，多用民船起拨。沿途胥吏往往借机需索，"需索不遂，恒致扰累"，引发大量的官民纷争。孟邵于是疏言："请每年应用拨船，示以限制。"②对防止胥吏从中勒索渔利，引发纷争事端具有一定的作用。由于孟邵学问博洽，善于办差，乾隆钦命孟邵校理《四库全书》，兼巡视西城，督理京城街道事务，表现了他对孟邵行政才能的肯定。

## （二）巡按台湾，治番安民

台湾自古以来是我国的神圣领土。清代中前期，岛上除居住着大量的闽、粤、浙等地移民外，还居住着不少被视为"生番"和"熟番"的本地居民。当时，把聚集于平地或在近山地界内居住者皆称"熟番"，居住在界外者不管归化与否皆称"生番"。台湾山脉以西，民、番杂处，山以东，一般"有番无民"。

清初，朝廷曾在台湾设立南、北两路理番同知，专门负责处理民、番事务。番众聚集处称社。北路聚集的熟番有嘉义十三社、彰化三十三社和淡水三十六社。每社设通事、土目官以约束番众，通事、土目的废置均须

---

① 杨需修，李福源纂：道光《中江县新志》卷五《选举·制科》，道光十九年刻本。
② 谭毅武修，陈敦甫纂：民国《中江县志》卷十一《文徵》，民国十九年影印本。

同知定夺。可见，乾隆时北路熟番是置于朝廷的统辖管理之下的。此外，归化生番，嘉义内优六社、阿里山八社，附阿里山输饷的崇爻八社，彰化的水沙连二十四社等处生番，均由官方置社丁首统领。他们与民开展互市，也向清廷输饷。虽不剃发、不更衣冠，偶或掩杀熟番，但名义上承认归化朝廷。据乾隆《台湾府志》记载，南路理台、凤山两县的番众皆平地番，凤山六社的熟番都是归化了的生番。此外，与凤山县毗连的生番还有山猪毛四社、傀儡山二十七社。

台湾凤山县沿山有居民二百余庄，与台湾南路傀儡山生番逼近。傀儡山生番共二十七社，数量较众。《台湾番社纪略》云："所谓归化，特输饷耳。而不剃发、不衣冠，依然狉狉榛榛。间或掩杀熟番而有司不能治，为之太息！"① 西方殖民者、海盗们借机与傀儡山生番勾结，进行不法交易，劫掠台湾商民财货，杀戮台湾其他民众，给台湾社会的稳定与和平带来不小的威胁。

乾隆三十五年（1770），傀儡山生番黄教等在殖民者挑唆下叛乱。清廷派兵进行征讨。虽然很快平息了这次祸乱，但番首陈宗宝、石桑等一直潜逃在外，意欲伺机勾结海盗再次叛乱。嘉庆《四川通志·孟邵传》云："生番逼处，防禁稍疏，即出抄掠。民患苦之。"② 生番虽言归化，实则桀骜不驯，防备稍有不慎，便谋逆作乱。傀儡山生番虽然对清廷在台湾的统治并未构成直接威胁，但对台湾社会的稳定以及与之相连的大陆东南沿海地区造成不利影响。因此，解决傀儡山生番祸乱的问题，对维护台湾乃至整个东南地区的稳定都具有重要意义。

若让傀儡山生番祸乱蔓延，可能造成更大社会危害。浙江、福建等地官员为此多次上书朝廷，力求派员、派兵治理番、匪祸乱。

为解决傀儡山生番滋生祸乱的问题，乾隆皇帝选派善于办事的孟邵巡按台湾，负责全权处理傀儡山生番祸乱台湾社会的问题。

---

① 邓传安、沈太仆：《蠡测汇钞·台湾番社纪略》，台湾银行经济研究室编：《台湾文献丛刊》第 9 种，台湾银行经济研究室，1959 年。
② 常明等修，杨芳灿纂：嘉庆《四川通志》卷一五四《人物》，嘉庆二十一年刻本。

## 第五章　肄业者"追前贤懿轨"

乾隆四十二年（1777）六月，孟邵以福建道监察御史衔奉命巡按台湾。是年八月由厦门渡海。因遭遇狂风暴雨，在海上飘荡 17 天后才到达台湾。纪昀在《阅微草堂笔记》"滦阳续录一"记载了此事：

> 去时飘荡十七日，险阻异常。初出厦门，即雷雨交作，云雾晦暝。信帆而往，莫之所适。忽腥风触鼻，舟人曰："黑水洋也。"其水比海水凹下数十丈，阔数十里，不知其所极。黝然而深，视如泼墨。舟中摇手戒勿语，云其下即龙宫，为第一险处，度此可无虞矣。
>
> 至白水洋，遇巨鱼鼓鬣而来，举其首如危峰障日，每一拨剌，浪涌如山，声砰訇如霹雳，移数刻始过尽。计其长，当数百里。舟人云来迎天使，理或然欤？
>
> 既而飓风四起，舟几覆没。忽有小鸟数十，环绕樯竿。舟人喜跃，称天后来拯。风果顿止，遂得泊澎湖。圣人在上，百神效职，不诬也。[①]

文中详细地记载了孟邵途经台湾海峡所经历的艰险与恐惧。为彰显"圣人在上，百神效职"的封建思想，文中不免语涉夸张和迷信。但有关海水凹陷、巨鱼涌现、狂风四起等特殊海面情形的记载，却真实地反映了台湾海峡特殊的海洋气候和环境特点，为了解这一海域的自然环境提供了必要的参考。

到达台湾后，孟邵在深入调查生番与盗匪勾结作乱的原因、了解其惯用的手段伎俩基础上，结合凤山县傀儡山地势勘察所得详情，借鉴其他地区处置生番、盗匪的成功经验，制定了"增设隘堡，开垦屯田，俾熟番屯守，约庄民不得私相出入"等一系列治番措施。《疏》云：

> 凤属沿山居民二百余庄，俱与傀儡山生番逼近。前设隘寮六座，派番丁巡守，为数无多。且今昔情形不同，不可不稍为变通，立法防范。已令于庄后山脚，各生番出没之所，添建隘寮，并将旧隘筹措改

---

[①] 纪昀：《阅微草堂笔记》卷十九《滦阳续录一》，天津古籍出版社，1994 年，第 482 页。

移,前后共建十六座。仍按地势险夷酌派守番多寡。俱饬该丁挈眷同住,给就近埔地垦种,俾资衣食以坚其心。各庄又有望楼营汛互相防守,边境颇靖。

至各处原定界址,以山根及溪沟为限。但该处山形起伏绵长,溪沟冲塞无定,日久混淆,即难保无侵越。查台郡北路,番界向俱勘筑土牛,挑挖深沟。当即饬令地方官仿照北路,一体挑挖,使界址一理可知。庶兵役不难稽查,仍饬照例每于农隙,派员核勘修理,永远遵行。①

为从根本上解决傀儡山生番祸患凤山县民的问题,孟邵据实积极应对,主要采取以下五个方面的措施:

第一,原有守备力量较弱,设立的隘寮仅有六座,加之派驻巡守的番丁人数少,其力量不足以抗衡凶悍的生番。孟邵根据今昔情形变化,变通前法,加强防备,改善防范措施。在各庄山脚生番经常出没之地,一是新添建隘寮16处,使防备点增加到22处。二是除增加防守番丁人数外,还加大了对隘寮的控制力度和监视力度,有效提高隘寮的防卫能力。

第二,鉴于守卫番丁没有固定的生活来源,往往擅离职守、逃离驻地、敷衍塞责,削弱防卫力量等问题,孟邵根据地势险夷情况,分派守卫力量,并通过"开垦屯田"之法,解决了无人守卫的问题。对于守备番丁,无论人数多少,均允许该丁"挈眷同住,给就近埔地垦种"。这种"寓守于农"的办法,既解决了守卫番丁的思亲之苦,又为其提供了生活来源,有助于从根本上解决守卫番丁的"衣、食、住"等后顾之忧,达到"以坚其心",长期守卫隘寮的目的。而"俾熟番屯守"之法,不仅有利于侦悉生番内部情况,了解其日常动态,也为番、民冲突建立了"缓冲区"。

第三,凤山县沿山居民逼近傀儡山,生番、盗匪往往利用地形、地势、人数、装备等方面的优势,劫掠地处偏僻的庄户。孟邵在庄与庄之间

---

① 杨霈修,李福源等纂:道光《中江县新志》卷五《选举·制科》,道光十九年刻本。

建立"望楼",一方面有助于增强联动防卫的能力,解决独防独守等防卫力量不足的问题;另一方面,建立望楼之后,一旦发生劫掠,各庄可闻风前往增援,对维护庄民的正常生产生活秩序起到了一定的作用。

第四,凤山县与傀儡山原有界址含混交错,埋下了番、民纷争的隐患。孟邵重建沟壕碑界,划定界址,于界址"勘筑土牛,挑挖深沟",有助于减少民、番纷争。在农隙时派员勘察修护界碑、沟壕,巩固界址,也有利于防御、堵截生番与盗匪的入侵。

第五,凤山县生番、熟番杂处。生番往往与海盗、熟番以及不法商人互相勾结,暗通音信,制造事端。孟邵主张约束庄民,杜绝居民与生番、盗匪私自贸易,有助于避免生番、盗匪趁机刺探庄民守备情形,制造纷争祸患。

孟邵根据番乱实际情况,因地制宜,综合采取添建隘寮、屯田戍守、厘清界址和约束庄民等措施,对防止生番侵扰,平息番、民之间的纷争颇具实效。故道光《中江县新志》记载:"自是生番敛迹,民赖以安。"①

孟邵巡按台湾,不仅解决了生番、盗匪祸乱台湾社会的历史问题,而且有助于防止西方殖民者勾结利用生番分裂破坏台湾的图谋,对促进台海地区的稳定发展和民族团结,具有重要的意义。今人管锡庆在《中江进士孟鹭洲巡治台湾》中评价云:

> 孟邵在建立与实施这些强化治安的管理制度后,经过半年的宣传教育综合治理,台湾府的社会秩序迅速安定,流民大为减少,海盗土匪一时敛迹,百姓安居乐业,台民普遍称颂祖国中央政府的权威和盛德。②

2008年,茂县文化馆余伯金认为:"孟邵乃吾蜀中先贤,更是台湾先民感念之功臣。"于是将所得孟邵画像交由《收藏》杂志发表,以纪念他为维护台湾稳定所做的贡献。时逢汶川地震,台湾各界踊跃捐款。为此,

---

① 杨需修,李福源纂:道光《中江县新志》卷五《选举·制科》,道光十九年刻本。
② 管锡庆:《中江进士孟鹭洲巡治台湾》,《德阳日报》,2004年11月9日。

《收藏》杂志编者加"按语"云：

> 5月12日，四川发生8级强烈地震，茂县作为地震中心之一，损失惨重。截至5月26日已有2144人遇难，3598人失踪。12日，我们收到6天前茂县文化馆余伯金先生的这篇来稿。文章介绍的画像主人孟邵清乾隆中曾奉命出使台湾，遗爱宝岛。此次大地震引起台湾同胞极大关注，捐款数亿，感人至深。稿件编排中，我们多次与余先生联系，未果。特急发此文，为四川大地震中的同胞祈福！[①]

在汶川大地震灾害面前，台湾同胞对大陆同胞的深情厚谊，尤其感人至深。《收藏》杂志以加急按语的形式刊载介绍孟邵生平事迹的文章和画像，对缅怀孟邵、肯定其为维护台湾社会长治久安所做出的历史贡献，具有重要现实意义。

乾隆五十年（1785），乾隆皇帝在乾清宫举行了一次场面十分壮观的"千叟宴"，邀请全国70岁以上老人3000余人参与此宴。据嘉庆《四川通志》记载，年仅50岁的孟邵也应邀参加了此次"千叟宴"，云："（孟邵）旋与千叟宴，赏赉有加。"[②] 表现了乾隆皇帝对孟邵平定台湾生番功绩的肯定。

## （三）致仕归乡，表彰义举

嘉庆九年（1804），孟邵以老迈为由告归本籍。居家不以贫困介意，日以著述育人为乐。自名其室"磨杆山房"，自号其名"蝶叟"，以"如蝴蝶采花酿蜜，孜孜不倦，勤奋不息"[③] 自励。嘉庆十一年（1806），潼川府尹邓煐延聘主讲潼川草堂书院，后移入汉州籍。

巴蜀历史悠久，名贤辈出。诸葛亮作为建立与巩固蜀汉政权的第一功臣，对巴蜀地区的政治、经济、社会、文化发展做出了历史性贡献。孟邵

---

[①] 余伯金：《四川发现清代巡台大臣孟邵画像》，《收藏》，2008年7期。
[②] 常明等修，杨芳灿纂：嘉庆《四川通志》卷一五四《人物》，嘉庆二十一年刻本。
[③] 管锡庆：《中江进士孟鹭洲巡治台湾》，《德阳日报》，2004年11月9日。

对诸葛亮极其赞赏。他的《谒武侯祠》诗云：

> 沔水潺潺万古声，潇疏桧柏尚余青。才华管乐何多让，心事伊周有定评。王业不惭归正统，茅庐却忆表神名。遗民俎豆馨香在，不用英雄血泪横。①

诸葛亮才比管仲、乐毅。为辅佐刘备父子，鞠躬尽瘁，死而后已，才名美德与伊尹、周公媲美。蜀人为他立有专祠，四时祭奠，以表达对他的感念之情。孟邵表彰诸葛亮的功德才名，对宣扬蜀中前贤精神道德、激励乡邦后进具有一定积极意义。

除了表彰前贤功业道德外，孟邵还对乡邦官师的文教德化之功、乡亲邻里的孝节义行给予积极肯定。

孟邵对中江县令王沛重修中江县城的义举给予充分肯定。他在《重修中江城垣碑记》中云：

> 吾邑明府王公以粤东名元，来莅兹土。下车以还，百废俱兴……我中邑人士，涵濡圣化，浃髓沦肌，无由仰答鸿恩，咸愿以捐输为请。由县申详，具题府准。于是秉公确估：计城高一丈八尺二寸，周围六里三分，共伐石二万一千二百六十四丈四；统计士民捐银一万四千八百二十八两三钱五分，以资匠石等费。……前此旧城倾圮，难司启闭。至是则谯楼雉堞，远望巍峨，所以壮金汤而卫民生，实堪千古矣！②

明末清初战乱，中江县城损毁严重。乾隆三十年（1765），县令、广东雷州人王沛倡议邑中士民积极捐输，组织财力重修县城。历时八年，经过重修的中江城一改"倾圮，难司启闭"等破败之形，"谯楼雉堞，远望巍峨"，焕然一新。孟邵认为，王沛修缮中江县城兢兢业业、任劳任怨，"实堪千古"。

唐代大诗人杜甫曾寓居梓州一年有余，遗诗近百首。潼川府城东草堂

---

① 杨需修，李福源纂：道光《中江县新志》卷末《补遗》，道光十九年刻本。
② 杨需修，李福源纂：道光《中江县新志》卷十一《文徵》，道光十九年刻本。

寺左侧即其侨居故址。乾隆十九年（1754），知府费元龙专门创建文峰书院以纪念杜甫。乾隆四十一年（1776），知府沈清任予以重新修葺，更名为草堂书院。此后，知府张鹤坪、张世濂又葺而新之，扩大其规模。孟邵作《草堂书院记》，对潼川知府沈澹园、知府谭光祜和三台县令沈昭兴等人修缮草堂书院、扶持文教的义举，给予了较高评价，云：

……曾几何时而栋梁蠹朽，墙垣颓败，更无有过而问者。抚今思昔，不禁感慨系之。

嘉庆十二年秋，秀水研怡沈明府昭兴来莅三台。公余考课诸生，睹兹荒落，亟思葺而新之。……十四年秋，东岚调任夔门，南丰子受谭别驾光祜来权郡篆，谓此有关文教之事。吾虽五日京兆，必当力为之。于是捐廉设簿，分札八县，募捐修费。距半载即卸事。湘潭张霁岩世濂以名进士特简是郡，又续而集之。研怡董其事，鸠工庀材，择吉相度……轮奂聿新，崇墉式焕，较向之规制益加宏丽。……太守霁岩、子受志同济美，而研怡尤始终其事，皆当与云轩、澹园二公并垂不朽矣！①

在表彰修建草堂各位官长的同时，孟邵亦不忘对肄业书院的诸生寄予厚望，他在《草堂书院记》中云：

……诸生肄业其间，当思为民兴行者，不徒作大厦之壮观，惟冀多士循名责实，砥行立名，用以道扬文治，蔚为国华，以副当世诸公之雅意。予之所属望者也。②

孟邵以经史等实学课教诸生，主张治学"循名责实"，砥砺学问名节，告诫诸生不可好高骛远，鼓励他们"思为民兴行"，以期成为社会有用之才。孟邵回川后主讲潼川书院十余年，造就高才甚多。嘉庆《四川通志·

---

① 阿麟修，王龙勋等纂：光绪《新修潼川府志》卷十四《书院·草堂书院记》，光绪二十三年刻本。
② 阿麟修，王龙勋等纂：光绪《新修潼川府志》卷十四《书院·草堂书院记》，光绪二十三年刻本。

选举志》孟邵本传云："主讲草堂书院，相从执经者甚众。"① 肯定了孟邵为振兴乡邦文教，培养人才所做的贡献。

孟邵还在《贞寿曹母徐孺人传》中，从相夫教子、侍候父母公婆等人伦角度，对曹万通之母徐氏的仁孝行为进行表彰。认为她在家时，"性孝谨，得父欢心"；出嫁后，克尽妇道，侍太孺人，"不违指使"；公婆去世，办理丧事，"有礼法"；夫亡，一人操持家计，教养子嗣，"不使废学"，使之"有声庠序间"②。对曹母的孝行节义给予了表彰。

巴蜀地处西南奥壤，风气往往落后于京津、江浙等文化发达之地。孟邵表彰前贤的历史功绩、官师德绩，对宣扬巴蜀精神文化传统，敦化世俗民风，激励乡邦后进蹈仁德而居仁义，具有一定的积极作用。

乾隆时期，为粉饰政声，歌颂升平，曲意奉承朝廷者比比皆是。不过，作为正直的士大夫，孟邵从不随波逐流。而是以真实的笔触，客观地再现了劳动大众的穷困生活，表达了他对歌舞升平背后存在的社会危机的担忧。如《凤县旅次》云：

寒风簌簌路悠悠，孤雁投林起暮愁。乍看居民多穴处，可怜村妇半蓬头。荒城月照征衣薄，野店烟含古树幽。③

从孟邵所描写的凤县老百姓的生存、生活状况来看，康乾盛世的繁华的确应当打折扣。作者直面现实，敢于真实地反映盛世背景下的贫困与荒凉，表达了他对民众苦痛生活的深切同情，体现了蜀中士人一贯崇实不虚、耿介正直的传统品性。今人评价其诗："不少诗具有民主性和人民性。"④

---

① 常明等修，杨芳灿纂：嘉庆《四川通志》卷一五四《人物》，嘉庆二十一年刻本。
② 刘大庚修，侯肇、张怀泗纂：嘉庆《汉州志》卷四十《补遗》，嘉庆十七年刻本。
③ 孟邵：《凤县旅次》，杨需修，李福源纂：道光《中江县新志》卷末《补遗》，道光十九年刻本。
④ 管锡庆：《中江进士孟鹭洲巡治台湾》，《德阳日报》，2004年11月9日。

锦江书院与"石室流风"

# 六、"锦江六杰"对乾嘉蜀学的恢复与重建

以李调元为首的"锦江六杰",作为乾嘉间四川科第、仕宦与学术界的标志性人物,主动以丰富蜀中典藏、传承蜀学精神道脉、振兴蜀中人文士气为己任,是推动清代蜀学从式微走向复兴再到晚清繁盛发展的重要力量。他们对蜀学精神道脉的自觉维护与集体认同,展示了蜀中学人对乡邦人文学术的高度自信;他们不甘落后,勇于进取的文化自觉意识,是促进清代蜀学不断发展繁荣的关键,是建构清代蜀中人文学术谱系不可或缺的重要组成部分。

## (一)求法于山水自然,问道于乡邦贤哲

四川之地,号称天府。其地"介南北之间,折文质之中,抗三方而屹屹,独完气于鸿蒙"[①]。剑门关之雄奇,夔门之激越,江汉之炳灵,岷峨之俊秀,被陆游视为"天下之绝观"。天府之国的神奇、神秘与神妙,铸就了巴蜀文化独特的人文性格与学脉谱系。对此,前贤早有认知。如明人曹学佺在《蜀中名胜记》中云:"借郡邑为规,而纳山水其中;借山水为规,纳事与诗文其中。"表达了他对巴山蜀水与蜀学发展繁荣之间联系的独特认识。曹学佺好友钟惺就此进一步解释云:"吾与古人之精神,俱化为山水之精神,使山水与文字不作两事,好之者不作两人。虽谓能始之《记》

---

① 刘咸炘:《推十书·推十文》卷一,成都古旧书店影印本,1996年。

222

以蜀名胜生，而仍以名胜生乎蜀可也。"① 指出蜀中人文学术因蜀中山水名胜而生，以山水名胜而兴的发展与延续特点。吾师谭继和先生在总结巴蜀自然与巴蜀文脉的关系时曾云："巴蜀是山川俊美的天府风光胜地；巴蜀是秀冠华夏的英杰伟人和文化巨人之乡。"② 指出了巴蜀自然名胜与巴蜀人文之间气韵相通，相互关联这一特征。因此，求法于天府之胜与雄奇险峻的山水自然，延续巴蜀人文的精神道脉，成为历代巴蜀俊杰振兴蜀中人文、传承巴蜀精神道脉的重要手段。

1. 盛赞巴山蜀水

李调元等"锦江六杰"盛赞巴蜀风景名胜、山水自然，抒发他们对家乡风土的无限热爱与敬仰之情。

一是描写巴蜀雄关津渡，表彰巴蜀人文。如张邦伸云："蜀居华夏之坤，号称天府，岷峨江汉，载育其英。"③ 盛赞岷峨、江汉特有的气势对巴蜀人文神韵的滋养与哺育作用。所著《云栈纪程》引经据典，广征博引，详细考辨了古蜀栈道沿途雄关险隘与河川名胜。他把山水名胜的豪迈气势与丰富的人文历史结合在一起，再现了巴蜀神奇的山水与人文之间特有的神秘联系。李调元《煎茶坪观瀑》《新红峡》《青羊桥》《虎头关》《百牢关》《七盘关》《剑门》，孟邵《剑州道中》《宿剑门》《过七盘关》《沔阳道中》等诗，感物言志，遣兴抒怀，表达了他们对乡邦河川特有的敬仰之情。

二是描绘巫山、夔门的雄壮浩荡，表达建功立业的壮志豪情。如何明礼《重庆府》《入峡》《新滩》《江口》，李调元《渝州登朝天门城楼》《晚泊忠州》《夜泊巫山》《巴东晚泊》等诗，把长江之水奔腾不息、力拔千钧之势刻画得惟妙惟肖，成为激励蜀中士人不甘屈服、奋发向上的重要精神力量。

---

① 钟惺：《蜀中名胜记·序》，曹学佺原著，刘知渐点校：《蜀中名胜记》，重庆出版社，1984年，第11、12页。
② 谭继和：《巴蜀文脉》，巴蜀书社，2006年，第76页。
③ 张邦伸：《锦里新编·序》，嘉庆庚申犍峨周氏敦彝堂刻本。

三是把青城山、峨眉山视作催生蜀学精魂学脉的元气天声。李调元在《蜀雅·序》云："我朝定鼎休息，百余年来，英才蔚起，而岷峨之气，又磅礴而郁积之，故往往轹古切今。不少鸿章巨制，轩翥奋飞，和声以鸣太平之盛。"①肯定了岷峨特有的磅礴郁积之气对蜀学的滋养作用。他所创作的《峨眉赋》《自嘉定至峨眉道中作》《题静斋弟峨山卧游草》《峨顶二首》等诗赋，将悠久的佛、道文化传统与峨眉秀美灵异的自然景观融为一体，赋予峨眉山神异灵动的气韵。

2. 问道于乡邦贤哲

缅怀巴蜀先贤的丰功伟业，传播他们的精神道德，是李调元等"锦江六杰"重振蜀中人文士气的重要手段。四川兵燹以来，虽然文脉微弱，但司马相如、扬雄、李白、杜甫、"三苏"、杨慎等蜀中前贤的思想道脉犹在，玉垒浮云、锦江碧波、文翁石室、武侯祠、杜甫草堂等名胜遗址尚存。应该说蜀学的精神传统并未完全断绝，其流风遗绪尚不难补缀延续。蜀中乡邦贤哲不仅是历代蜀学发展的见证者，也是蜀学灵魂精神的铸就者和传承者。因此，追忆他们的不朽功绩，传承他们的思想学术，发扬他们的精神道德以劝勉后人，无疑是延续蜀学"学脉"，重振蜀中人文学术的重要手段。

首先，凭吊文翁石室、武侯祠、杜甫草堂等蜀中名胜遗迹，缅怀先贤功业，以激励劝勉后人。文翁以儒化蜀，建石室讲堂培养蜀中人才，对四川人文学术的发展做出了重要贡献。因此文翁石室成为锦江诸杰前往凭吊的首选之地。张邦伸《石室怀古》、李调元《过锦江书院观旧日读书屋》、姜锡嘏《石室即事》等诗，表彰文翁以儒化蜀的历史功业，对激励蜀中士人刻苦努力，发扬先贤传统具有重要意义。

武侯祠作为祭祀诸葛亮的专祠，是历代蜀中士人前往瞻仰凭吊的重点名胜。蜀汉丞相诸葛亮辅佐先、后二主，屡建奇功，鞠躬尽瘁，死而后已，对四川政治、经济、文化的发展做出了重要贡献。张邦伸《武侯祠四

---

① 李调元：《蜀雅·序》，李调元：《函海》，嘉庆六年刻本。

首》《弥牟镇观八阵图》，李调元《武侯祠二首》《八阵图歌》，孟邵《谒武侯祠》等诗，充分肯定了诸葛亮的丰功伟绩，赞扬了他"忠孝两全"的才名美德。

诗圣杜甫是我国唐代伟大的现实主义诗人。流寓成都时寓居草堂寺，先后创作了240余首著名的诗歌。《茅屋为秋风所破歌》《蜀相》等被誉为千古名篇。李调元等人常与时俊名彦前往杜甫草堂凭吊，缅怀杜甫的伟大人格，表彰他在诗歌创作上的巨大成就。李调元曾六次游历杜甫草堂，作有《己卯榜后奉高白云命偕张罴、孟邵、姜锡嘏、张邦伸陪闵峙庭、周立崖两座师游草堂寺，即席赋呈》《陪祝芷堂邓笔山两太史游少陵草堂》《游杜少陵草堂》《陈梦亭携酒再游草堂》《谒杜少陵草堂》等诗，以表达他对诗圣的敬仰之情。

其次，表彰蜀中先贤前哲的思想与学术成就，延续蜀学人文学风。面对四川士风颓靡不振的局面，"锦江六杰"振臂高呼，奋发作为，主动承担起振兴蜀中人文学术的重任。如李调元在《读祝芷堂德麟诗稿》中云：

> 我家岷之滨，柴门对江净。哦诗二十年，空谷只孤咏。抗怀思古人，屈指尝窃评。缅维炎汉初，文章我蜀盛。司马与王、扬，洪钟破幽磬。祠坛列俎豆，万古残膏腴。子昂起射洪，高蹈寡声应。……眉州苏父子，玉局我所敬。……断狱（虞集）老吏能，《遗山集》可并。有明三百载，升庵独雄横。①

李调元《函海》于"锦里耆旧著作尤刻意搜罗，梓行者居其大半"，对保存传播蜀中先贤的著述特别是杨慎遗作做出了重要贡献。《李太白故里考》对表彰李白伟大的思想人格产生了积极作用。何明礼《浣花草堂志》系统整理考辨杜甫在成都的事迹、诗作，以及浣花溪、草堂遗迹旧闻，为研究杜甫寓居四川的历史提供了重要的参考资料。"锦江六杰"表彰前贤的丰功伟业，对增强蜀中士人的自豪感具有重要意义。而他们以身作则、自立自强的表率行为，则为蜀学发展注入了新的力量。

---

① 李调元：《童山诗集》卷八，丛书集成初编本，中华书局，1991年，第87页。

最后，宣扬蜀士"忠孝为本"的道德精神。文翁倡导文教，蜀中人才蔚起，学术大兴，蜀中士民也一改"好文刺讥"等蛮夷习气，继而形成崇儒重道、心向中原的学术之风。如"范晔《后汉书》所载列女总计十七人，出于蜀者就有四人：一出南郑，一出广汉，二出犍为"①。可见蜀中重儒道重孝节礼义之风之盛。特别是广汉姜诗夫妇事母至孝的行为，成为蜀人传习的典范。如《后汉书·列女传》云："舍侧忽有涌泉，味如江水，每旦辄出双鲤鱼，常以供二母之膳。"② 足见蜀中礼教儒风之盛。张邦伸《汉孝子姜诗故里》《武侯祠四首》《秦宓墓》，李调元《张仪楼》《武侯祠二首》《清明二首》等，分别赞美了姜诗夫妇、诸葛亮、张仪等人的"忠孝节义"，对延续蜀学"以儒为本"的精神与民风习俗具有重要意义。而张邦伸、张翯、李调元等本身就是儒家孝悌精神的具体实践者。如张邦伸侍养老母，毅然放弃升迁机会，辞官归里。张翯"上事太孺人，下抚弱妹，外应门户。凡井臼之事，靡不躬亲"，孝行闻名乡里。李调元奉养继母，教养幼弟，照顾亲族孤弱，孝行为时人所称道。"锦江六杰"既是儒家"忠孝节义"美德的宣传者，也是其实践者，在传播继承蜀学"以儒为本"的精神道德中具有重要的表率作用。

李调元等"锦江六杰"盛赞蜀中名山大川、雄关津渡的豪迈气势，挖掘蜀中山河名胜所蕴含的历史文化内涵，问道于先贤前哲，表彰蜀中先贤前哲的才名功绩，发扬他们的精神道德，并在实践中积极推广，为复兴清代蜀学人文之气做出了重要贡献，在蜀学发展史上占有重要地位。

## （二）丰富蜀中文献典藏

西汉蜀郡太守文翁"仁爱好教化"，建石室储才，派张叔等十八人东受《七经》，还以教授士民，自是蜀中儒风盛行，人文蔚起，士风丕变，

---

① 郑少微：《孝感庙记》，杨升庵：《全蜀艺文志》卷三十七《记戊》，线装书局，2003年，第107页。

② 范晔：《后汉书》卷八十四《列女传·姜诗妻传》，中华书局，1997年，第721页。

史称"学徒鳞萃,蜀学比于齐鲁"①。文翁"以儒化蜀"改造蜀中人文学风,建构了"以儒为宗"的学术新体系——蜀学,推动蜀中人文习俗的历史转型,是我国地域文化重建中的成功范例。相如、扬雄踵武相接,君平继其后,蜀学大兴焉。

由汉而唐,风华浩荡,百家争鸣。陈子昂"念天地之悠悠",高举新大旗,提倡汉魏风骨,扫齐梁之绮靡,奠盛唐之雄风;赵蕤长短,宗密会通,故"言蜀者不可不知禅,言禅者尤不可不知蜀",是为"禅宗在蜀";"李杜文章在,光焰万丈长",诗仙与诗圣,浪漫与现实,雄视百代,实古今之绝观。

两宋之际,"三苏"挺世,"一门父子三大家,三苏文章天下传",文章"冠天下而垂于无穷";陈抟于道教之兴,张栻、魏了翁于儒学阐发,天数推衍、史学华光、画院首倡、印刷先驱,异军突起,造就一代高峰。明清及近代,升庵科第文章甲天下。彭端淑云:"丹棱属眉山,两宋时人文之盛,莫盛于蜀,蜀莫盛于眉。"②

自明末兵燹,蜀中古道湮沦,人文尽毁。康熙末,蜀中人文学术虽有一定程度的恢复,但无论从学术发展的社会条件、人才培养的数量还是学术成就地位,均与京畿、江南等人文兴盛之地存在很大的差距。如清初各省已经举行了四科乡试,四川连一科都还没有举行过。直到顺治八年(1651)才在川北保宁府(今四川省南充市阆中市)举行了首次乡试,应试者也只有区区 200 余人。会试情况与乡试情况大体一致,也是直到顺治十二年(1655)才有张吾瑾等四人首次中式。在清代举行的 112 科会试中,共取进士 26400 余人,四川中式者一共才 760 余人,约占总数的 1/35。从各省所中状元人数来看,江苏一省就有 49 人,浙江 20 人,而四川仅有区区 1 人。因此,无论按中进士者的绝对人数,还是按中进士者所占比例而

---

① 常璩著,刘琳校注:《〈华阳国志〉新校注》卷三《蜀志》,四川大学出版社,2015 年,第 118 页。
② 彭端淑:《唐子西先生文集·序》,彭端淑原著,李朝正、徐敦忠:《彭端淑诗文注》,巴蜀书社,1995 年,第 366 页。

言，四川都无法与江、浙等人文发达省份相比，清代巴蜀人文不兴确系不争的事实。

乾隆朝号称"盛世"，但四川的政治、社会长期动荡不安。大小金川之战、啯噜之扰、白莲教之祸接连不断，给四川社会、经济与文化带来严重破坏。社会持续不稳，人才稀缺，教育落后，必然会导致士风低靡、学术人文不振。如官修巨型丛书《四库全书》中，竟没有一部清代蜀人的著述。清代中前期四川人文学术地位之低下，不言自明。这种学术历史延续性的被迫中断，地域之间越来越大的差距，对四川人文学术的恢复发展造成了很大的困难。李调元云："蜀自献贼之乱，书籍残毁，青羊一劫，衣冠涂地。"[①] 张邦伸亦云："明季兵燹摧残，益都文献扫地尽矣。"[②] 蜀中斯文扫地、文献典籍荡然无存，千年"学脉"几近终绝。以李调元为首的"锦江六杰"主动承担起延续千年蜀学文脉的重任，广搜博采历代蜀人著述，补缀蜀中掌故旧闻，或抄或购各类珍本旧籍丰富蜀中文献典籍，对振兴蜀中人文士风以及重建蜀学做出了积极贡献。

首先，从京畿、江南等人文富集之地抄购、网罗大批文献典籍特别是历代蜀人著述归置蜀中，厚培蜀中文风士气。如宦迹京畿的垫江名彦张吾瑾、张晋生父子，以诗古文著称于世的丹棱彭端淑兄弟，绵州李化楠、李调元父子等人，凡游学所见或宦历所至，每遇宋元珍本秘籍、蜀中旧籍，或手自誊录，或重金购置，必想方设法抄购以还，丰富蜀中文献典藏，解决蜀中士子无书可读的问题。如李调元父子历数十年抄购宋元以来经史百家、小学、诗古文辞、小说、戏曲等各类旧籍十万余卷，运回蜀中建专楼以储，名曰"万卷楼"，允许蜀中士子抄写刷印，对振兴蜀中人文产生了重要影响。李调元还"搜采遗书之目"，博采"人间未见之书"，举半生精力，刊行了"百科全书式"的巨型丛书《函海》。该书规模庞大，内容宏富，累计各版收书多达220余种，1000余卷，被称为"天下奇书"。该书

---

① 李调元：《井蛙杂记·序》，李调元：《函海》，嘉庆六年刻本。
② 张邦伸：《锦里新编·序》，嘉庆庚申嶍峨周氏敦彝堂刻本。

于"锦里耆旧著作尤刻意搜罗",旨在"载蜀史""纪蜀文蜀语""传承蜀风与蜀俗",所收蜀人著述"居其大半",仅杨慎的著作就有49种,对表彰蜀中先哲,延续蜀学道脉,传布蜀人著述产生了重要影响。

其次,传存蜀中各种旧志新闻,补缀蜀中史志之不足。清初蜀中战乱频繁,相关文献史志殊少记载,而官修雍正《四川通志》成于草创,载录亦不广博翔实,故蜀中这段惨痛而特殊的历史外界知之甚少。"锦江六杰"主动承担起传继这段蜀史的重任,勤搜苦讨蜀中各种旧志新闻,登之简册,有助于蜀史之传承,并为此后修纂各类四川方志提供了大量珍贵材料。如李调元《井蛙杂记》"或得之旧志,或得之新闻,或得之于山经石室,或得之于小说稗官",专意网罗蜀中历代轶文旧事,开清代系统载录蜀中历代掌故旧文著作之先河。该书于"华阳之典故、文献之考征"者悉数收录,并详加考证,具有较高的学术与史料参考价值。该书所记"多为正史所不载,以及案头所未数见"的琐事轶文,故有补于正史记载之不足。张邦伸是清代著名的地理学家,他遍访蜀中耆旧遗老、山川故迹,所著《锦里新编》《云栈纪程》《三黑水考》等地理书,备记历代四川历史、人文,详考蜀中山河地貌、风土人情。如《锦里新编》广收博采八十余年来"蜀中人物时事",详载蜀中名宦循吏、文秩武功、乡贤节烈、山河名胜、边防戍卫以及古今奇闻逸事,分门别类,悉加条理,"登之简册,以为异日考证之资"[①]。不仅具有拾遗补阙、匡正谬误、传布蜀中见闻的重要功效,而且是巴蜀文学、史学研究者与史志编纂者必不可少的参考资料。该书有关杨展、岳钟琪等人功业事迹的相关记载,直接为嘉庆《四川通志》、嘉庆《华阳县志》修纂者所采录。

李调元等"锦江六杰"丰富蜀中文献典籍、厚培蜀中学风、振兴乡邦人文学术等文化自觉行为,不仅有助于巴蜀文献资料的积累,史事掌故的传存,而且对促进清代蜀学的复兴产生了重要影响。如《函海》《江源文献录》《浣花溪草堂志》《锦里新编》《云栈纪程》等文献典籍,既是传承

---

① 张邦伸:《锦里新编·序》,嘉庆庚申峨嵋周氏敦彝堂刻本。

清代早期蜀学成就的主要载体,也是后学研究四川人文风俗、治学成材必不可少的参考资料。如晚清之际锦江书院山长伍肇龄不辞劳苦编纂《蜀学编》、尊经书院著名院生宋育仁带病纂《四川通志》,就是这种振兴蜀中人文学术的地域文化自觉意识在蜀中后学身上的具体反映。

## (三) 传承蜀学精神道脉

乾嘉之际,以宗汉学为旗帜的考据学大兴,京畿、江南等地"家家许郑,人人贾马",名家辈出,成果斐然,而地处奥壤的巴蜀却仍然处于人文不振、士风低迷的"贫学"状态。"锦江六杰"作为乾嘉蜀学的代表人物,他们主动承担起复兴蜀学精神"学脉"的历史重任,植根乡邦人文学术研究,秉承蜀学好易学、重史与尚文等"学脉"传统,积极吸纳考据学严谨、信实的学术优长,积极延续蜀学根脉特质,成为促进蜀学从式微向复兴转变的关键力量。

1. 好易重经,调和汉宋

易学是蜀学的重要组成部分,亦是其重要特色。所谓"易学在蜀",即指此意。易学富于思辨的特性与崇尚变化等特点非常适合蜀人多思善变、富于浪漫想象的思维传统;而易中象数之学、卜卦之术,又与蜀人重巫术、信鬼神的习俗暗合,故易学于"蜀为特盛",名家辈出。如汉代赵宾、严君平、扬雄、任安,唐代李鼎祚,宋代谯定、冯时行,明代来知德等,都是蜀中名载史册的易学大师级人物。刘咸炘曾总结评价说:"大易之传,蜀为特盛。……易学在蜀,如诗之有唐矣。"[①] 指出了蜀中易学卓尔不凡的突出地位。

蜀儒治经,素有尊经重实学与积极探求义理相结合的传统。汉儒张叔、扬雄等人治经,既重文字训诂也重视经义探求与学术创新,扬雄《太玄》即这方面的代表。即使在不问文字训诂,专事"己意解经"等"空

---

① 刘咸炘:《推十书·推十文》卷一,成都古旧书店,1996年。

粗"学风盛行的宋代，蜀中学人张栻、魏了翁诸人仍然秉承着汉代以来这一治学传统。刘咸炘曾就此总结说："赵宋之世，士习空粗，南轩、鹤山光大程、朱，而张既详说二子，魏更简删《九疏》。"① 张栻、魏了翁是南宋两位著名的四川籍理学大家。张栻所著《易说》《论语解》《孟子说》诸书在探求义理的同时，于文字音义论说亦颇翔实。魏了翁删简《周易》《尚书》《毛诗》等"九经"，"删削注疏极密"而保留大量汉儒的传注，故"近儒宝之"。既注重探求经典义理，又重视经典文本研治的治学方法，一直是蜀学固有的治学传统与主要特点，深刻地影响了李调元等人的治学主旨与价值取向。

李调元在积极吸纳乾嘉考据成果与治学方法基础上，坚持兼容并包、融合古今，调和汉宋之别的治经方法，突出乡邦学术传统的治经价值取向，在乾嘉学术发展史中占有突出地位。他以经为本，遍涉群书，所著《易古文》《郑氏古文尚书证讹》《童山诗音说》《十三经注疏锦字》，既注重考订经典文字音韵的异同，以补缀前人之疏略缺漏，又善引程、朱等人的解经成果，据实申说己意，辨析诸家经解异同，而与专意考据、崇汉学轻视宋学主流学风相异，显示了蜀中学人独立自信、不随波逐流的治学精神，在清代经学史上占有一定地位。何明礼所著《易注》《洪范注》《批点孟子大文》，不囿于考据训诂俗套，"摘古今之参互者悉心考订"，博采汉宋诸家之说，折衷今古，明于断识，成就不俗。张邦伸评价其《批点孟子大文》的学术成就时指出："惟《批点孟子大文》，较苏（苏轼）批更精。"② 姜锡嘏治经重视义理探求，所著《四书解义》采纳宋儒之说亦多。

从考据的目的主旨看，"锦江六杰"与阎若璩、崔述等乾嘉考据大家疑经惑古的治经主旨不尽相同。他们考据的目的并非为了怀疑古人、推翻经典，而在于维护经典的权威性与准确性。如李调元《郑氏古文尚书证讹》辨订经传的谬误，在于恢复郑注的原貌，使郑注体例"黎然不紊"，

---

① 刘咸炘：《推十书·序》，成都古旧书店，1996年。
② 张邦伸：《锦里新编》卷五，嘉庆庚申嵝峨周氏敦彝堂刻本。

并使王应麟所注原本较前更加完善，体现出蜀学不苟同、勇于开新的独立精神，在清代经学史上独具特色。

2. 重巴蜀史志

蜀中史学渊源有自，名家辈出，扬雄《蜀纪》、谯周《巴志》、陈寿《三国志》、常璩《华阳国志》，皆名冠史林的皇皇巨著。刘咸炘曾云："隋前成书仅存十数，蜀得其二。陈、常接步，道将体超于赵晔，承祚词亚乎班固。"① 又云："盖唐后史学莫隆于蜀，而匪特两宋掌故之所存。"② 可见蜀中史学非同一般的成就与突出地位。但自明季百余年来，蜀中不但没有一部像样的史学著作产生，甚至面临着"文献无征"的严峻问题。李调元曾感叹说："今日月已逝，恐文献之无征，若不继前志而补前缺，恐一旦填沟壑，咎将何归？"③ 指出了传承蜀史的紧迫性与必要性。

李调元等"锦江六杰"以光耀家邦文化学术、宣扬乡邦名胜为己任，广收博采，"就辑录所见蜀中旧闻，载之简册"，主动承担起"继前志而补前缺"的文化重担，继承蜀学重史、著史传统以振兴蜀中史学的重任，对恢复蜀中文献典籍之藏，延续蜀中史学"学脉"，传续、发扬巴蜀人文历史精神做出了积极贡献，在巴蜀文化史和学术史上占有重要地位。

如何明礼《江源文献录》《浣花草堂志》，张邦伸《汉州志》《锦里新编》《云栈纪程》《三黑水考》，李调元《罗江县志》《童山自记》等书，保存了大量反映四川历代社会、历史、人文、风俗变迁过程与特点的珍贵史料。它们虽系私家独纂之书，没有官修史书的权威性与严谨性，但无疑是清代四川方志类史书中的代表之作。如《浣花草堂志》旁征博引，汇集古今，搜罗考订极为详细。彭端淑在卷首《序》中评价云："何君希颜，好古士也。博乐群书，刊除谬语，以蜀之人纪蜀之事，其闻见为较真。且分门别类，厘为十六卷，自地理源流及花鸟草木、传志碑铭，与夫一谈一

---

① 刘咸炘：《推十书》卷一，成都古旧书店影印本，1996年。
② 刘咸炘：《推十书》卷一，成都古旧书店影印本，1996年。
③ 李调元纂：《罗江县志·序》，李调元：《函海》，嘉庆六年刻本。

咏，事涉浣溪草堂者，并蓄无遗。"① 何明礼的详搜细考，成为目前研究杜甫及草堂历史不可多得的重要文献资料。《江源文献录》网罗江源地区历代的文献掌故，有助于蜀中文献的传承，从而避免"邦家之光"因"久而失其传，传而失其实"。如乾隆《崇庆州志》、嘉庆《崇庆州志》、光绪《崇庆州志》、民国《崇庆县志》等官修地方史志，其中不少资料文献就直接取材于该书。

"信史"原则是蜀中史学的固有传统与重要特点，"锦江六杰"亦不例外。何明礼《浣花草堂志》《江源文献录》更是如此。郑天锦在《浣花草堂志》卷首序云："今何君识精而心细，其于诸家论说，皆有以疏通而证明之。"② 坚持在广征博引，详考源流，明辨史事的基础上，结合实地考察，辨析前载谬失，体现了蜀中史学求真求实的传统。张邦伸《云栈纪程》在参考历代文献记载基础上，结合实地考察，对郦道元《水经注》误注、失载的地方做了补正。如判定"漾水实东南流，无由西南流，与嘉陵江、白水相合"③，批驳了郦道元据理推测、沿袭前说造成的失误，具有较高的学术参考价值。李调元《罗江县志》是他在其父李化楠《梓里旧闻》基础上，遍加考订，去其无征，摘其可据，并参以实地考察纂成的一部地方志书。此志史料丰富，所依据材料信实可征，是清代同类方志中史料价值极高的一部。

不落俗套，在编纂体例上多所创新与发明，是"锦江六杰"的又一治史特点。何明礼《江源文献录》继承《汉书》"上以宣朝廷之德化，下以发草野之幽光"④ 的治史传统，把宣扬朝廷恩德与表彰地方人文结合起来，打破传统地方史志体例，全书分设朝、野、人、文四部分，"约其门汇，易其后先，改其面目"。其编纂方式可谓别开地方史著体例之生面，体现了蜀中学人惯有的勇于创作、推陈出新的学术探究与开创精神。

---

① 彭端淑：《浣花草堂志序》，何明礼：《浣花草堂志·序》，道光七年刻本。
② 郑天锦：《浣花草堂志序》，何明礼：《浣花草堂志·序》，道光七年刻本。
③ 张邦伸：《云栈纪程》卷五，光绪辛卯虽园校刊本。
④ 班固撰，颜师古注：《汉书》卷二十八下，中华书局，1962年，第1645页。

3. 尚诗文

蜀中自古人文兴盛，"文宗自古出巴蜀"，巨公名彦，后先接武。如汉之"王褒、严遵、扬雄之徒，文章冠天下"[①]，陈子昂、李白、"三苏"、杨慎皆系名副其实的文坛巨星。故刘咸炘赞叹说："蜀独尚文，载纪特盛。"[②]

清代蜀学从式微走向复兴的过程，最初是从文学开始的。最早振起蜀中文坛和诗坛的是时称"蜀中三才"的彭端淑。彭端淑生平"婥雅宏通，湛深经术"，致力于诗古文辞创作。《清史列传》本传评价云："诗学汉魏，文学《左》《史》。"[③] 气势雄厚，笔力刚健，而远离考据流弊，在清代文坛声望极高。他曾先后主讲、执掌锦江书院十余年，其尊经崇实、慕好蜀中前贤的诗文风格对何明礼、李调元等院生产生了一定影响。

何明礼性情豪迈，以"才博而奥"名于当世。其诗文以学古作为舟筏。何明礼"诗始学杜陵，既而仿太白。登岸舍筏，学而不泥"，在继承蜀诗精气神韵基础上多所创新、造就不俗。如他的《入峡》诗直接幻化李白《朝辞白帝城》而出，别具气势。《南天门》无论题材与写意，可谓与李白《梦游天姥吟留别》异曲同工。李调元为此深为景仰，乃至"每执弟子礼事之"。

李调元才情豪迈，诗文造诣极高，《清史列传》本传评价云："天才横逸，不假修饰。"[④] 生平创作诗歌 2200 余首，在清代诗坛占有显著位置。其诗文植根社会现实，深受蜀中前贤关注民生疾苦诗风传统的影响，所作诗文颇多关注社会现实。如其《苦雨行》《拉马行》《乞儿行》《清江行》等诗，深受杜甫诗歌忧国忧民思想的影响，敢于直斥贪官污吏横征暴敛、鱼肉百姓的暴行，表达他对下层民众苦痛生活的关切，是同时代敢于揭露乾隆盛世外衣隐盖下黑暗与虚伪的诗篇之一。李调元曾自云："余雅不好宋诗而独爱东坡。"表达了他对蜀中前贤诗文的特殊喜好。他的不少诗歌

---

① 班固撰，颜师古注：《汉书》卷二十八下，中华书局，1962 年，第 1645 页。
② 刘咸炘：《推十书》卷二，成都古旧书店，1996 年。
③ 王钟翰点校：《清史列传》卷七十一《文苑传》，中华书局，1987 年，第 5849 页。
④ 王钟翰点校：《清史列传》卷七十一《文苑传》，中华书局，1987 年，第 5917 页。

直接使用苏轼原诗的韵律，主动继承发扬乡贤的诗风格律。如《登八境台用东坡韵八首呈虔州翥堂太守》《再游峡山飞来寺赠禅乐长老用东坡韵》《谒南海庙浴日亭用东坡韵二首》等诗，文思纵横，气韵豪迈，明显带有苏诗"诗声如钟吕，气若江河"的印迹。李调元在诗歌创作上"唐宋兼采"，独抒"性灵"，所作诗文气韵宏大，多属有感而发之作，声名鹊起，扬名朝鲜、日本等地。所著《童山诗文集》被袁枚称作"名山之业"，诗文评论家张怀泩把他与袁枚、赵翼、蒋士铨等诗坛巨匠并称"林下四老"。李调元在清代诗坛、文坛"巍然自树一帜"，一度"高踞诗坛主盟"之位，他的出现，对提升蜀人在清代文坛上的地位产生了重要影响。

## （四）构建蜀学人才培养体系

清初四川惨遭兵祸摧残，社会长期凋敝，士风低靡，人文不振。康熙四十三年（1704），四川按察使刘德芳在述及蜀中人文衰落的情景时，云："亟思向学之士，既乏师承，犹鲜载籍。"士子既无可承之师，也无可读之书，千年蜀学正面临着后继无人、行将终绝的风险。作为乾嘉之际蜀中士人代表的"锦江六杰"，主动承担起复兴蜀学的历史重任，奋励自强，投身于蜀学人才教育、培养体系的恢复与构建，广延名师教授生徒，厚培蜀中文风士气，兴办书院义学，奖掖后进，培养蜀学人才，成为乾嘉之际蜀学复兴的中流砥柱。

首先，出任书院山长，教育培养蜀学人才。"锦江六杰"致仕归蜀后，潜心教育，教授乡里，致力于蜀学人才的教育培养。如姜锡嘏早年辞官归蜀，先后主讲顺庆书院、天池书院和锦江书院三十余年。掌教省城锦江书院，主讲程、朱义理之学，造就人才甚众。《内江县志》评价云：入门受教"诸生三百八十人，合登乡荐者五十余人，捷南宫入词馆者亦数人"[①]。培养造就了一批急需的蜀学人才。这些肄业省城书院的诸生除部分进士及第者离

---

① 王龙勋等修：《潼川府志》卷十三《艺文志》，光绪二年刻本。

## 锦江书院与"石室流风"

川外任外,多数被各州县书院礼聘为书院山长或主讲,成为复兴四川人文教育的重要力量。姜锡嘏培养蜀学人才,延续蜀学"学脉"之功,实不可没。孟邵以大理寺正卿衔致仕归里,主讲潼川草堂书院十余年,坚持"以实学课士",于"经济文章亦提而倡之",加意培养诸生"循名责实"的名节观,"思为民兴行"的人生观,对复兴巴蜀人文学术等优秀传统产生了积极影响。李调元、张邦伸亦颇重视培养后学,振兴蜀中人文士气。

嘉庆初年,四川教育不断发展,全省书院数量从清初位居全国末流跃升到全国排名第二,院生人数不断增加,从康熙初的不足千人上升到近万人,到张之洞出任四川学政时,全蜀学生已达三万人之巨。这是与"锦江六杰"加强蜀学人才培养体系建设,推行"一人学成,教成十人,万人学成,教成三军"等人才培养模式密不可分的。

其次,聘请浙学名师课育乡邦后进,促进蜀学与时俱进、不断发展。为了追赶最新的时代学术潮流,吸取最新的学术成果,借鉴先进的治学方法,李调元、张邦伸、姜锡嘏等一方面购置大批乾嘉学人著述归置蜀中,积极传播乾嘉汉学精要,重金礼聘江浙耆旧硕学课教蜀中士人。如李调元《童山自记》曾云:"癸未冬回京,延大名崔孝廉述课大儿朝础,一年能背诵《文选》赋。"[①] 李调元礼聘乾嘉硕学崔述教授长子李朝础,专门培养其乾嘉治经之术。姜锡嘏执掌锦江书院,延聘杨芳灿兄弟等江浙名贤主讲锦江书院,传授吟诗作文之法。李调元等人将乾嘉学术治经方法引入蜀学,表现了巴蜀学人积极开放,紧跟时代学术潮流,不断更新发展蜀学的自觉意识。"锦江六杰"还特别重视对蜀学精神道脉的对外传播。如李调元在广东学政任上,以苏轼诗文学术化育生徒,传递蜀学精神道脉,培养了温承恭、李琦、符家麟、张锦芳等一大批具有蜀学特质的粤中才俊,开启了粤、蜀之间学术的相互交流与融合。张邦伸在固始县修建临淮书院,亲临书院讲授蜀学,传播蜀学,培养了祝曾、许銮、许克岐等一批俊才茂学,对促进固始文教事业的发展,扩大蜀学的外在影响具有一定的积极作用。

---

① 李调元原著,詹杭伦等校正:《雨村诗话校正》,巴蜀书社,2006年,第96页。

李调元等蜀中学人"请进来"与"走出去"并重,主动传播发展蜀学的方式,促进了蜀学与其他地域学术的交流与整合,对蜀学的发展与复兴产生了一定的推动作用。

李调元等"锦江六杰"主动传承蜀学精神道脉、厚培乡邦文风土气等举措,既是巴蜀学人不甘落后,积极追赶时代学术步伐的主观需要;也是屡遭摧残、沉寂数百年之久的千年蜀学不断自主调节,积蓄力量,再次复苏振兴的客观需求。在蜀学长期式微的背景下,李调元等"锦江六杰"自觉承担起复兴蜀学的历史重任,致力于蜀中文献典藏的丰富完善,表彰蜀学先贤,传承蜀学文脉,倾情教育,奖掖后进,建构蜀学发展教育体系,为蜀学的复兴奠定了基础,是助推蜀学从湮没无闻走向复兴的重要力量,在清代蜀学发展史上占有重要而特殊的地位。他们的所作所为,不仅有助于蜀学好《易》、尚文、尊经、重史等学术传统在晚清的发展传承,而且对晚清蜀中学人廖平、宋育仁、杨锐、吴虞等人的思想学术具有一定的影响。李调元等"锦江六杰"在重建清代蜀学过程中所体现出来的对乡邦人文学术的高度自觉意识与奋励自强、积极追赶时代学术潮流的创新精神,再现了千年蜀学绵延不绝、历久弥新、不断兼容开新的风貌与特质,成为推动晚清蜀学勃兴发达的重要精神力量。

锦江书院与"石室流风"

# 结　语

　　锦江书院作为清代四川的最高学府，历任山长均由督抚会同学政，遵照省城书院山长"必选经明行修、足为多士模范"的要求选聘。据笔者考订，在近200年的办院历程中，锦江书院计有25位山长。他们中既有潜心教育、不慕荣势的易简、彭端淑、李惺、姜锡嘏等士林典范，也有工诗且擅长古文辞的郑方城、储掌文、伍肇龄等老儒宿学，还有文武兼备、政声卓著的高辰、杨芳灿、牛树梅等清代能官良吏。他们以身垂范，励学躬行，"日与诸生耳提面命，正误指迷"，为培养蜀学人才，延续巴蜀文化精神道脉做出了重要贡献。从历任山长的籍贯考察，其籍贯为四川、江苏、福建、甘肃、湖北五省，体现了锦江书院敢于打破省城书院山长须是本省或邻省人的陈规，不拘一格选聘名师硕学掌院的择师原则。从历任山长的科第看，除1位山长信息不全外，余下24名山长中，计有进士19人，举人4人，仅1人为贡生，进士出身的山长占比高达79%，从一定层面反映了书院具有较高的办院能力与教育水平。历任山长都是兼具官师双重身份的"仕而已者"，他们中计有正三品1人，正四品5人，正五品5人，正六、七品13人，出仕率高达100%。其中，顾汝修官至大理寺正卿，位列朝官正三品；彭端淑官至肇罗道，系正四品道员；伍肇龄十八岁中翰林，曾经是同治皇帝的侍讲。锦江书院这样优良的师资在其他省城书院中也不多见，而这带来的影响也是显而易见的。如高辰（字景衡）掌院锦江书院，以实学课士，潜心讲授，成绩卓著。乾隆二十四年（1759）乡试，就有李调元、姜锡嘏、孟邵等18人中举。次年会试，又有张翯、姜锡嘏、孟邵三人连捷进士。据嘉庆《四川通志》卷"选举志"，是科四川成进士者总共才 7 人,锦江书院中举者占全省进士数的 42% 强。锦江书院在乡试、会试中成绩辉煌,凸显了锦江书院作为"通省作育人才之所"的显著地位,极大地鼓舞了长期士风低落、人文不振的四川士林。

锦江书院在院生选拔方面向来严格,择汇英才、严于考课是其主要特点。书院坚持"必择乡里异秀、沉潜学问者肄业其中"的选拔制度。其《考课章程》明确规定入选院生须是各州县岁、科两试中的优秀人才,一般秀才是没有资格参与书院考课的,以确保院生较高的学力水平。对于肄业书院的院生,不论旧日在院抑或是先来投考者,都必须通过当年的甄别与复查考核,以淘汰庸劣,选拔真才。为尽可能多地选拔颖异之士入院肄业,锦江书院还打破地域限制,广纳游学真才,这与广东省城广雅书院只招收两广士子的做法是不同的。如《咸丰七年冬酌改考课章程案》规定:"系游学远来及僦居在省不及回籍起文者,查系的名,亦准给文送考。"此外,书院还招收旗人子弟入院肄业。如《钱公教士纪略》云:"今肄业诸生多至数百人,中有旗士之肄者。"正是由于汇英才而教之,锦江书院在乾嘉之际培养出了史称"铁面御史"的李漱芳、以李调元为代表的"锦江六杰"等一大批蜀中才俊,成为全省当之无愧的人文荟萃之地和人才培养中心。

书院秉持"士子首重品行""先行谊而后进取"的选才育才原则,将祭祀先圣先贤同传承儒学道统、振兴天府文脉有机结合在一起。书院屡次修建周公礼殿、文庙等儒家精神文化场所,以尊儒学道脉;专门修建文翁祠、三公堂,祭祀文翁、高眹、司马相如、张栻等蜀学先贤,以标举地方学术重经史文辞的治学传统。讲宋儒义理之学,在学术研究中渗透德育,把做学问与做人有机结合在一起,是锦江书院培养人才的又一特点。如张晋生、顾汝修、彭端淑等山长,严定"学规""章程",特别制定"尊贤""守礼""敦品励行"等加强院生德行教育的内容,从管理和制度层面上强化德品教育,反映了书院德学并重、尤重品行教育的特点。

建石室储经,丰富蜀中典籍,是石室流风的一大特点。锦江书院特别重视藏书,总结书院藏书主要有两个特点:一是强调经史辞章的学术价值取向。以书院旧藏57种书籍为例，其中经部17种，史部6种，子部仅1种，集部诗文类33种，充分体现了锦江书院坚持蜀学"好文雅""重辞章之学"的学术传统。二是特别重视书籍的公开性和流通性。书院的藏书除了满足本院的教学和学术研究外，还向院外士人出借、出售，并在文翁祠内专门建有刻书局，根据需要"随时觅匠刷印"，供"帷下士籍资诵习"。锦江书院山长伍肇龄致力于天府蜀学学统的初步重建，他与人编纂上起两汉，下迄晚清，类似蜀学学案的《蜀学编》，对历史上的蜀学代表人物进行了系统梳理，并传播蜀中学人的思想、学术与文化成果。

锦江书院治学以"蹈德咏仁、追前贤懿轨"为目标，书院学人上承文翁兴育蜀才遗绪，下启清代蜀学复兴之端绪，奋励自强，积极培育蜀中人才，备记蜀事，保存乡邦文献，自觉延续千年蜀学精神传统，成为推动蜀中人文学术从式微向复兴不断转变的主导力量。如著名院生顾汝修、敬华南、姜锡嘏、童楷等人，致仕归蜀后都选择了重回锦江书院掌教。顾汝修（字息存）曾受业于首任山长易简，致仕归里后执掌锦江书院，主讲宋儒义理之学，著有《四勿笺》《与门人朱石君书》，传承蜀学根脉，在《蜀学编》中名列清代四川经学家之首。姜锡嘏早年师从著名山长高辰，致仕归里后曾执掌锦江书院16年。姜锡嘏精研《易》理，训课有方，熏陶有术，造就蜀才甚众。《内江县志》云："时乾隆壬子秋，诸生三百八十人，合登乡荐者，五十余人，捷南宫入词馆者，亦数人。"

据不完全统计，先后肄业锦江书院的院生多达2000余人。他们中的大多数被各州县书院礼聘为山长或主讲，成为发展清代四川人文教育的关键力量。王纲在统计嘉庆《四川通志》有关书院教育的材料后指出："自康熙初至嘉庆中，全川书院为198所，已超过四川自宋代到明代所办书院总和79所的一倍半。而乾隆朝尤为突出，所创办、重修的书院达152所，为康熙至嘉庆中四川书院总数的76.76%。"四川诸生从康熙初的不足千人上升到乾嘉之际近万人，再到晚清张之洞出任四川学政时"全蜀学生三万人"，是与锦江书院学人投身四川书院、学校教育，推行"一人学成，教成万人；万人学成，教成三军"的独特人才培养体系密不可分的。

# 参考文献

## 一、文献资料

（汉）司马迁：《史记》，中华书局，1997年。

（汉）刘向编订，何建章注释：《战国策注释》，中华书局，1990年。

（汉）班固：《汉书》，中华书局，1962年。

（汉）范晔：《后汉书》，中华书局，1997年。

（晋）常璩著，刘琳校注：《华阳国志新校注》，四川大学出版社，2015年。

（唐）杜佑：《通典》，中华书局，1988年。

（宋）程颐：《伊川先生文集》，中华书局，1920年。

（宋）范镇：《东斋记事》，中华书局，1980年。

（元）脱脱：《宋史》，中华书局，2000年。

（明）杨升庵：《全蜀艺文志》，线装书局，2003年。

（明）曹学佺原著，刘知渐点校：《蜀中名胜记》，重庆出版社，1984年。

（清）蔡毓荣等修，钱受祺等纂：康熙《四川总志》，康熙十二年刻本。

（清）佟世雍修，何如伟纂：康熙《成都府志》，康熙二十五年刻本。

（清）黄廷桂等修，张晋生等纂：雍正《四川通志》，雍正十三年刻本。

（清）张廷玉：《明史》，中华书局，1977年。

（清）郑方坤：《全闽诗话》，福建人民出版社，2006年。

（清）彭端淑：《白鹤堂诗稿》，乾隆三十六年刻本。

（清）彭端淑：《白鹤堂诗文稿》，同治六年彭效宗家刻本。

（清）彭端淑：《白鹤堂晚年自订诗稿·续刻晚年诗》，同治六年彭效宗家刻本。

（清）彭端淑、彭肇洙、彭遵泗合著：《三彭合稿》，同治六年彭效宗重刻本。

（清）彭端淑：《白鹤堂晚年自订诗稿》，成都美林出版社，1934年。

（清）彭端淑等：《白鹤堂诗话》，乾隆末年刻本。

（清）永瑢等：《四库全书总目》，中华书局，1965年。

（清）纪昀：《阅微草堂笔记》，天津古籍出版社，1994年。

（清）邵廷采：《姚江书院志略》，乾隆增刻本。

（清）张邦伸：《云栈纪程》，光绪辛卯虽园校刊本。

（清）佚名：《清实录·世宗实录》，中华书局影印本，1986年。

（清）袁枚原著，王英志点校：《袁枚全集》，江苏古籍出版社，1993年。

（清）何明礼：《浣花草堂志》，道光七年刻本。

（清）李调元：《童山诗集》，丛书集成初编本，中华书局，1991年。

（清）李调元：《童山文集》，丛书集成初编本，中华书局，1991年。

（清）李调元：《淡墨录》，丛书集成初编本，中华书局，1991年。

（清）李调元：《蜀雅》，丛书集成初编本，中华书局，1991年。

（清）李调元：《函海》（自订版），嘉庆六年刻本。

（清）李调元：嘉庆《罗江县志》，嘉庆七年刻本。

（清）张邦伸：《锦里新编》，嘉庆庚申崞峨周氏敦彝堂刻本。

（清）王昶：《春融堂集》，嘉庆十二年刻本。

（清）谢惟杰修，陈一津、黄烈纂：嘉庆《金堂县志》，嘉庆十六年本衙刻本。

（清）赵模修，郑存仁等纂：嘉庆《江安县志》，嘉庆十七年刻本。

（清）刘大庚修，侯肇、张怀泗纂：嘉庆《汉州志》，嘉庆十七年刻本。

（清）赵炳然修，陈廷钰纂：嘉庆《纳溪县志》，嘉庆十八年刻本。

（清）顾德昌等修，张粹德等辑：嘉庆《新繁县志》，嘉庆十九年刻本。

（清）吴巩、董淳修，潘时彤纂：嘉庆《华阳县志》，嘉庆二十一年刻本。

（清）常明等修，杨芳灿等纂：嘉庆《四川通志》，嘉庆二十一年刻本。

（清）谢惟杰修，陈一津、黄烈纂：嘉庆《金堂县志》，道光二十四年刻本。

（清）法式善等：《清秘述闻三种》，中华书局，1982年。

（清）李惺撰，童械等编辑：《西沤外集》，同治七年刻本。

（清）高学谦纂修：道光《江安县志》，道光九年刻本。

（清）杨霈修，李福源等纂：道光《中江县新志》，道光十九年刻本。

（清）钱仪吉：《碑传集》，中华书局，1993年。

（清）王果：道光《内江县志要》，道光二十四年刻本。

（清）李承熙：《锦江书院纪略》，咸丰八年刻本。

（清）贾振麟修，何庆恩纂：同治《渠县志》，同治三年刻本。

（清）陈昌斋等：同治《广东通志》，同治三年重刊本。

（清）陈锦堂修，卢有徽纂：同治《璧山县志》，同治四年刻本。

（清）徐璞玉等修，米绘裳等纂：同治《续金堂县志》，同治六年刻本。

（清）翁道均修，熊毓藩等纂：同治《营山县志》，同治九年刻本。

（清）阮元修，陈昌齐纂：同治《广东通志》，（台北）华文书局，1968年。

（清）王龙勋等修：《潼川府志》，光绪二年刻本。

（清）张之洞：《四川省城尊经书院记》，光绪二年刊刻，四川大学图书馆藏拓片。

（清）沈恩培修，胡麟等纂：光绪《崇庆州志》，光绪三年刻本。

（清）孙桐生：《国朝全蜀诗钞》卷十二，光绪五年刻本。

（清）王果纂：道光《内江县志要》，光绪十三年补刻本。

（清）顾汝萼、朱文翰等：光绪《丹棱县志》，光绪十八年刻本。

（清）田秀栗等修，徐昌绪等纂：光绪《丰都县志》光绪十九年刻本。

（清）陈其宽修，邹宗垣纂：续修《安岳县志》，光绪二十三年刻本。

（清）阿麟修，王龙勋等纂：光绪《新修潼川府志》，光绪二十三年刻本。

（清）彭泰士修，朱襄虞等纂：光绪《内江县志》，光绪三十一年刻本。

（清）纪曾荫：光绪《浦江县志》，光绪四年刻本。

（民国）戴纶喆：《四川儒林文苑传》，民国十一年刻本。

（民国）刘良堤纂：民国《丹棱县志》，民国十二年石印本。

（民国）聂述文等修，刘泽嘉等纂：民国《江津县志》民国十三年铅印本。

（民国）成都县立联合中学校：《石室纪事》，成都县立联合中学校印行，民国十三年。

（民国）黄光辉等修，郎承诜等纂：民国《重修丰都县志》，民国十八年刻本。

（民国）谭毅武修，陈敦甫纂：民国《中江县志》，民国十九年影印本。

（民国）刘锦藻：《清朝续文献通考》，浙江古籍出版社，1988年。

（民国）陈法驾等修，林思进等纂：民国《华阳县志》，民国二十三年刻本。

（民国）王钟翰点校：《清史列传》，中华书局，1993年。

（民国）张元济：《四部丛刊》，上海书店重印版，1989年。

（民国）刘咸炘：《推十书·推十文》，成都古旧书店影印本，1996年。

（民国）侯俊德、吕崧云等修，刘复等纂：民国《新繁县志》，成都美林出版社排印本，民国三十五年。

台湾银行经济研究室编：《台湾文献丛刊》第9种，台湾银行经济研究室出版，1959年。

钱仲联：《清诗纪事》，江苏古籍出版社，1987年。

成都石室中学编：《石室校志》，四川日报社印行，1988年。

崇庆县新志编辑委员会：《崇庆县志》，四川大学出版社，1992年。

梁辰：《历代名人咏邯郸》，国际文化出版公司，1996年。

北京图书馆编：《北京图书馆藏珍本年谱丛刊》，北京图书馆出版社，1999年。

## 二、研究著作

商衍鎏：《清代科举考试述录》，生活·读书·新知三联书店，1958年。

张舜徽：《清人文集别录》，华中师范大学出版社，2004年。

何崇文：《巴蜀文苑英华》，四川人民出版社，1984年。

梁启超原著，朱维铮校注：《梁启超论清学史二种》，复旦大学出版社，1985年。

李朝正：《清代四川进士征略》，四川大学出版社，1986年。

李朝正、徐敦忠：《彭端淑诗文注》，巴蜀书社，1995年。

季啸风：《中国书院辞典》，浙江教育出版社，1996年。

詹杭伦：《李调元学谱》，天地出版社，1997年。

季学原主编：《姚江文化史》，宁波出版社，1998年。

陈桥驿校释：《水经注校释》，杭州大学出版社，1999年。

任继愈主编：《中国藏书楼》，辽宁人民出版社，2000年。

严迪昌：《清诗史》，浙江古籍出版社，2002年。

邓洪波：《中国书院史》，东方出版中心，2004年。

钱茂伟：《姚江书院派研究》，中国社会科学出版社、文化艺术出版社，2005年。

胡昭曦：《四川书院史》，四川大学出版社，2006年。

谭继和：《巴蜀文脉》，巴蜀书社，2006年。

李调元著，詹杭伦、沈时蓉校正：《雨村诗话校正》，巴蜀书社，2006年。

《四川大学史稿》编审委员会：《四川大学史稿》，四川大学出版社，2006年。

郑家治、尹文钱：《李调元戏曲理论研究》，巴蜀书社，2011年。

## 三、报刊

杨世明：《李调元年谱略稿》，《南充师范学院学报》，1980年第2期。

王纲：《清代四川书院略论》，《清史研究》，1991年。

管锡庆：《中江进士孟鹭洲巡治台湾》，《德阳日报》，2004年11月9日。

刘平中：《锦江书院山长考》，四川大学硕士学位论文，2007年5月。

余伯金：《四川发现清代巡台大臣孟邵画像》，《收藏》，2008年7期。

# 后　记

　　从康熙四十三年（1704）初创到光绪二十八年（1902）清末书院改制退出历史舞台，锦江书院前后存续将近两百年，在巴蜀文化从古典到近代转型过程中，做出了继往开来、承上启下的历史作用。但是当评价它在晚清蜀学繁盛中的作用、地位与贡献时，因其在思想引领、人才产出方面逊色于同为省城书院的尊经书院，学界往往存在认识不足、语焉不详甚或故意贬低的情况。诚然，尊经书院在晚清培养出了廖平、吴之英等一批近代蜀学大师级的人物，但其办院时间，从1874年筹划算起到1902年撤并结束，不过区区28年；因时务之需而建的新式书院，其在人、财、物方面固然比秉持传统的锦江书院要优渥很多，即便如此，锦江书院同样涵育了刘光第、骆成骧、张森楷、尹昌衡、吴虞等晚清民国之际的风云人物。可以说，在延续蜀学根脉，培养急需的人才，以及推动蜀学从式微走向晚清繁盛的过程中，锦江书院要比尊经书院更胜一筹，影响也更大更为深远。

　　那么，如何勾勒锦江书院在近两百年风雨历程中的演变主线？如何展示锦江书院在践行"文翁之教"、遥接"石室流风遗绪"中的作用与地位？如何展现锦江书院在巴蜀千年文脉、学脉传承中的历史贡献？这些问题该如何解决或者说解决得如何，困扰笔者多年，因为它们是本课题"锦江书院与'石室流风'"的解题关键。在与师友、业界同行多次商议并听取他们良好建议的基础上，本书结合本人的硕士学位论文《锦江书院山长考》、博士学位论文《锦江六杰研究》以及《文化自觉与自强：李调元与清代蜀学复兴研究》等相关研究成果，以推动锦江书院发展演变的历任蜀中大吏、著名山长和杰出院生为切入点，梳理总结他们为继文翁石室流风于无穷、延续蜀学精神道脉、兴植文教培养蜀省人才中的实践、举措及其主要思想理念，进而评价他们在书院规制建设、书院考课以及人才产出上的作用、地位与贡献，在清代蜀学史、文化史上的作用与地位以达到因人识物、因人辨史的目的。为此，本书除绪论与后记外，共分成五个部分：

第一部分，首先分析总结了文翁化蜀的精神实质与文化内涵，意在阐明文翁石室不仅具有自身的历史价值与地位，而且已升华成代表巴蜀文化、学术和精神的象征与价值符号，具有强大的文化生命力。其次梳理了从汉唐到明末清初千百年来，历代四川主政者是如何以文翁为榜样，在治蜀安蜀中播兴文教、传承文翁之教的。

第二部分，从历史沿革与制度变迁的角度，分康雍初创、乾嘉兴盛和晚清整顿与改制三个阶段，勾勒锦江书院的历史发展主线，再现锦江书院的酾年风雨历程。

第三部分，以清代四川"加意文教"的督抚、学政作为重点，考察他们是如何通过锦江书院这个平台继石室流风于无穷，弼兴文教、培植人才和延续蜀学精神道脉的。

第四部分，选取锦江书院著名山长高辰、彭端淑、顾汝修和李惺为考察对象，展示他们实心教育，孜孜不倦作育人才所取得的突出成就，以及为清代中前期四川人文学术的发展所做出的重要贡献，继而体现锦江书院德学并重、根柢之学与制艺时文兼具的办院风格与特征。

第五部分，选取以李调元为首的锦江书院的杰出院生群体"锦江六杰"为研究对象，通过梳理他们生平科第、师承和主要仕宦功绩，展示他们为复兴式微的巴蜀人文所做的独特贡献，以及在延续千年蜀学道脉中所体现出的特有乡邦情结与高度文化自觉。

在本课题行将结束之际，非常感谢我的硕士、博士导师舒大刚教授。2004年，我已年届而立之年，虽然考入了舒师门下攻读儒学文献硕士学

## 后 记

位，但对于仅接受了中等师范教育，全靠边工作边自学的大龄学生而言，如何选好论文题目，如何完成学业，又该为自己以后的研究打下何种基础，我自然犹如学术婴儿，一无所知。是他为我选择了锦江书院研究这个好方向，并为我完成这个研究夯实了基础。可以说，此书的最早研究，即始于2004年年末舒师对我论文研究方向的指导。以后随舒师攻读硕士、博士学位，我就选择了锦江书院作为论文研究的方向，分别以《锦江书院山长考》获得硕士学位，以《锦江六杰研究》获得博士学位。非常感谢我的博士后合作导师四川大学文科杰出教授项楚先生、四川省社会科学院杰出研究员谭继和先生，他们为我从文化哲学的角度审视锦江书院及其在巴蜀文化史、蜀学史上的地位指明了方向，并一如既往地关心我的生活、工作与研究，为我搭建了进阶巴蜀文化殿堂的智慧阶梯。回忆三位恩师玉尺之裁，金针之度，恍如昨日，犹在眼前，不禁感激涕零，清泪涔涔，不能自已。在锦江书院已有研究成果基础上，幸获成都市社科院立项支持，遂完成此书。可以说本书是我十五年治蜀学的一个贯通与总结，其中不少内容是硕士、博士阶段的研究成果。

感谢我曾经供职十年的四川省社会科学院、现在工作的成都师范学院，为我著成此书提供的支持。特别感谢成都市社会科学院的李单晶博士对课题研究进度的善意提醒与敦促。感谢四川大学出版社刘慧敏女士的认真编校。此外，还要感谢我的研究生王莉、刘紫月、苟宁，拙荆邹晓姮女士为完成这个研究课题做的工作！

由于时间仓促，不足之处在所难免，敬请方家不吝赐教！

刘平中<br>
2020年2月2日于青秀城